北大法律硕士实务丛书

新三板挂牌公司

董秘工作手册

（修订版）

刘 婷 编著

法律出版社 LAW PRESS·CHINA

教育部关于做好全日制硕士专业学位研究生培养工作的若干意见(教研〔2009〕1号)

长期以来,我国硕士研究生教育主要是培养具有独立从事科学研究或教学工作能力的教学科研人才。但随着研究生规模的不断扩大和社会需求的不断变化,硕士研究生的就业去向已更多地从教学、科研岗位转向实际工作部门。从世界研究生教育发展状况来看,硕士研究生教育基本是以面向实际应用为主,教学科研人才更多是来源于博士研究生。为促进我国研究生教育的更好发展,必须重新审视和定位我国硕士研究生的培养目标,进一步调整和优化硕士研究生的类型结构,逐渐将硕士研究生教育从以培养学术型人才为主向以培养应用型人才为主转变,实现研究生教育在规模、质量、结构、效益等方面的协调、可持续发展。

教育部等部门关于进一步加强高校实践育人工作的若干意见(教思政〔2012〕1号)

进入21世纪以来,高校实践育人工作得到进一步重视,内容不断丰富,形式不断拓展,取得了很大成绩,积累了宝贵经验,但是实践育人特别是实践教学依然是高校人才培养中的薄弱环节,与培养拔尖创新人才的要求还有差距。要切实改变重理论轻实践、重知识传授轻能力培养的观念,注重学思结合,注重知行统一,注重因材施教,以强化实践教学有关要求为重点,以创新实践育人方法途径为基础,以加强实践育人基地建设为依托,以加大实践育人经费投入为保障,积极调动整合社会各方面资源,形成实践育人合力,着力构建长效机制,努力推动高校实践育人工作取得新成效、开创新局面。

丛书编辑组织者

主编简介

隋平：北京大学法律硕士，香港城市大学法学博士，哈佛大学行为金融学博士后，曾经在北京德恒律师事务所从事律师工作，后在多家大型机构担任高层领导职务，长期致力于推动法学院模拟实务教学。

副主编简介

刘宽：北京大学法律硕士研究生，第12届北大法律硕士联合会主席。

甘凯云：北京大学法律硕士研究生，第13届北大法律硕士联合会主席。

作者简介

刘　婷

北京大学法学院2005级法律硕士，毕业后长期从事金融法律工作，熟悉资本市场运作法律法规。2008年加入安邦金融集团，分别在法务部、风险合规部，法律稽核总部工作，参与公司并购、资产管理公司筹建、负责重大资产购置项目法律类文件审核工作。2011年9月加入东吴证券股份有限公司投资银行部，任高级项目经理，主持并参与完成多项项目立项、改制、推荐挂牌材料制作工作。2013年10月加入方正证券股份有限公司投资银行总部，从事质量控制工作。现任职于信达证券投资银行总部负责质量控制和持续督导业务。

致　谢

为推动本丛书的编写，北大法律硕士联合会现任领导班子成员专门组织了编辑委员会，为本丛书的顺利编写提供了鼎力支持和帮助，在此对以下人员表示感谢！

刘　宽　刘　坦　高至人　冯钰宸　李雨宸

吴　梅　郭蓬勃　郭慧阳　罗艺欣　谢舒婷

吴昕颖　王红媛　卢　苑　刘思琪

此外，本丛书的编写得到众多目前工作在金融实务界和法律实务界的北大法律硕士毕业生们（名单如下）的热心帮助和支持，在此致谢！

庞世之　北大法律硕士　中国保监会

金姗姗　北大法律硕士　中国银监会

景　燕　北大法律硕士　中国证监会

孙　漪　北大法律硕士　中国人民银行

陈利强　北大法律硕士　上海证券交易所

张　炎　北大法律硕士　深圳证券交易所

毛剑锋　北大法律硕士　全国中小企业股份转让系统公司

庄海燕　北大法律硕士　北京金融资产交易所

张　浩　北大法律硕士　长城资产管理公司

蔡　鹏　北大法律硕士　信达资产管理公司

刘　涛　北大法律硕士　长城资产管理公司

段　凯　北大法律硕士　中债增信

周　健　北大法律硕士　中投证券

周　俊　北大法律硕上　中信证券

张润潮　北大法律硕士　光大证券

刘　斌	北大法律硕士	长城证券
何辛欣	北大法律硕士	海通证券
杨　娇	北大法律硕士	国泰君安证券
安　宁	北大法律硕士	东北证券
李　军	北大法律硕士	宏源证券
张　建	北大法律硕士	银河证券
黄亚颖	北大法律硕士	安信证券
龚利娟	北大法律硕士	民生证券
陈　波	北大法律硕士	东方证券
赵英华	北大法律硕士	西部证券
邢　凯	北大法律硕士	招商证券
倪　军	北大法律硕士	申银万国证券
潘天永	北大法律硕士	金元证券
邓安民	北大法律硕士	华安证券
章龙平	北大法律硕士	东吴证券
刘　敏	北大法律硕士	中国银行
杨　涛	北大法律硕士	中国工商银行
杨艺宁	北大法律硕士	中国工商银行
刘永利	北大法律硕士	兴业银行
王军宝	北大法律硕士	光大银行
戴华祥	北大法律硕士	中国农业银行
方　冰	北大法律硕士	徽商银行
范常涛	北大法律硕士	包商银行
邵　菲	北大法律硕士	国家开发银行
饶　杨	北大法律硕士	中国建设银行
刘晓棠	北大法律硕士	中国邮政储蓄银行
孙玉洁	北大法律硕士	昆仑银行
杨　第	北大法律硕士	中国交通银行
古　村	北大法律硕士	汇丰银行
张　硕	北大法律硕士	中信银行
吴志刚	北大法律硕士	浙商银行
李　森	北大法律硕士	阳光保险资产管理公司

李世涛　北大法律硕士　光大永明保险公司
申筱然　北大法律硕士　安邦保险公司
郭婧然　北大法律硕士　泰康保险公司
王　嵘　北大法律硕士　长城寿险
黄贤明　北大法律硕士　中融信托
吴　政　北大法律硕士　中信信托
康　顺　北大法律硕士　平安信徒
王大伟　北大法律硕士　中粮信托
李　敢　北大法律硕士　苏州信托
杨　帆　北大法律硕士　陆家嘴信托
黄建华　北大法律硕士　大业信托
周　慧　北大法律硕士　云南信托
冯　博　北大法律硕士　民生证券
李冠宇　北大法律硕士　国投信托
于　佳　北大法律硕士　北京信托
薛显志　北大法律硕士　新华信托
何世军　北大法律硕士　渤海信托
余祖丽　北大法律硕士　北京中盛律师事务所
林久初　北大法律硕士　北京金杜律师事务所
林海宁　北大法律硕士　北京君合律师事务所
郭　治　北大法律硕士　北京通商律师事务所
林海宁　北大法律硕士　北京金诚通达律师事务所
高　巍　北大法律硕士　北京中银律师事务所
金明浩　北大法律硕士　北京时代九和律师事务所

总　　序

首先需要说明的是，本丛书中各书的作者主要是北京大学法学院法律硕士毕业生。我本人是2001级北大法律硕士。我们2001级北大法律硕士是北大法学院招收的第一届全日制本科专业为非法学的法律硕士研究生。我们毕业至今已经十年。在这十年里，我们经历了很多，也对法学院教学内容和方式有很多的思考。实际上，不只我们，后来毕业的师弟师妹们都有着和我一样的感受，甚至是目前在校的师弟师妹们也都渴望实务界的知识进入法学院的课堂。遗憾的是，这种渴望一直是渴望，因为法学院的教师们一直坐在法学院舒适的办公室里，并不了解我们这些实务界打拼的毕业生们具体在做什么，所以他们尽管也想把实务知识引进课堂，但由于不了解外面有什么样的实务知识，所以也就无法引进。

北大法律硕士从2001级开始，至今已经有十几届了。令我感到很自豪的是，这个群体非常优秀，在实务界发展得非常出色，很多人已经身居高层领导职位或者在本单位中是业务中坚力量。这个群体更值得称道的一个方面是，他们很团结，社会责任感很强，愿意帮助别人。北大法律硕士从我们这一届起就组织了北大法硕联合会，为北大法律硕士在校和毕业生提供服务。法律硕士联合会经常组织毕业生们的聚会，交流感情和工作经验，举行慈善募捐活动。此外，在法律硕士联合会的组织下，为师弟师妹们提供实习机会，甚至是工作机会成了北大法硕毕业生们一项经常性的活动。有感于课堂教育存在的局限性，我们北大法律硕士毕业生们从2007年开始就自发组织起来，经常为在校学生开办实务讲座,给他们提供实务知识,帮助他们了解学校围墙外面的世界。

2014 年 4 月我们受北大法硕联合会时任主席刘宽的邀请,在北大法学院再次组织了一系列的金融实务讲座。很多同学感觉获益良多,但由于时间上的限制,我们的很多讲座没有展开,而且很多种类的业务也没有机会和师弟师妹们共享。鉴于此,有很多同学就问,是否有一些实务书可以推荐阅读?于是,这启发了我们组织已经毕业了的北大法律硕士毕业生们为北大法律硕士在校生编写一套实务丛书,把我们所了解到的业务操作知识告诉他们。这是一件很不容易的事情。要知道,在北京工作不是一件轻松的事情。尽管如此,很多人都愿意参与这个项目,在工作时间和休息时间中挤出时间来写书。

本丛书初衷是为北大法律硕士在校生而作,但也奉献给其他在校学生,特别是商学院、法学院这些实践性学科的在校学生和那些有志从事金融、法律职业的其他学科的在校生,帮助他们初步了解外面的世界。这套丛书为在校生们提供入门的知识,并不指望他们能够读了这些书而成为高手(当然,能成为更好),但确实希望能够帮助他们了解各种业务操作的基本知识,而不至于在实习时和工作初期面对工作一脸茫然,不知从何下手。通过阅读这些实务书,他们可以知道各种业务操作的流程,了解这些业务的核心问题和解决方案,明白相关文件如何制作。如此,他们就能够在实习时不会因为对业务一无所知而被冷落去打杂。并且,相比其他的实习生,他们会因为能够尽早上手做业务而在职位获取方面更有竞争优势。客观上来说,这些实务书籍如果能够在高校内推广,也会推动实务界专业水平的提高。我们期待最好的社会效果!

丛书主编　隋　平

2014 年 9 月于金融街

《北京大学法律硕士实务丛书》序言

从2014年9月开始在燕园攻读法律硕士，不知不觉已经过去十八个月。这十八个月是自己学生生涯最为充实、也是课业最为繁重的一段日子。整个研一期间，我修了17门课程，而且绝大多数课程都是三个甚至四个课时。对于硕士研究生来说，这样的课程密度可能是绝无仅有的。但对于北大的法律硕士来说，这却是司空见惯。

作为无数学子心中的学术殿堂，北京大学对于全国各地的学生都有着无可比拟的吸引力。我相信绝大多数人从小便有一个北大梦，可现实是通过高考就实现了梦想的人毕竟是少数。不过让人欣慰的是很多学生并不因此就轻易地埋葬了自己的梦想：来到中国最好的法学院、攻读目前最热门的法律专业，成了很多本科生更为真切的目标。所以，每年各个高校的众多优秀学生都拼尽全力以求保送或考上北大法律硕士。以考研为例，自我国开始招收法律硕士以来，北大法学院的录取分数线一直稳居全国第一。就此我们可以想象竞争是多么的激烈，而能从中突围最后入读北大法硕的学生，其学习能力和精神毅力都算得上是出类拔萃的。

北大法学院也一直很注重对法律硕士的培养，尤其在学习方面的要求严格得近乎严苛。比如在课程安排上，因为北大法律硕士本科所学的都是法学以外的专业（北大法学院于2014年9月首次招收法学法硕，但人数很少，所以在一般观念中北大法硕主要指非法学法硕），为了夯实法律基础，北大法学院给研一学生安排了众多专业基础课程，意使法硕学生能通过一年的专业学习达到法学本科生四年的基础知识储备。这也就解释了为什么会出现我上文提到的一学年修17门课程的情况。除了量的积累,北大法学院对法硕学生的学习也有质的要求。如所有法硕专业课成绩及格线均为70分;挂科达到三门即强制退学等。根据这些情况,我们可以感受下北大法律硕士平时得在学习上花费多少精力、时间。当然,这也意味着北大法律硕士在法学领域的学术理论、文本知识上应该有着不错的造诣。

学以致用,再好的学理不能运用在实践中,也是水中月、镜中花。更何况国家招收、培养法律硕士的宗旨,就是以实务为导向,向立法、司法、行政执法与监督,以及经济管理等部门、行业输送高层次法律专业人才与管理人才。可以说衡量法律硕士是否合格,一个重要标准就是评断其在实务上取得的成就。所以,如何最高效地将在北大法学院学到的知识运用在现实的社会工作中,是北大法学院也是北大法律硕士一直探索的问题。

以隋平师兄为首的各级已毕业北大法硕师兄师姐,作为不同行业的杰出人士,整合自身多年的实务工作经验,不遗余力、煞费心血,终于编撰出《北京大学法律硕士实务丛书》。这套丛书是北大法硕人凭借扎实的法学理论功底,根据真实的工作经历,经过审慎的推敲,最后做到质而不俚、辩而不华才予以面世。《北京大学法律硕士实务丛书》既是北大法硕已毕业师兄师姐留给我们这些在校师弟师妹们的精神财富,更反映了北大法硕人薪火相传的伟大传统。所以,遇上这套书是我们的幸运,读好这套书是我们的责任。

北大法律硕士联合会现任主席　甘凯云

2015年1月16日于北大法律图书馆

执行主编序言

法律硕士在中国的发展可谓突飞猛进、一日千里。目前,一大批法律硕士出身的专业人才正活跃在中国立法、司法、律师、公证、审判、检察、监察、金融、经济管理等各个领域,他们依凭自己的专业知识、实践技能和法治信仰,为中国的法治进程贡献力量,为中国的市场经济添砖加瓦。

当然,法律硕士的发展与现状并不是只有成绩、没有遗憾。

作为专业硕士,法律硕士的对应概念是位列学术型硕士谱系的法学硕士。按照《关于设置法律专业硕士学位的报告》以及《关于开展法律硕士专业学位研究生试点工作的通知》这两个基本文件,法律专业硕士学位是具有特定法律职业背景的专业性学位,它以培养应用型高层次法律人才为培养目标,法律专业硕士与现行法学硕士在学位上处于同一层次,但规格不同、各有侧重,法律硕士专业要着力改变法学研究生教育尚存在的偏重学术性而对实务性注重不够,专业划分过细,培养规格单一的状况。由此,应用型、实务型、职业型是法律硕士区别于法学硕士的基本特征,这一特征决定了法律硕士的培养目标、培养计划和培养方式必须以实务为导向。

然而较为遗憾的是,当前各高等院校法律硕士的培养并没有很好地突出专业硕士的实务特色,而或多或少存在如下一些问题:(1)课程设置上借鉴法学本科,授课内容上参考法学硕士;(2)缺乏专职师资队伍,基本依靠学术型教师队伍;(3)教学方式仍以传统课堂讲授为主,案例教学、实践教学很少或基本没有;(4)学位论文选题偏重理论,较少关注司法实践问题的应用研究。对于这些问题更为通俗、形象的诠释来自法律硕士学生一种较为普遍的感受:学生如果积极主动一些、跟老师接触多一些、学术能力强一些,老师会按法学硕士培养;对于一般的学生,就像在读法学本科,中规中矩地上课、写论文、毕业。总之,学校里学不到实务技能。

之所以会产生法律硕士培养与实务导向背离的现象,是长期以来讲授式教学方式、缺乏具有实务经验的专职师资、未设置专门的实务课程体系和授课内容等多方面因素综合作用的结果。无怪乎一位泰斗级法学教授曾无奈地说过,给法律硕士上课不知道上什么。设立之初便以培养实务人才为目标的法律硕士,实际培养中却相去甚远,这对于每一位可能付出了非常多努力才读上法律硕士的学生来说无疑是一种悲哀。

问题需要解决,现状需要改变。北京大学法学院一直致力于探索法硕培养之道。经过十几年的发展,北大法学院逐步形成一套比较完整的培养模式,具体包括分方向培养、开设专业中高级课程、双导师制等。与此同时,作为在读法律硕士研究生自治组织和已毕业法律硕士校友联谊组织的北京大学法律硕士联合会,也通过举办法律硕士成长成才论坛、未名金融实务论坛、协办职业发展训练营等多种形式提升法律硕士实务能力。

编写《北京大学法律硕士实务丛书》是北京大学法律硕士联合会为切实帮助法律硕士提高自身实务能力进行的又一努力,通过邀请法律硕士出身的各行业杰出人士就所在领域的业务实务进行系统、全面、深入浅出的讲解,希望能够向在读的法律硕士研究生传递实务知识和业务操作经验。丛书撰稿人均为所在领域经验丰富的代表人士,他们都将自己多年积累下来的实务经验在书中毫无保留地倾囊相授。本套丛书能够顺利出版,要特别感谢2001级北大法律硕士毕业生隋平师兄,隋平师兄承担了选题、联系作者、审稿等大量任务,没有他不知疲倦的付出和不遗余力的支持,这套丛书是难以呈现在读者面前的。

此套丛书也是北大法律硕士联合会从自身的需求出发,在历届师兄、师姐们的帮助下自发进行的一次尝试,是一个法律硕士培养方案的"民间版本",希望能够为法律硕士培养方案的版本提供一些思路和经验。

第12届北京大学法律硕士联合会主席　刘　宽

2014年10月1日于北大万柳学区

序　　言

时光荏苒，岁月如歌。今受隋平师兄之托为书作序，方觉自己毕业已数载，校园种种依稀就在昨日。数月前，闻知隋平师兄有编书之意，当即深感此事甚好，很有意义。反观自己在新三板市场工作多年，日积有余，岁积不足，未有所著，自叹弗如。而今作序，聊表对师兄主编丛书之敬佩，对后来人之寄托。

这套丛书汇聚了奋战在市场和业务一线朋友们的实践经验和聪明智慧，我认为至少在两个方面特别能够对同学们有所启迪：

其一，专注于为在校学生提供实务指导。一方面，现在实务类书籍林林总总、不计其数，但很多是为已经步入职场的人们服务，对在校学生针对性不强；另一方面，很多同学虽然也利用暑期等业余时间实习，但往往时间短、事务杂、边缘化，核心业务未接触、实习期限已结束，难以获得系统性的实务帮助。一头是意气风发的学生，一头是热火朝天的职场，中间隔着的确是碧海蓝天。怎么才能跨过去拥抱你们梦寐以求的事业，实现你们心比天高的理想？这套丛书就是要送你一条船、一双桨、一道帆，给你们多一些指导，让你们少一些阵痛，针对性很强，实用性很强。

其二，关注对金融市场提供实务说明。金融市场是充满魅力和机会的市场，像巨大的磁石，吸引着一批批应届毕业生前赴后继。这套丛书介绍了金融市场的诸多方面，有助于在校学生们系统了解和掌握金融市场。就新三板市场而言，2006 年国务院批准中关村园区进入股份报价转让试点，到 2011 年只有几十家挂牌公司，挂牌公司股东不能超过 200

人,股份只允许协议转让,交易清淡,融资功能有限,市场规模小,市场关注少,挂牌公司、投资者、中介机构参与的热情都不高,社会各界对市场都不太了解。但就是这个在当时看起来名不见经传、在证券行业不起眼的一个探索,经过经验积累,经国务院批准,2012 年 7 月试点扩大至武汉东湖、天津滨海、上海张江等四个园区,2013 年国务院又专门出台《关于全国中小企业股份转让系统有关问题的决定》,将市场覆盖范围进一步扩大到全国,支持创新、创业、成长型企业发展。市场进入快速发展期,目前挂牌企业已达 1000 多家,市值总计 1300 多亿元,覆盖 17 个行业、28 个省份。市场功能不断完善,股票融资次数和规模大幅增长,机构参与程度日益增高;股权质押、知识产权质押融资逐渐增多;并购重组日趋活跃;做市交易平稳起步。市场各方积极参与,证监会、全国股份转让系统公司制定各项政策规则支持市场发展,各地政府出台各项优惠措施鼓励企业挂牌,主办券商等中介机构积极开拓市场,公司挂牌积极性明显提升。总体来说,新三板市场对经济结构调整和转型升级的支持作用初显成效。这套丛书关于新三板市场的内容丰富,许多见解精辟独到,值得研读,值得玩味。

少年智则国智,少年强则国强。希望这套丛书能为师弟、师妹们增智图强以帮助。

第 5 届北大法律硕士联合会主席　毛剑锋

2014 年 10 月于北京金融街金阳大厦

致“金融派”的新生代

最近，经常会有人问我这样的问题：“你不是学法律吗？那为什么不愿意去律所和法院呢？”“学法律的在金融公司能做些什么啊？”“你现在在券商实习做的事和律师有区别吗？”

每次我都会回答：“因为我喜欢啊，其实金融行业也需要很多法律人才的，做的事嘛，券商比律所做的尽调要更全面……”我知道，这样泛泛地回答并不能释明对方的疑惑，因为甚至连我自己对即将迈入的行业以及未来职业规划都不是那么的明晰和笃定，一切的决定，似乎都是出于一腔热血和激情。

但是，这样一个占据行业链顶端、吸引着全球顶尖人才争相进入、改变着世界经济面貌的行业，不正是因为这样的热血激荡才不断生长繁衍的吗！

我是一名“90后”，在即将到来的2015年中，又会有一批我的同龄人将离开校园、迈入职场，开始书写属于我们新生代的华彩篇章。而当下，随着前不久《证券法》的修改，新一轮资本市场改革已进入纵深化发展，可以预见，未来的金融行业必将大有作为，与国际接轨的步伐也会大大加快。

说来也巧，“90后”的成长轨迹与我国资本市场的发展竟十分一致，就如同一对双生花，互相见证着对方从稚嫩到成熟的蜕变。1990年，当我们刚刚落地、嗷嗷待哺时，上海、深圳两家证券交易所开始营业，资本市场雏形渐成；1992年，当我们开始蹒跚学步时，证监会成立了，我国开始有了统一的市场监管框架；1997年，当我们刚进入校园开始十年寒窗路时，《证券法》开始实施，从此资本市场有了统一的法律规范;2004年、2005年,当我们迈入高中为人生第一次"战役"奋斗时,《国九条》、股权分置改革出台,大大拓展了资本市场的深度和广度、将资本市场的发展提升到了国民经济的战略高度……如今,我们即将迎来继高考后又一次的人生转折点,但与之前不同的是,这一次,我们会亲身参与到资本市场的这一轮改革新浪潮,体会它、认识它,甚至改变它。

进入券商实习于我而言是一次偶然的邂逅,在此之前,我一直徘徊于律所、法院、企业法务中,做着一些说不上喜欢也说不上讨厌的工作,正是因为毫无感觉,所以更加不确定未来的发展方向。一直到隋平师兄有一天跟我说:"为什么不去投行试试呢?你肯定会喜欢的。"我很讶异这一建议,因为我一直对自己进入金融业,尤其是投行这种被广泛认知为高大上、非名校MBA不得进入的行业是没有信心,甚至是不敢奢望的。就个人素质而言,我在北大这种最高学府也不是出类拔萃的,将近六年时间没有接触过数学,会计、审计等财务知识更是一窍不通,除早早地通过司法考试,貌似没有其他明显的优势了。但隋平师兄的一席话打消了我的顾虑:"没有基础不要紧,大家都是从什么都不会开始的。不懂投行业务也不要紧,求职前多攻读一些实务类书籍,入门并不难。"

此后几个月,我抱着"头悬梁,锥刺股"的心理准备开始了"啃书虫"的生活。从IPO实务操作、到企业并购重组、再到最近很火的新三板实务,通读了几本之后,我的心里很快就踏实了。因为我发现,金融业,并不完全是充满着艰涩的数学模型和计算公式的,尤其是对于投行业务而言,相当一部分业务内容是辅导项目公司的合规化治理,而这些对于学了几年法律的我来说并不陌生,看书的过程实际就是将以往的知识储备进行整合而已。后来进入券商投行部实习,凭借从书上获取的知识,虽然冒充不了内行,但也不会让前辈和合作的律师产生"这小孩什么也不懂也来投行实习"的感觉,有时候也能就项目过程中遇到的问题与他们进行激烈的探讨。

阅读实务类书籍带给我最大的感受是,我能清晰地在脑海中构建起整个项目的流程图:一个项目的完成有哪几个阶段;每个阶段的具体内容、大概时间、参与机构;监管部门的审查重点;公司与中介机构应对审查的规范化措施等。在很长的一段时间内,我之所以对投行望而生畏,原因就在于我一直都不清楚投行具体是做什么的,再加上大众、媒体对它的渲染和吹捧,不由得我不发怵。但是,一件事物,一旦刺破了它神秘的外纱,它立刻就会变得亲近、接地气了。隋平师兄的这套丛书,也许就能起到"刺破投行面纱"的作用。

如果说读书是给一幅图画勾勒了轮廓,那么实战就是给这幅画描绘细节、填充色彩。在实习过程中，我不止一次发现，我明明已经发现了问题，但是却不知如何解决，书本并没有给我提供一个现成的答案。当然，这也正是投行业务的魅力：每个项目公司都有自身特点和问题，你参与的项目越多、越见多识广，就越能累积可贵的经验、提升工作的能力。这也许也正是我愿意义无反顾投身于这个行业的原因吧，即使我会为此牺牲掉许多的个人生活（业界传说的"投行女难嫁"）和身体健康（高强度工作是投行一贯的风格）——试问：世上又有几份工作能像投行这样，能让你深入各行各业、接触不同风格的精英、遇到接踵而至的挑战，并能在短短几年内就实现素质、能力的飞速提升呢？

投行是个需要复合型人才的地方，我深知自身的不足，需要学习的地方还太多太多。但我内心也为此激动地期待着，期待着见证自己在未来的成长和蜕变，在这个行业，我的未来有无数的可能性，让我忍不住去探寻。

说了这么多，似乎有负于隋平师兄让我写序的重托，实在惭愧。师兄可以说是我人生的一个导师，在我迷茫的时候给我指出了一条崭新的道路，他给我提出的很多建议我也都一一采纳，并收到了很好的效果。师兄给我列出的实务类书单中，有他本人著作，也有他经过大浪淘沙后筛选出的适合初学者、可读性较强的书籍，但由于数量太多、内容也较为分散，迄今为止我仍未能全部读完，颇为遗憾。此套丛书出版，于我而言实乃一大幸事，因为不用再纠结如何在众多实务类书籍中作出取舍，这样一套书籍，足以帮助我重新理清知识体系并补充新的知识储备。师兄已出版多本实务类畅销著作，其一直以来的梦想就是出版一套适合学生进入金融职场的实务类丛书，如今终于得偿所愿，实在是可喜可贺！希望更多对金融业有兴趣、愿意投身于此行业的"新生代"朋友们能通过此套丛书实现自身的目标和愿望！

2012 级北京大学法律硕士

国泰君安证券投资银行部实习生　谢舒婷

2014 年 9 月 14 日于北大万柳学区

自　　序

——对未来最大的慷慨，是把一切献给现在。

2018年注定要载入金融监管史史册。2018年4月，中国银保监会正式挂牌，这意味着金融监管格局进入了“一委一行两会”时代，新的金融监管时代已来，从监管方向来看，重点是治理过去几年积累的突出问题。一是打破刚性兑付。刚兑是畸形的债务关系，很多不应该是债务关系的金融活动要回归本源。银行理财不能向投资者刚兑，发债企业没必要向投资者刚兑，政府也没必要给金融机构兜底。二是打击监管套利，比如代持、嵌套、通道、非标等。

对企业来说，金融监管体系的巨变并不遥远，你的任何一项经营活动都离不开金融，而任何一项金融活动都需要通过金融机构的金融业务去完成，监管之火烧遍金融机构的时候，也涉及每家新三板挂牌企业，目前新金融监管对实体企业的影响突出体现在以下几个方面：

（一）IPO过会率创下9年来低点

2018年作为史上最严发审委上任后首个完整年份，IPO过会率创下9年来低点，发审委共迎来上会企业185家，仅有111家幸运儿通过了审核，过会率约60%。IPO审核越来越严，难度不断提高。而且IPO新政规定IPO被否企业作为标的资产至少三年才可借壳上市，导致不少企业纷纷撤单，目前已有100多家企业撤单，撤单数约为去年全年的八成。这些企业要么转向借壳上市，要么转向海外。值得关注的是，虽然IPO审核放缓，但对新经济企业的支持力度前所未有，致力于新能源动力电池研发的宁德时代IPO过会只用了5个月，仅为2018年平均水平的一半，利好新经济企业。

(二)港交所IPO上市数量和筹资额均位居全球第一,却七成破发

港交所数据显示,2018年共有207家公司在港交所IPO上市,募集资金总额(含股东售股)为2778亿港元,全年IPO上市数量和筹资额均位居全球第一。同时,2018年港股破发率70.4%。

IPO过会率低导致内地企业纷纷“组团”赴港上市。2018年1月有腾讯系的希玛眼科,2月有汇聚科技,3月有新华教育,5月登陆港股的平安好医生,6月有江西银行。到了2018年下半年更是迎来了几家重量级的企业,小米集团、美团点评、百济神州、中国铁塔、美团点评、海底捞纷纷在港交所敲锣上市。但港股投资者对高利润公司的友好度,要明显高于低利润公司及亏损公司。利润越低,新股的二级市场表现会越来越差,亏损公司的股价跌幅中位数达到35.80%;而11家净利润超过10亿元的公司,只有5家破发,除甘肃银行跌幅超20%外,其余均未超过3%。

(三)新三板涌发摘牌潮,迎来负增长时代,融资制度全面优化完善,重大增量改革措施陆续落地

新三板自推出以来快速发展,市值近5万亿元,约为A股的十分之一,但整体流动性不佳,日均成交量不足10亿元,不到A股日均成交量的百分之一,严重影响后续企业挂牌的积极性,挂牌公司增速由2014年的3倍下滑到2017年的14.43%。新三板分层制度实施后,新三板内部出现明显分化。2017年数据显示,创新层平均每家挂牌企业成交额是基础层的7.99倍,融资额是基础层的5.83倍。新的监管环境下,资金将会向创新层进一步集中,头部效应更加明显。对于中小微企业而言,新三板仍是一种重要的融资渠道;2018年以来新三板迎来一系列重大增量改革措施,全宇宙第一大证券交易市场“新三板”亦迈入新历史阶段。从年初明确三类股东、升级交易制度,到二季度随着香港联交所的重大改革,新三板与港交所达成战略合作,创新出“新三板+H股”的新模式。三季度国务院确认对二级市场买卖新三板股票差价收入免征个税,打消了脆弱市场上的又一担忧。

2018年8月初,国家发改委等五部委提出深化新三板改革后,8月底,中国证监会表示将对在创新层之上设置精选层的可行性与必要性进行深入论证。这是主管部门少有的对新三板的明确、具体表态,表明新三板的深化改革在推进中。2018年10月26日,全国股转公司发布实施新制定的《关于挂牌公司股票发行有关事项的规定》《全国中小企业股份转让系统股票发行业务指引第1-4号》和新修订的《全国中小企业股份转让系统股票发行业务指南》,发布实施《全国中小企业股份转让系统非上市公众公司重大资产重组业务指引》《挂牌公司重大资产重组业务问答》《挂牌公司权益变动与收购业务问答》，同时发布《全国中小企业股份转让系统做市商评价办法（试行）》，对新三板市场股票定向发行制度、并购重组制度、做市商制度等存量制度进行优化改革。这一系列文件的发布，涉及新三板市场股票的定增、并购重组和做市商等，是过往实践经验的积累对现有制度的全面优化、完善，标志着新三板终于要迈向完善升级的新阶段，2019 年新三板将迎来新机会。

（四）并购重组一半是海水一半是火焰

2018 年 2 月，中国证监会发布并购重组审核新规，区分交易类型，对标的资产 IPO 被否的重组项目加强监管，“对于重组上市类交易（俗称借壳上市），企业在 IPO 被否决后至少应运行 3 年才可筹划重组上市”，这一新规，最戳中痛处。号称史上最严审核新规出台。

2018 年 10 月，证监会针对不构成重大资产重组的小额交易，推出“小额快速”并购重组审核机制，直接由上市公司并购重组审核委员会审议，简化行政许可，压缩审核时间。同月，证监会宣布新增十余类并购重组豁免、快速通道适用产业类型，将包括高档数控机床和机器人、航空航天装备、新能源、生物产业等在内的产业纳入审批“快行道”。

2018 年证监会并购重组委共召开 72 次审核会议，共计审核 140 家（次）公司，涉及交易金额 5405.93 亿元。其中 123 家（次）公司通过审核，17 家（次）公司未通过审核，否决率为 12.14%，远超 2017 年的 6.94%。高度关注产业并购是否具备合理的产业本质、标的资产的持续盈利能力、严控“忽悠式”并购以及严防“高承诺、高估值、高商誉”等问题。但也必须注意，有利于产业升级和行业有效整合的并购还是未来的趋势。

新的金融监管时代已来，目前你看到的不是尾声，而是序曲，未来强监管必将成为金融体系的常态，打铁还需自身硬，学习和理解政策在这个时代显得尤为重要。《新三板挂牌公司董秘工作手册》（第一版）出版以来，本人收到大量读者朋友的来信与关注，此书会引起如此多关注实属意料之外，在隋平师兄一再催促下，对原版进行了全面修改，收录了最新发布的监管标准，力图做到收录全面，体系清晰、编排合理、查询方便。希望能对参与新三板市场人员的实践工作提供帮助。再次对隋平师兄表示感谢。

自强者万强，对未来最大的慷慨，是把一切献给现在。

刘　婷

2019 年 1 月于北京金融街

目　　录

第一章 违规部分

第一节 新三板监管概况

2018 年全年,全国股转系统针对新三板挂牌公司违规事项下发了 222 份自律监管函,对违规行为进行 656 次自律监管。相比于 2016 年、2017 年而言,处罚次数明显下降,这表明新三板改革风险控制能力不断加强,市场参与主体专业性与规范性不断完善。回过头来看,新三板历经五年半整体是平稳的,守住了不发生系统性风险的底线,这既是新三板市场风险控制能力的反映,也是下一步深化改革的基础:上万家挂牌企业,为深入分析中小微企业的特点和规律提供了丰富的样板和案例,也为股转公司下一步改革更好满足中小微企业的多元化需求积累了经验。

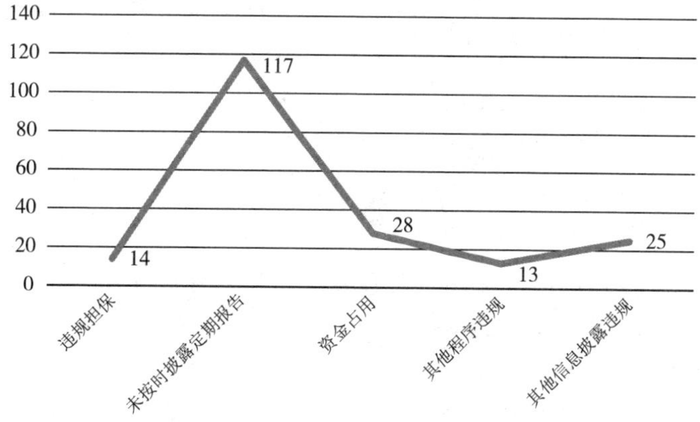

图 1－1　违规类型

资料来源:choice。

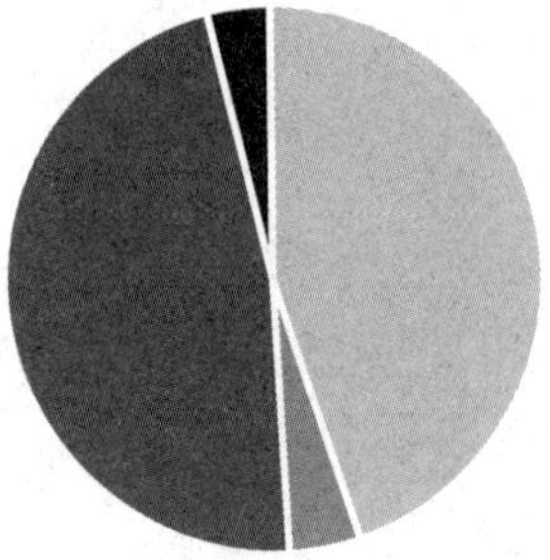

图1－2　自律监管处罚类型

资料来源:choice。

第二节　处罚类型

根据相关法律法规规定,新三板参与者可能被监管机构采取如下措施:自律监管措施、纪律处分、行政处罚及刑事处罚。

一、自律监管措施

根据《全国中小企业股份转让系统业务规则(试行)》规定:全国股份转让系统公司可以对挂牌公司、董监高、中介机构、投资者采取下列自律监管措施:

(1)要求对有关问题作出解释、说明和披露;

(2)约见谈话;

(3)要求提交书面承诺;

(4)出具警示函;

(5)责令改正;

(6)限制证券账户交易;

(7)向中国证监会报告有关违法违规行为;

(8)其他自律监管措施。

二、纪律处分

根据《全国中小企业股份转让系统业务规则(试行)》规定,全国股份转让系统公司可以视情节严重对挂牌公司、董监高、中介机构、投资者采取下列纪律处分措施，并记入证券期货市场诚信档案数据库：

(1)通报批评；

(2)公开谴责；

(3)认定其不适合担任董事、监事、高级管理人员。

被采取纪律处分措施的主体都将被记入证券期货市场从业诚信档案数据库。

三、行政处罚

根据《非上市公众公司监督管理办法》及《证券法》规定：董秘未按照规定披露信息，或者所披露的信息有虚假记载、误导性陈述或者重大遗漏的，责令改正，给予警告，并处以 30 万元以上 60 万元以下的罚款。对直接负责的主管人员和其他直接责任人员给予警告，并处以 3 万元以上 30 万元以下的罚款。

董秘未按照规定报送有关报告，或者报送的报告有虚假记载、误导性陈述或者重大遗漏的，责令改正，给予警告，并处以 30 万元以上 60 万元以下的罚款。对直接负责的主管人员和其他直接责任人员给予警告，并处以 3 万元以上 30 万元以下的罚款。

四、刑事处罚

根据《刑法》第 161 条规定了违规披露、不披露重要信息罪：依法负有信息披露义务的公司、企业向股东和社会公众提供虚假的或者隐瞒重要事实的财务会计报告，或者对依法应当披露的其他重要信息不按照规定披露，严重损害股东或者其他人利益，或者有其他严重情节的，对其直接负责的主管人员和其他直接责任人员，处 3 年以下有期徒刑或者拘役，并处或者单处 2 万元以上 20 万元以下罚金。

第三节　案例解析

一、概述

根据行为的性质，可将案例分为违规案例和违法案例两大类；违规案例可以分为信息披露类违规及其他类违规，其中信息披露类违规占所有违规的绝大多数，可见信息披露是挂牌公司最容易出错的领域，同样也是股转系统重点的监控领域。因此，董秘作为信息披露的责任人必须按照相关规定披露挂牌公司须披露的信息。整体分类如图 1 – 3 所示。

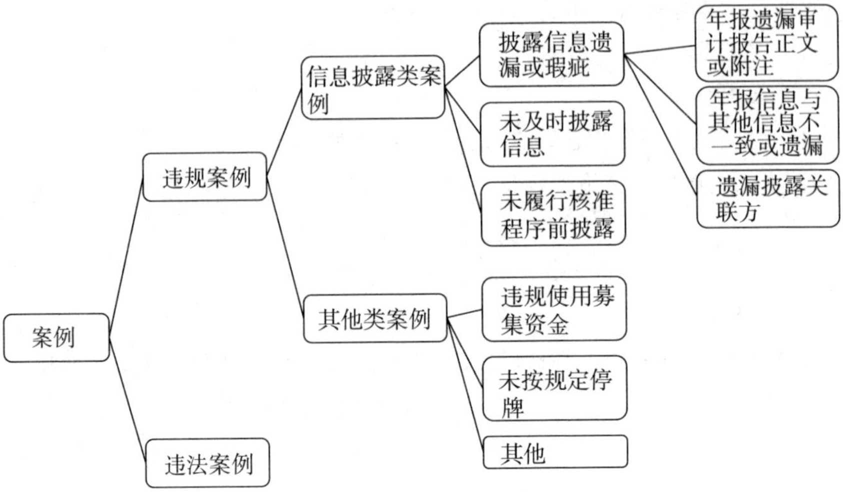

图1－3　责任人必须披露的信息

二、违规案例——资金占用

表1－1　违规占用资金情况

代码	名称	处罚对象	违规行为	具体处罚类型
837876. OC	春鹏电气	公司高管	2017年度春鹏电气实际控制人董经春占用春鹏电气银行承兑汇票2800万元，用于个人资金周转，前述资金占用行为未及时履行审议程序及信息披露义务。公司董事长段宗鹏、财务负责人李传峥对上述资金占用事项知悉且同意，公司信息披露负责人段东超在上述资金占用事项发生时已知悉。	出具警示函
839475. OC	江通传媒	董事长，董秘（信息披露负责人），公司实际控制人，公司高管	2017年12月29日，江通传媒实际控制人朱佑兰控制的江通动画股份有限公司（以下简称江通动画）通过借款形式违规占用江通传媒公司资金5994万元，2018年1月2日，江通动画再次违规占用江通传媒资金1000万元；江通动画累计占用挂牌公司资金6994万元，占挂牌公司2017年期末净资产的25.07%。江通传媒对上述事项未及时履行信息披露义务。	出具警示函

续表

代码	名称	处罚对象	违规行为	具体处罚类型
834676. OC	万合胶业	公司股东，公司高管，董事长，公司实际控制人	2017年5月至12月期间，万合胶业控股股东、实际控制人王惠武违规累计占用公司资金1300万元。2018年4月至7月期间，万合胶业控股股东、实际控制人王惠武及其控制的企业违规累计占用公司资金782万元。时任董事会秘书白波、时任财务负责人彭婷婷对上述资金占用事项知悉。以上行为未及时履行信息披露义务。	出具警示函
832290. OC	双猫股份	公司股东，公司实际控制人，董事长	2017年1月至2018年6月8日，公司控股股东袁春敏违规占用公司资金52.78万元，形成了股东资金占用。袁春敏于2018年6月偿还完占用资金。公司于4月24日补充披露了上述信息。时任公司控股股东、实际控制人、董事长袁春敏，时任公司财务总监、董事会秘书徐桂芳未能忠实、勤勉地履行职责，对上述违规行为负有责任，违反了《全国中小企业股份转让系统业务规则（试行）》（以下简称《业务规则》）第1.4、1.5条规定。时任公司控股股东、实际控制人、董事长袁春敏违规占用公司资金，违反了《业务规则》第4.1.4条的规定。	出具警示函
832512. OC	万舜股份	公司实际控制人，董事长	2017年8月23～28日，万舜股份控股股东、实际控制人许振芳控制的江苏万舜银楼管理有限公司违规占用公司资金980万元。以上行为未及时履行信息披露义务。万舜股份的上述行为违反了《全国中小企业股份转让系统挂牌公司信息披露细则（试行）》（以下简称《信息披露细则》）第46条的规定。时任公司董事长许振芳，时任公司财务总监胡海未能忠实、勤勉地履行职责，对上述违规行为负有责任，违反了《全国中小企业股份转让系统业务规则（试行）》（以下简称《业务规则》）第1.5条的规定。公司实际控制人许振芳违规占用公司资金，违反了《业务规则》第4.1.4条的规定。	出具警示函

(一)资金占用行为

依据《全国中小企业股份转让系统股票挂牌条件适用基本标准指引》规定,公司的控股股东、实际控制人及其关联方存在占用公司资金、资产或其他资源情形的,应在申请挂牌前予以归还或规范(完成交付或权属变更登记)。占用公司资金、资产或其他资源的具体情形包括:

(1)从公司拆借资金;

(2)由公司代垫费用、代偿债务;

(3)由公司承担担保责任而形成债权;

(4)无偿使用公司的土地房产、设备动产等资产;

(5)无偿使用公司的劳务等人力资源;

(6)在没有商品和服务对价情况下其他使用公司的资金、资产或其他资源的行为。

由此可见,监管部门对资金占用的行为界定包括:

(1)从公司拆借资金;

(2)由公司代垫费用、代偿债务;

(3)由公司承担担保责任而形成债权;

(4)无偿使用公司的土地房产、设备动产等资产;

(5)无偿使用公司的劳务等人力资源;

(6)在没有商品和服务对价情况下其他使用公司的资金、资产或其他资源的行为。

(二)资金占用的主体

资金占用的主体为控股股东、实际控制人及其控制的企业。资金占用系属于公司治理规范性核查范围,以防止控股股东、实际控制人及其控制的企业滥用控股股东地位,影响公司治理规范性。

非控股股东、实际控制人及其控制的企业的主体与公众公司之间的非经营性资金往来需考虑占用主体利用职务上的便利条件。直接表现为未经批准或许可,利用其主管、管理和经手本单位资金的便利,同时也包括在其职权范围内,却并非直接经手、管理本单位资金的便利条件,如利用职务上的便利,挪用本单位资金是刑事犯罪,侵害了公众公司财产权。

如占用主体没有利用职务上便利条件,没有充分证据证明占用主体受控股股东、实际控制人及其控制的企业控制,则不能界定为资金占用,也不能界定为挪用资金罪,而应当界定为财务资助。

财务资助:在主营业务范围外以货币资金、实物资产、无形资产等方式向外部主体(包括非全资子公司、参股公司在内)提供资助的行为,资助对象不能是董事、监事、高级管理人员、控股股东、实际控制人及其控股子公司等关联方，财务资助行为需履行董事会或股东大会审批程序。（非上市公众公司监管规则中没有财务资助的表述，此处参考上市公司标准）

[相关法律、法规]

《全国中小企业股份转让系统公开转让说明书内容与格式指引（试行）》

第二十七条　申请挂牌公司应披露最近两年内是否存在资金被控股股东、实际控制人及其控制的其他企业占用，或者为控股股东、实际控制人及其控制的其他企业提供担保，以及为防止股东及其关联方占用或者转移公司资金、资产及其他资源的行为发生所采取的具体安排。

《全国中小企业股份转让系统挂牌公司信息披露细则》

第四十八条　挂牌公司出现以下情形之一的，应当自事实发生或董事会决议之日起及时披露：

……

（二）挂牌公司控股股东、实际控制人或者其关联方占用资金；

……

《非上市公众公司信息披露内容与格式准则第5号》

公众公司原控股股东、实际控制人及其关联方是否存在未清偿对公司的负债、未解除公司为其负债提供的担保或者损害公司利益的其他情形；存在上述情形的，是否已提出切实可行的解决方案。

《刑法》

挪用资金罪，是指公司、企业或者其他单位的工作人员利用职务上的便利，挪用本单位资金归个人使用或者借贷给他人，数额较大、超过3个月未还的，或者虽未超过3个月，但数额较大、进行营利活动的，或者进行非法活动的行为。

根据最高人民法院《关于办理违反公司法受贿、侵占、挪用等刑事案件适用法律若干问题的解释》的规定，挪用本单位资金一万元至三万元以上的，为“数额较大”。

《深圳证券交易所信息披露业务备忘录第36号——对外提供财务资助》

……

二、本备忘录所称“提供财务资助”，是指上市公司在主营业务范围外以货币资金、实物资产、无形资产等方式向外部主体（包括非全资子公司、参股公司在内）提供资助的行为，包括但不限于：

（一）借款或委托贷款；

（二）承担费用；

（三）无偿提供资产使用权；

(四)本所认定的其他构成实质性财务资助的行为,如支付预付款比例明显高于同行业一般水平,或收取资产使用权的费用明显低于行业一般水平。

……

五、上市公司不得为董事、监事、高级管理人员、控股股东、实际控制人及其控股子公司等关联方提供财务资助。

……

九、上市公司对外提供财务资助,必须经董事会或者股东大会审议通过。

三、违规案例——违规担保

表1-2 违规担保情况

名 称	处罚对象	违规行为	具体处罚类型
ST雷蒙德	公司实际控制人,公司股东,董事长,公司高管	违规对外担保,2017年1月17日,雷蒙德与深圳徽金所金融信息服务有限公司北京分公司(以下简称徽金所)签订《担保合同》,为公司控股股东陈双聘向徽金所借款500万元提供担保。雷蒙德未及时就上述对外担保履行内部决策程序和信息披露义务。	出具警示函
天龙新材	董事长,董秘(信息披露负责人)	天龙新材在申报挂牌期间,于2016年5月27日作为保证人与债权人上海浦东发展银行股份有限公司杭州分行签订了《最高额保证合同》(编号:ZB9520201600000095),为该债权人与公司关联方浙江天龙数码印染有限公司(以下简称天龙数码)形成的债权提供最高金额18,000万元的保证担保,担保期限自2016年5月27日至2019年5月27日。天龙新材挂牌后,于2017年2月22日作为保证人为关联方天龙数码向浙江绍兴瑞丰农村商业银行申请1620万元贷款提供了等额担保。上述对外担保事项均未经董事会或股东大会及时审议,也未通知主办券商进行信息披露。	要求提交书面承诺
ST永丰	公司实际控制人,董事长,董秘	永丰食品于2015年10月30日提交挂牌申报材料,2015年12月25日领取挂牌同意函,2016年1月22日完成挂牌。自2012年以来,白世洲私自以公司名义签署11项对外借款合同为其个人借款,本金累计发生14,042.5万元,经白世洲个人偿还后,法院、仲裁机构判决、调解或仲裁确定仍应由永丰食品承担还款义务的金额6925.17万元。自2012年以来,白世洲私自以公司名义签订了7项对外担保合同为其个人以及关联方的债务进行担保,本金累计发生3140.00万元,经白世洲个人偿还后,目前经法院、仲裁机构判决、调解或仲裁确定担保债务本金908.58万元。	出具警示函

分析：公司实际控制人，公司股东，董事长，公司高管为挂牌公司提供担保，不属于违规事项。根据2017年12月27日全国中小企业股份转让系统有限责任公司发布的《全国中小企业股份转让系统挂牌公司信息披露细则》（股转系统公告〔2017〕664号，以下简称《信息披露细则》）规定，关联交易分为日常性关联交易和偶发性关联交易，日常性关联交易需在上一年度报告披露前对其进行预计；除了日常性关联交易外的其他关联交易均为偶发性关联交易，均需通过股东大会审议并及时披露临时公告，公司章程另有规定除外。

四、违规案例——其他违规——未按规定停牌

表1－3　未按规定停牌情况

证券代码	证券简称	监管对象类别	采取监管措施的日期	具体监管措施	违规行为
831639	达仁资管	挂牌公司	2015/11/9	约见谈话	达仁资管于2015年9月14日9时21分通过邮件申请重大资产重组暂停转让，导致挂牌公司股票盘中紧急停牌，不符合重大资产重组暂停转让的相关规定。

分析：根据规定，挂牌公司因重大资产重组申请紧急暂停转让情形的，应于T——1日15:30至16:30将"暂停转让申请表"（可无须主办券商盖章，但企业需要盖章）通过保密传真机（传真号：010—63889872）申请，同时电话确认收悉（监管员电话）。未发传真前不得与股转公司监管员沟通。如公司在发传真前给监管员打电话，则监管员将成为内幕信息知情人员，需要填写内幕知情人员备案表。

五、违规案例——违规交易

表1－4　违规交易情况

代 码	名 称	处罚对象	违规行为	具体处罚类型
832855. OC	博远欣绿	投资者	经查明，2018年5月10日，张新建减持北京博远欣绿科技股份有限公司（证券简称：博远欣绿）股份，交易完成后，其持有该股比例从30. 45%变动为22. 85%，持股比例分别达到挂牌公司已发行股份的30%、25%时未暂停股票交易。	出具警示函

续表

代码	名称	处罚对象	违规行为	具体处罚类型
870255. OC	福民生物	公司实际控制人	2018 年 4 月 24 日,苏福男减持芜湖福民生物药业股份有限公司股票,与一致行动人合计持股从 52. 10% 变动为 42. 81% ,持股比例达到挂牌公司已发行股份的 50% 、45% 时未停止股票交易。	出具警示函
870889. OC	鲁班艺术	投资者	2018 年 7 月 18 日 ~ 23 日,“党淑燕”及与其涉嫌关联的账户在参与集合竞价股票“鲁班艺术”(证券代码:870889)交易的过程中,以明显偏离行情揭示的最近成交价申报,严重影响股票收盘价格,随后高价卖出获利	限制证券账户交易,其他自律监管措施
839281. OC	嘉合智能	投资者	2018 年 4 月 25 日至 5 月 17 日,“邢声海”及与其涉嫌关联的账户在参与集合竞价股票“嘉合智能”(证券代码:839281)交易的过程中,频繁进行反向交易,严重影响股票收盘价格,随后通过协议转让方式卖出相关股票。上述交易行为违反了《全国中小企业股份转让系统股票转让细则》第 109 条关于“单个证券账户,或两个以上固定的或涉嫌关联的证券账户之间,大量或频繁进行反向交易”的规定。	限制证券账户交易

分析:根据规定,投资者拥有权益的股份达到一个挂牌公司已挂牌股份 5% 后,应在该事实发生之日起 2 个转让日内编制并披露权益变动公告。前述投资者拥有权益的股份达到一个挂牌公司已发行股份 5% 后,其拥有权益的股份占该挂牌公司已挂牌股份的比例每增加或减少达到 5% 的整数倍,应当依照前述规定进行报告和公告;在披露公告后 2 个转让日内,不得再行买卖该挂牌公司的股票。

因此,公司董秘应当密切关注公司股东持股情况变化,一旦发现触及信息披露条件,应当及时披露权益变动公告;公司股东在增持或减持过程中应关注持股比例变化,如触发披露条件,应当告知公司董秘,并停止买卖股票。

第二章　日常信息(临时公告)披露业务

第一节　概　　述

一、定义

临时公告,是指挂牌公司按照法律法规和全国股份转让系统公司有关规定发布的除定期报告以外的公告。临时报告应当加盖董事会公章并由公司董事会发布。

挂牌公司控股子公司发生的对挂牌公司股票转让价格可能产生较大影响的信息,视同挂牌公司的重大信息,挂牌公司应当披露。

二、披露时点

挂牌公司应当在临时报告所涉及的重大事件最先触及下列任一时点后及时履行首次披露义务:

(1)董事会或者监事会作出决议时;

(2)签署意向书或者协议(无论是否附加条件或者期限)时;

(3)公司(含任一董事、监事或者高级管理人员)知悉或者理应知悉重大事件发生时。对挂牌公司股票转让价格可能产生较大影响的重大事件正处于筹划阶段,虽然尚未触及规定的时点,但出现下列情形之一的,公司亦应履行首次披露义务:

①该事件难以保密;

②该事件已经泄露或者市场出现有关该事件的传闻;

③公司股票及其衍生品种交易已发生异常波动。

在编制公告时若相关事实尚未发生的,公司应当客观公告既有事实,待相关事实发生后,应当按照相关格式指引的要求披露事项进展或变化情况。

三、关于董事会、监事会、股东大会决议的披露

(1)挂牌公司召开董事会会议,应当在会议结束后及时将经与会董事签字确认的决议(包括所有提案均被否决的董事会决议)向主办券商报备。

董事会决议涉及应当披露的重大信息,公司应当以临时公告的形式及时披露;决议涉及根据公司章程规定应当提交经股东大会审议的收购与出售资产、对外投资(含委托理财、委托贷款、对子公司投资等)的,公司应当在决议后两个转让日以临时公告的形式披露。

(2)挂牌公司召开监事会会议,应当在会议结束后及时将经与会监事签字的决议向主办券商报备。涉及应当披露的重大信息,公司应当在两个转让日内以临时公告的形式及时披露。

(3)挂牌公司应当在年度股东大会召开20日前或者临时股东大会召开15日前,以临时公告方式向股东发出股东大会通知。挂牌公司在股东大会上不得披露、泄露未公开重大信息。

“20日”或“15日”为掐头去尾计算,即年度股东大会通知日期加21日为召开日期,临时股东大会通知日期加16日为召开日期。通知日期为公告日期。

(4)挂牌公司召开股东大会,应当在会议结束后两个转让日内将相关决议公告披露。年度股东大会公告中应当包括律师见证意见。

(5)主办券商及全国股份转让系统公司要求提供董事会、监事会及股东大会会议记录的,挂牌公司应当按要求提供。

四、其他需履行公司内部决策程序的事件

发生以下事件后,挂牌公司需在董事会召开后两个转让日内,披露《董事会决议》、事件对应的公告、《股东大会通知公告》。股东大会召开后两个转让日内,披露《股东大会决议公告》。

(1)经营方针和经营范围的重大变化;

(2)主营业务变更;

(3)公司章程修订;

(4)控股股东或实际控制人发生变更;

(5)公司减资、合并、分立、解散及申请破产的决定,或者依法进入破产程

序、被责令关闭;

(6)变更会计师事务所、会计政策、会计估计;

(7)对外提供担保;

(8)根据公司章程规定应当提交经股东大会审议的收购与出售资产、对外投资(含委托理财、委托贷款、对子公司投资等);

(9)董事会就并购重组、股利分派、回购股份、股票发行或者其他证券融资方案、股权激励方案形成决议;

(10)重大亏损、重大损失。

五、不需履行"三会"决策程序的事件

1. 挂牌公司对涉案金额占公司最近一期经审计净资产绝对值10%以上的重大诉讼、仲裁事项应当及时披露。

未达到前款标准或者没有具体涉案金额的诉讼、仲裁事项,董事会认为可能对公司股票及其他证券品种转让价格产生较大影响的,或者主办券商、全国股份转让系统公司认为有必要的,以及涉及股东大会、董事会决议被申请撤销或者宣告无效的诉讼,公司也应当及时披露。

2. 股票转让被全国股份转让系统公司认定为异常波动的,挂牌公司应当于当日收盘后至次一股份转让日开盘前披露异常波动公告。如果次一转让日开盘前无法披露,公司应当向全国股份转让系统公司申请股票暂停转让直至披露后恢复转让。因此,如存在异常波动需在波动当天披露公告。

3. 公共媒体传播的消息(以下简称传闻)可能或者已经对公司股票转让价格产生较大影响的,挂牌公司应当及时向主办券商提供有助于甄别传闻的相关资料,并决定是否发布澄清公告。

4. 全国股份转让系统公司对挂牌公司实行风险警示或作出股票终止挂牌决定后,公司应当及时披露。

5. 任一股东所持公司5%以上股份被质押、冻结、司法拍卖、托管、设定信托或者被依法限制表决权,需要先在中国结算办理质押或冻结登记,并在办理后两个转让日内发布股权质押或司法冻结公告。

6. 挂牌公司和相关信息披露义务人披露承诺事项的,应当严格遵守其披露的承诺事项。公司未履行承诺的,应当及时披露原因及相关当事人可能承担的法律责任;相关信息披露义务人未履行承诺的,公司应当主动询问,并及时披露原因,以及董事会拟采取的措施。

7. 挂牌公司出现以下情形之一的,应当自事实发生之日起两个转让日内披露相应公告:

(1)法院裁定禁止有控制权的大股东转让其所持公司股份;

(2)公司及其董事、监事、高级管理人员、公司控股股东、实际控制人在报告期内存在受有权机关调查、司法纪检部门采取强制措施、被移送司法机关或追究刑事责任、中国证监会稽查、中国证监会行政处罚、证券市场禁入、认定为不适当人选,或收到对公司生产经营有重大影响的其他行政管理部门处罚;

(3)因前期已披露的信息存在差错、未按规定披露或者虚假记载,被有关机构责令改正或者经董事会决定进行更正。

六、重大事件预计发生情况统计

建议董秘于每月前五个工作日安排公司相关人员填写本月的《重大事件预计发生情况统计函》,为本月的信息披露安排提前做准备工作。

表 2-1 挂牌公司(含子公司)重大事件预计发生情况统计函

序号	重大事件内容	上月是否实际发生		本月预计是否发生	
		是	否	是	否
1	经营方针和经营范围的重大变化;				
2	发生或预计发生重大亏损、重大损失;				
3	控股股东或实际控制人发生变更;				
4	控股股东、实际控制人或者其关联方占用资金;				
5	法院裁定禁止有控制权的大股东转让其所持公司股份;				
6	任一股东所持公司5%以上股份被质押、冻结、司法拍卖、托管、设定信托或者被依法限制表决权;				
7	公司董事、监事、高级管理人员发生变动,董事长或者总经理无法履行职责;				
8	公司减资、合并、分立、解散及申请破产的决定,或者依法进入破产程序、被责令关闭;				
9	董事会就并购重组、股利分派、回购股份、定向发行股票或者其他证券融资方案、股权激励方案形成决议;				
10	变更会计师事务所、会计政策、会计估计;				

续表

序号	重大事件内容	上月是否实际发生		本月预计是否发生	
		是	否	是	否
11	对外提供担保(公司对控股子公司担保除外);				
12	公司及其董事、监事、高级管理人员、公司控股股东、实际控制人存在受有权机关调查、司法纪检部门采取强制措施、被移送司法机关或追究刑事责任、中国证监会稽查、中国证监会行政处罚、证券市场禁入、认定为不适当人选,或收到对公司生产经营有重大影响的其他行政管理部门处罚;				
13	发生涉案金额占公司最近一期经审计净资产绝对值10%以上的重大诉讼、仲裁事项。未达到上述标准或者没有具体涉案金额的诉讼、仲裁事项,董事会认为可能对公司股票及其他证券品种转让价格产生较大影响的,以及涉及股东大会、董事会决议被申请撤销或者宣告无效的诉讼;				
14	日常性关联交易实际执行中预计关联交易金额超过本年度关联交易总额;				
15	除日常性关联交易之外的其他关联交易;				
16	董事会决议涉及根据公司章程规定应当提交经股东大会审议的收购与出售资产、对外投资(含委托理财、委托贷款、对子公司投资等);				
17	因前期已披露的信息存在差错、未按规定披露或者虚假记载,被有关机构责令改正或者经董事会决定进行更正;				
18	其他重大事件。				

七、需在XBRL系统中编写的公告

以下公告需要在XBRL系统中编写,编写完成后点“校验”按钮,校验通过后,导出XBRL文件和WORD文件提交给券商进行审查。

1. 定期报告包括:

(1)年度报告;

(2)半年度报告。

2. 临时公告包括:

(1)关联交易公告;

(2)股票解除限售公告;

(3)股东大会通知公告;

(4)股东大会决议公告;

(5)董事、监事及高级管理人员变动公告(辞职情况);

(6)董事、监事及高级管理人员变动公告(任免情况);

(7)会计政策、会计估计变更公告;

(8)涉及诉讼、仲裁公告;

(9)股份交易异常波动公告;

(10)澄清公告;

(11)对外担保公告;

(12)收购、出售资产公告;

(13)对外投资公告(设立全资子公司情况);

(14)对外投资公告(设立控股子公司或参股公司情况);

(15)对外投资公告(对子公司增资情况);

(16)主营业务变更公告;

(17)股权质押公告;

(18)司法冻结公告;

(19)会计师事务所变更公告;

(20)会计师事务所更名公告。

八、更正公告

发现拟披露的信息或已披露信息存在任何错误、遗漏或者误导的,或者发现存在应当披露而未披露事项的,应当进行更正或补充。

若原公告是在 XBRL 中编写,则需在 XBRL 中更正,再导出 XBRL 和 WORD 版本。

更正公告单独占一个公告编号,更正后的公告沿用原编号。

九、注意事项

挂牌公司在其他媒体披露信息的时间不得早于指定披露平台的披露时间。

第二节 关联交易

一、定义与范围

挂牌公司的关联交易,是指挂牌公司与关联方之间发生的转移资源或者义务的事项。

挂牌公司的关联方及关联关系包括《企业会计准则第36号——关联方披露》规定的情形,以及挂牌公司、主办券商或全国股份转让系统公司根据实质重于形式原则认定的情形。

日常性关联交易指挂牌公司和关联方之间发生的购买原材料、燃料、动力,销售产品、商品,提供或者接受劳务,委托或者受托销售,投资(含共同投资、委托理财、委托贷款),财务资助(挂牌公司接受的)等的交易行为;公司章程中约定适用于本公司的日常关联交易类型。

日常性关联交易之外的为偶发性关联交易。

二、审议程序

挂牌公司董事会、股东大会审议关联交易事项时,应当执行公司章程规定的表决权回避制度。

对于每年发生的日常性关联交易,挂牌公司应当在披露上一年度报告之前,对本年度将发生的关联交易总金额进行合理预计,提交股东大会审议并披露。对于预计范围内的关联交易,公司应当在年度报告和半年度报告中予以分类,列表披露执行情况。

如果在实际执行中预计关联交易金额超过本年度关联交易预计总金额的,公司应当就超出金额所涉及事项依据公司章程提交董事会或者股东大会审议并披露。

除日常性关联交易之外的其他关联交易(偶发性关联交易),挂牌公司应当经过股东大会审议并以临时公告的形式披露。公司章程另有规定除外,建议起草公司章程条款时,结合公司生产经营实际情况制定相关条款。

三、可免予审议和披露的交易

挂牌公司与关联方进行下列交易,可以免予按照关联交易的方式进行审议和披露:

1. 一方以现金认购另一方发行的股票、公司债券或企业债券、可转换公司债券或者其他证券品种；

2. 一方作为承销团成员承销另一方公开发行的股票、公司债券或企业债券、可转换公司债券或者其他证券品种；

3. 一方依据另一方股东大会决议领取股息、红利或者报酬；

4. 挂牌公司与其合并报表范围内的控股子公司发生的或者上述控股子公司之间发生的关联交易。

四、披露的文件及时点

发生超出预计的日常性关联交易时，应提交董事会审议，并根据公司章程确定是否需要提交股东大会审议。

若只需经董事会审议，在董事会召开后两个转让日内，披露《董事会决议》《关联交易公告》。

若需经股东大会审议，在董事会召开后两个转让日内，披露《董事会决议》《关联交易公告》《股东大会通知公告》。股东大会召开后两个转让日内，披露《股东大会决议公告》。

发生除日常性关联交易之外的其他关联交易(偶发性关联交易)时，必须经股东大会审议。在董事会召开后两个转让日内，披露《董事会决议》《关联交易公告》《股东大会通知公告》。股东大会召开后两个转让日内，披露《股东大会决议公告》。

五、控股股东、实际控制人或者其关联方占用资金

控股股东、实际控制人或其关联方占用资金，指挂牌公司为控股股东、实际控制人及其附属企业垫付的工资、福利、保险、广告等费用和其他支出；代控股股东、实际控制人及其附属企业偿还债务而支付的资金；有偿或者无偿、直接或者间接拆借给控股股东、实际控制人及其附属企业的资金；为控股股东、实际控制人及其附属企业承担担保责任而形成的债权；其他在没有商品和劳务对价情况下提供给控股股东、实际控制人及其附属企业使用的资金或者全国股份转让系统公司认定的其他形式的占用资金情形。

发生违规对外担保、控股股东或者其关联方占用资金的公司应当至少每月发布一次提示性公告，披露违规对外担保或资金占用的解决进展情况。

第三节　董事、监事或高级管理人员变动

董事、监事或高级管理人员辞职的,公司应当在收到辞职报告后两个转让日内发布《董事、监事及高级管理人员变动公告(辞职情况)》。

任命董事、监事或高级管理人员的,公司应当在股东大会或者职工代表大会通过新任董事、监事任命后两个转让日内,或董事会通过新任高级管理人员任命后两个转让日内,发布《董事、监事及高级管理人员变动公告(任免情况)》,并按时发布相关会议公告。

新任董事、监事应当在股东大会或者职工代表大会通过其任命后五个转让日内,新任高级管理人员应当在董事会通过其任命后五个转让日内签署《董事(监事、高级管理人员)声明及承诺书》并由律师鉴证,发送给持续督导员,由持续督导员向全国股份转让系统公司报备。新任董事、监事及高级管理人员通过任命后公司需在两个转让日内填写《挂牌公司董监高人员变更报备表》(参见附件)并将 excel 版及加盖公章的 pdf 版发送给持续督导员,由持续督导员向全国股份转让系统公司报备。

新任或辞职董事、监事或高级管理人员持有公司股份的,需要及时办理限售,在办理限售期间不得出售持有的股票。

第四节　权 益 分 配

一、概述

挂牌公司的权益分派业务包括送红股、资本公积金转增股本(以下简称送转股)及现金红利发放业务。

挂牌公司应当在股东大会通过分配方案后 2 个月内完成实施权益分派的工作。挂牌公司近期如有股票发行等业务的,应当综合考虑该业务与权益分派业务的衔接,在具体操作时应当完成一项业务后再开始另一项,两种以上业务不应并行。

二、工作流程

1. 召开董事会并披露董事会决议公告、权益分派方案(预案)公告、股东大会通知公告。权益分派方案中不宜确定股权登记日。

2. 召开股东大会并披露股东大会决议公告。

3. 若本次权益分派全部为现金红利，且截止权益分派股权登记日全体股东的持股时间都在1年以上，后续无须进行股息红利差别化跟踪扣税，则可以选择全部自派方式。

挂牌公司可自行确定股权登记日(R日)，编写权益分派实施公告，填写《除权除息通知表(自派现金红利)》，交由主办券商审查，并在当日披露权益分派实施公告。

4. 除上述情况外，挂牌公司应在股东大会召开后通过网上业务系统向中国结算北京分公司报送材料，按照网上业务系统的指引在规定时间内上传材料及提供账户等，并于R-4日披露权益分派实施公告。权益分派实施公告必须与中国结算审查过的公告一致，如不一致应在R-1日14点前完成公告更正。至此权益分派的信息披露义务已完成，挂牌公司根据中国结算网上业务系统的指引进行后续工作，完成权益分派即可。

三、注意事项

1. 挂牌公司应确保权益派发的权益登记日不得与配股、增发等发行行为的权益登记日重合，并确保R-6日至R日期间不得因其他业务改变公司的股本数或权益数。挂牌公司应确保权益分派实施公告内容与向中国结算北京分公司提交的申请材料内容完全一致。

2. 每10股送转股的股数或派发的现金红利金额(单位为“元”)，小数点后最多为6位。例如，每10股送0.123456股。

3. 送转股过程中产生不足1股的零碎股，按数量大小排序，数量小的循环进位给数量大的持有人，以达到最小记账单位1股。

4. 挂牌公司应当在股东大会通过分配方案后2个月内根据以下流程完成实施权益分派的工作。

5. 不得超额分派。

四、权益分配常见问题

1. 股息红利差别化个人所得税持股期限如何计算?

财税〔2014〕48号文件中明确规定“持股期限是指个人取得挂牌公司股票之日至转让交割该股票之日前一日的持有时间”。个人取得挂牌公司股票最早的日期不得早于股份有限公司成立日期，对于挂牌公司发起人及原始股东，在我公司办理初始登记时采集过股东"挂牌前取得股票时间",该时间为计算股息红利差别化个人所得税的起始时间。定向发行的股东取得股票时间为新增股份可转让日前一交易日。

委托我公司办理权益分派业务后续股息红利差别化个人所得税无须挂牌公司自己计算,而是由我公司计算并代扣,于每月月初通过我公司平台推送扣税明细,同时将所扣税金退还到挂牌公司指定银行账户。挂牌公司收到相应款项按照扣税明细向税务机关申报股东个人所得税。

2. 挂牌公司权益分派包含哪些业务类型?哪些涉及扣税?

挂牌公司的权益分派业务包括送红股、资本公积转增股本、派发现金红利(或简称派发股息、派息)。其中,送红股和派发现金红利使用的是公司的未分配利润,资本公积转增股本使用的是公司的资本公积。送红股和资本公积转增股本涉及公司总股本的变动,派发现金红利不涉及总股本的变动。

送红股和派发现金红利均需后续进行股息红利差别化个人所得税扣缴,参考的相关税收文件为财税〔2014〕资本公积转增股本是否需要缴税需区分资本公积的来源。现行税收法规中直接涉及资本公积转增股本免征个人所得税的主要有两个文件。第一个是国税发〔1997〕198 号第 1 条规定:"股份制企业用资本公积金转增股本不属于股息、红利性质的分配,对个人取得的转增股本数额,不作为个人所得,不征收个人所得税。"第二个是国税函〔1998〕289 号第 2 条的解释及补充规定:"国税发〔1997〕198 号中所表述的'资本公积金'是指股份制企业股票溢价发行收入所形成的资本公积金。将此转增股本由个人取得的数额,不作为应税所得征收个人所得税。而与此不相符合的其他资本公积金分配个人所得部分,应当依法征收个人所得税。"

3. 是否只要有当期的审计报告,任何时候都可以进行权益分派,全年没有次数限制?

根据《挂牌公司信息披露及会计业务问答(一)——利润分配与公积金转增股本》中规定不能以验资报告或除定期报告之外的任何时点的财务数据为基准进行权益分派。权益分派方案中应当以公开披露过的仍在有效期内(报告期末日期 6 个月内)的最近一期定期报告期末日作为基准日,也就是说挂牌公司进行权益分派,应当以已披露的年度报告、半年度报告或季度报告的财务数据为依据。

权益分派应当依据的财务数据基准日如表 2 - 2 所示。

表 2-2 权益分配财务数据基准日

权益分派方案审议日期	依据的财务数据基准日
1月1日~3月31日	上年度12月31日
4月1日~6月30日	上年度12月31日或本年度3月31日(如已披露一季报,依据一季报分派)
7月1日~9月30日	本年度6月30日
10月1日~12月31日	本年度6月30日或本年度9月30日(如已披露三季报依据三季报分派)

根据上述规定,权益分派不是任何时点均可以办理,即一年最多办理4次权益分派业务。

4. 挂牌公司权益分派是否可以自行派发?对于自派股东现金红利有何注意事项?

挂牌公司派发现金红利可以自行派发,但送红股和资本公积转增股本必须经过我公司在线业务平台申报登记。挂牌公司现金红利可以选择全部自派、按某几类股份性质自派(其余类由中国结算代派)或按某几个股东自派(其余股东由中国结算代派)。

挂牌公司自派股东所持流通股产生的现金红利款,需要在付款时一并划付至中国结算,权益登记日(R日)日终,如果相关股东所持流通股未发生减持,中国结算会将相关款项于R+1日退还挂牌公司。上述安排用于确保权益分派办理过程中,自派股东所持流通股发生转让的,且受让方为代派股东的,有充足派息款用于受让方的权益分派。

5. 何种情况挂牌公司可以选择全部自派现金红利?全部自派现金红利有何注意事项?

只有截止权益分派股权登记日全体股东的持股时间都在1年以上,后续无须进行股息红利差别化跟踪扣税的才可以选择全部自派。同时,对于按股份性质和股东账户自派的,挂牌公司应可以掌握相关股东的银行账户信息,用于股息红利派发。

对于挂牌公司现金红利全部自行派发,需自行确定股权登记日(R日),并于R-4日前在股转公司网站上披露权益分派实施公告,同时通知主办券商告知股转公司相应监管员,股转公司需做后续的除权除息。

6. 挂牌公司权益分派如何缴税?个人股东、投资基金代扣代缴个人所得税的实际税率为多少?

挂牌公司派发股息红利,对于个人股东和投资基金股东,适用《财政部国家税务总局证监会关于上市公司股息红利差别化个人所得税政策有关问题的通知》(财税〔2015〕101 号文件)规定,挂牌企业为股息红利个人所得税的法定扣缴义务人;对于法人股东,由股东根据注册地税务机关政策要求自行申报缴纳企业所得税。

挂牌企业派发股息红利时,个人持股超过 1 年的,按政策规定暂免征收个人所得税。持股期限在 1 个月以内(含 1 个月)的,其股息红利所得全额计入应纳税所得额;持股期限在 1 个月以上至 1 年(含 1 年)的,暂减按 50% 计入应纳税所得额;上述所得统一适用 20% 的税率计征个人所得税。据此,不同持股期限的实际税率分别为:持股时间 1 年以上——免税;持股时间 1 个月至 1 年——10%;持股时间 1 个月以内——20%。

7. 挂牌公司如何缴纳股息红利所得税?股息红利所得税扣税失败如何处理?

挂牌公司发生权益分派后,中国结算持续跟踪挂牌公司权益登记日登记在册股东的转让情况。对于股东卖出股份需要补缴税款的,中国结算根据先进先出原则计算卖出股份税款总额,并通过相关股东托管券商完成税款扣划。每个自然月第三个工作日,中国结算通过在线业务平台推送上月跟踪扣税明细结果并根据挂牌公司申报的退款账户完成跟踪扣税退税。挂牌企业在收到税款当月的法定申报期内向主管税务机关申报缴纳。

股东发生转让涉及扣税的,中国结算持续向托管券商推送税款扣划指令,托管券商无法完成税款扣划的(股东资金账户不足扣税),判断为扣税失败,中国结算向挂牌公司推送扣税失败明细数据。挂牌公司收到扣税失败明细数据,据实向税务机关申报即可。

8. 权益分派方案比例位数有什么限制?

每 10 股送股(转股)的股数或派发的现金红利金额(单位为“元”)总位数不得超过 8 位,小数点后最多为 6 位。例如,每 10 股派发现金红利 12.345678 元。

9. 对于权益分派送转股,变动后总股本出现小数的如何处理?

基于股本变动不超过当次权益分派使用的未分配利润和资本公积总和的原则,总股本变动后的小数位股份应全部舍去。举例说明,以截至 2015 年 12 月 31 日的总股本 7,400,000 股为基数,每 10 股送 1.486486 股,则权益分派之后的总股本为 7,400,000 × (1 + 1.486486/10) = 8,499,999.64 股,小数点后应当全部舍弃,不进行四舍五入。因此,本次权益分派的结果为8,499,999股。

10. 挂牌公司如何办理权益分派?

挂牌公司应通过U-KEY登录发行人业务平台申报办理权益分派;对于尚未取得U-KEY的挂牌公司,请尽早登录网站www.chinaclear.cn进行注册并申请U-KEY。

11. 挂牌公司通过在线业务平台申报权益分派有哪些注意事项?

挂牌公司应根据股东大会决议通过的权益分派预案填写股东大会日期、权益分派年度、派发比例等信息。QFII派发比例及股息红利差别化征税税率等信息,在线业务平台会根据挂牌公司的申报信息自动计算生成,无须挂牌公司自己填写。

挂牌公司申报权益分派时需上传在股转公司网站上披露过的股东大会决议公告及董事会决议公告或分派方案(加盖挂牌公司公章或骑缝章),对于特殊事项需做补充说明的,可上传其他附件。

12. 权益分派业务办理过程中,可以办理其他业务吗?股份可以交易吗?

权益分派业务办理过程指挂牌公司通过在线业务平台申报权益分派,至权益分派办理完毕。该过程中挂牌公司股本结构不能发生,即不能办理新增股份登记、限售、解除限售等涉及股本结构变动的业务。但流通股交易转让不受影响。

13. 挂牌公司应先办理定向增发业务还是权益分派业务?

权益分派业务申报前办理的定向增发业务,权益分派对象包含定向发行的股东;权益分派业务办结后再申请定向增发业务,权益分派对象不包含定向发行的股东。

故挂牌公司在办理这两项业务之前需要确定定向发行的股东是否享有该次权益分派的权益,再确定两项业务办理的时间先后顺序。

14. 中国结算权益分派手续费标准是多少?挂牌公司向中国结算支付股份登记手续费、派息手续费和派息款时需要注意什么?

中国结算公司权益分派业务收费标准:按红股及公积金转增股本面值与红利(股息)总额0.1‰。挂牌公司向我司支付权益分派款项时,需在汇款备注/摘要/说明等处注明贵公司证券代码;另外,如果权益分派涉及现金红利,请确保退款账户名称、账户号码和开户行的准确性,退款账户开户行名称需要写明具体支行信息,不可只写总行名称。付款应在R-1日日终前完成。

第五节　股票转让方式申请与变更

一、转让方式申请

申请挂牌时,公司股东大会应当就股票采取做市转让方式或集合竞价转让方式作出决议。

(一)申请集合竞价转让方式

股票挂牌时拟采取集合竞价转让方式的,全国股转系统按照挂牌公司所属市场层级确定其股票集合竞价撮合频次。

股票挂牌时拟采取集合竞价转让方式的,申请挂牌公司应当在提交挂牌申请材料的同时,向全国股转公司提交以下材料:

(1)关于股票采取集合竞价转让方式的申请(附件1);

(2)关于同意公司股票采取集合竞价转让方式的股东大会决议;

(3)全国股转公司要求提交的其他材料。

股票挂牌时拟采取做市转让方式的,应当具备以下条件:

(1)2家以上做市商同意为申请挂牌公司股票提供做市报价服务,且其中一家做市商为推荐该股票挂牌的主办券商或该主办券商的母(子)公司;

(2)做市商合计取得不低于申请挂牌公司总股本5%或100万股(以孰低为准),且每家做市商不低于10万股的做市库存股票;

(3)全国股转公司规定的其他条件。

(二)申请做市转让方式

股票挂牌时拟采取做市转让方式的,申请挂牌公司应当在提交挂牌申请材料的同时,向全国股转公司提交以下材料:

(1)关于股票采取做市转让方式的申请(附件2);

(2)关于同意公司股票采取做市转让方式的股东大会决议;

(3)做市商为申请挂牌公司股票提供做市报价服务申请(附件3);

(4)全国股转公司要求的其他材料。

股票采取做市转让方式的,申请挂牌公司应当在股票挂牌前确认做市商做市库存股票已经按照中国证券登记结算有限责任公司(以下简称中国结算)要求登记于做市商做市专用证券账户,并将做市商做市库存股票登记结果向全国股转公司报告。

申请挂牌公司应当按照全国股转公司的要求在公开转让说明书和挂牌提示

性公告(附件4)中披露其股票转让方式。

二、集合竞价转让方式变更为做市转让方式

采取集合竞价转让方式的股票,挂牌公司申请变更为做市转让方式的,应当符合以下条件:

(1)2家以上做市商同意为该股票提供做市报价服务,并且每家做市商已取得不低于10万股的做市库存股票;

(2)全国股转公司规定的其他条件。

挂牌公司应当在作出有关变更转让方式的决议后6个月内,向全国股转公司提交以下申请材料:

(1)变更股票转让方式为做市转让方式申请(附件5);

(2)挂牌公司关于变更股票转让方式的股东大会决议;

(3)做市商为挂牌公司股票提供做市报价服务申请(附件6);

(4)全国股转公司要求的其他材料。

全国股转公司收到申请材料后,在3个转让日内出具意见,并于出具意见当日收市后通知挂牌公司和相关做市商。挂牌公司应当于全国股转公司出具意见当日在指定网站公告(附件7)。

全国股转公司同意挂牌公司股票转让方式变更为做市转让方式的,自全国股转公司出具意见之日后第二个转让日起该股票转让方式变更为做市转让方式,相关做市商应当履行对该股票的做市报价义务。

三、做市转让方式变更为集合竞价转让方式

采取做市转让方式的股票,挂牌公司申请变更为集合竞价转让方式的,应当符合以下条件:

(1)该股票所有做市商均已满足2017年12月22日全国中小企业股份转让系统有限责任公司发布《全国中小企业股份转让系统股票转让细则》(股转系统公告〔2017〕663号,以下简称《转让细则》)关于最低做市期限的要求,且均同意退出做市;

(2)全国股转公司规定的其他条件。

挂牌公司应当在作出有关变更转让方式的决议后10个转让日内,向全国股转公司提交以下申请材料:

(1)变更股票转让方式为集合竞价转让方式申请(附件8);

(2)挂牌公司关于变更股票转让方式的股东大会决议;

(3)做市商同意退出做市声明(附件9);

(4)全国股转公司要求的其他材料。

全国股转公司收到申请材料后,在3个转让日内出具意见,并于出具意见当日收市后通知挂牌公司和相关做市商。挂牌公司应当于全国股转公司出具意见当日在指定网站公告(附件10)。

全国股转公司同意挂牌公司股票转让方式变更为集合竞价转让方式的,自全国股转公司出具意见之日后第二个转让日起相关股票转让方式变更为集合竞价转让方式,相关做市商停止为该股票提供做市报价服务,并应当按照《转让细则》有关规定将该挂牌公司股票转出做市专用证券账户。

四、申请后续加入为股票做市

挂牌时采取做市转让方式的股票,拟后续加入的做市商须在该股票挂牌满3个月后方可经申请同意后为该股票提供做市报价服务。

做市商退出做市后,1个月内不得申请再次为该股票做市。

采取做市转让方式的股票,做市商拟后续加入为该股票做市的,应向全国股转公司提交后续加入做市申请(附件11)。全国股转公司接受申请的时间为每个转让日的15:30至17:00。

全国股转公司收到申请后,在3个转让日内出具意见,并于出具意见当日收市后通知提出申请的做市商。

全国股转公司同意申请的,该做市商应当于全国股转公司出具意见当日在指定网站公告,并于次一转让日开始履行对该股票的做市报价义务。

挂牌公司提交将股票由做市转让方式变更为集合竞价转让方式申请后,全国股转公司暂停接受做市商后续加入为该股票做市的申请,已经接受申请的,中止审查。

挂牌公司撤回相关申请或相关申请被全国股转公司出具不同意意见的,全国股转公司将重新开始接受做市商后续加入为该股票做市的申请,已经接受申请的,继续审查。

挂牌公司相关申请经全国股转公司同意的,全国股转公司停止接受做市商后续加入为该股票做市的申请,已经接受申请的,终止审查。

五、申请退出为股票做市

挂牌时采取做市转让方式的股票和由集合竞价转让方式变更为做市转让方

式的股票,其初始做市商为股票做市不满6个月的,不得申请退出为该股票做市。后续加入的做市商为相关股票做市不满3个月的,不得申请退出为该股票做市。

做市商拟退出为股票做市的,应向全国股转公司提交退出做市申请(附件12)。全国股转公司接受申请的时间为每个转让日的15:30至17:00。

全国股转公司收到申请后,在3个转让日内出具意见,并于出具意见当日收市后通知申请退出的做市商。

全国股转公司同意申请的,该做市商应当于全国股转公司出具意见当日在指定网站公告,自次一转让日起停止履行为相关股票提供做市报价服务,并应当按照《转让细则》有关规定将该挂牌公司股票转出做市专用证券账户。

六、特殊情形处理

采取做市转让方式的股票发生下列情形之一,将导致该股票做市商不足2家时,全国股转公司于有关情形发生当日收市后在公司网站公告相关情况:

(1)该股票做市商提出申请并经全国股转公司同意,退出为该股票做市;

(2)该股票做市商被暂停、终止从事做市业务,或被禁止为该股票做市。

自上述情形发生次一转让日起,该股票暂停转让。暂停转让期间,挂牌公司应当每5个转让日在指定网站发布一次提示性公告。

发生上述情形导致股票暂停转让的,相关股票在以下情形发生后恢复转让:

(1)该股票做市商在30个转让日内恢复为2家以上;

(2)挂牌公司在30个转让日内提出申请并经全国股转公司同意,股票转让方式变更为集合竞价转让方式;

(3)依据《转让细则》第18条规定,全国股转公司强制将股票转让方式变更为集合竞价转让方式。

因发生上述(1)(3)情形,股票恢复转让的,全国股转公司于恢复转让前一转让日在公司网站公告相关情况。

附件1:

关于股票采取集合竞价转让方式的申请

全国中小企业股份转让系统有限责任公司:

本公司股东大会已于×年×月×日依法作出决议,决定本公司股票挂牌时采取集合竞价转让方式。现本公司申请挂牌时股票采取集合竞价转让方式。

本公司承诺所提供的申请材料真实、准确、完整,决议程序合法合规,因提供的申请材料不符合上述承诺及决议程序违法违规等问题所引起的一切法律责任由本公司自行承担。

××股份有限公司
(公章)
联系人:
联系电话:
年　月　日

附件2:

关于股票采取做市转让方式的申请

全国中小企业股份转让系统有限责任公司:

本公司股东大会已于×年×月×日依法作出决议,决定本公司股票挂牌时采取做市转让方式。现本公司申请挂牌时股票采取做市转让方式。

目前,已有2家以上做市商(××、××、……)同意为本公司股票提供做市报价服务,且其中1家为推荐本公司挂牌的主办券商××/该主办券商的母(子)公司。上述做市商(拟)取得的库存股票合计××股,合计占本公司总股本×%,其中做市商××(拟)取得的库存股票××股,做市商××(拟)取得的库存股票××股,……。

本公司承诺所提供的申请材料真实、准确、完整,决议程序合法合规,因提供的申请材料不符合上述承诺及决议程序违法违规等问题所引起的一切法律责任由本公司自行承担。

××股份有限公司
(公章)
联系人:
联系电话:
年　月　日

附件3:

做市商为申请挂牌公司股票提供做市报价服务申请

全国中小企业股份转让系统有限责任公司:

本公司自愿为××股份有限公司(申请挂牌公司)股票提供做市报价服务,申请成为××股份有限公司股票挂牌时的初始做市商,并同意××股份有限公司向全国中小企业股份转让系统有限责任公司(以下简称全国股转公司)提交《关于股票采取做市转让方式的申请》。

本公司做市交易单元:××;做市证券账户:××;拟作为做市库存股的××股份有限公司股票××股,其中:(拟)从原股东处受让××股,(拟)通过股票发行取得××股,(拟)通过其他合法方式取得××股①,(股票发行完成后,)占××股份有限公司总股本比例为×%。

本公司承诺向全国股转公司提供的相关材料真实、准确、完整,并承诺履行报价义务、遵守有关做市商的各项规定,自愿接受因违反承诺及有关规定而导致的法律后果。

××证券公司

(公章)

联系人:

联系电话:

年　月　日

附件4:

××股份有限公司关于股票挂牌的提示性公告

本公司股票挂牌公开转让申请已经全国股转公司同意。本公司股票将于×年×月×日起在全国股转系统挂牌公开转让。

---

① 通过其他合法方式取得做市库存股票的,应当说明具体途径。

证券简称:××,证券代码:××。

转让方式:××。(如为做市转让,应披露做市商信息)

做市商1:××(全称),推荐本公司股票挂牌的主办券商/推荐本公司股票挂牌的主办券商××证券公司的母(子)公司。

做市商2:××(全称)。

……

所属层级:××。

(如有挂牌同时发行,应披露发行信息)本公司挂牌同时发行总额为××股,其中限售条件××股,无限售条件××股。无限售条件股份将于×年×月×日在全国股转系统挂牌公开转让。

公开转让说明书及附件已于×年×月×日、股票发行情况报告书已于×年×月×日披露于全国股转系统指定信息披露平台 www. neeq. com. cn 或 www. neeq. cc,供投资者查阅。

××股份有限公司

(公章)

年 月 日

附件5:

变更股票转让方式为做市转让方式申请

全国中小企业股份转让系统有限责任公司:

本公司股东大会已于×年×月×日依法作出决议,决定本公司股票(证券简称:××,证券代码:××)由集合竞价转让方式变更为做市转让方式。现本公司申请变更股票转让方式为做市转让方式。

目前,已有2家(以上)做市商(××、××、……)同意为本公司股票提供做市报价服务,且各做市商均已取得不低于10万股的本公司股票。其中,做市商××取得的拟作为做市库存股票的本公司股票××股,做市商××取得的拟作为做市库存股的本公司股票××股,……。

本公司承诺所提供的申请材料真实、准确、完整,决议程序合法合规,因提供的申请材料不符合上述承诺及决议程序违法违规等问题所引起的一切法律责任由本公司自行承担。

××股份有限公司
（公章）
联系人：
联系电话：
年　月　日

附件6：

做市商为挂牌公司股票提供做市报价服务申请

全国中小企业股份转让系统有限责任公司：

本公司自愿为××股份有限公司(挂牌公司)股票(证券简称：××,证券代码：××)提供做市报价服务,申请成为××股份有限公司股票做市商,并同意××股份有限公司向全国中小企业股份转让系统有限责任公司(以下简称全国股转公司)提交《变更股票转让方式为做市转让方式申请》。

本公司做市交易单元：××;做市证券账户：××;拟作为做市库存股的××股份有限公司股票××股(其中,在全国中小企业股份转让系统买入××股,通过股票发行取得××股,通过其他合法方式取得××股①)。

本公司自营证券账户所持××股份有限公司股票共××股②(其中,自营证券账户××持有××股,自营证券账户××持有××股,……)。

本公司承诺向全国股转公司提供相关材料的真实、准确、完整,并承诺履行报价义务、遵守有关做市商的各项规定,自愿接受因违反承诺及有关规定而导致的法律后果。

---

① 通过其他合法方式取得做市库存股票的,应当说明具体途径。

② 如本公司自营证券账户所持该股票数量为0股,无须填写括号中的账户明细;如所持股票数量大于0股,请列示持有该股票的全部自营证券账户明细情况(包括每个自营证券账户的账户编码和持股数量),并且应确保所有明细账户持股数量之和应等于前述填报的持股总数。

附件:股票划转申请①

××证券公司
(公章)
联系人:
联系电话:
年　月　日

附件

股票划转申请

全国中小企业股份转让系统有限责任公司:

现本公司申请将本公司自营证券账户××(交易单元编码:××,托管单元编码:××)所持××股份有限公司全部股票(证券简称:××,证券代码:××)划转至本公司做市证券账户××(交易单元编码:××,托管单元编码:××)。

××证券公司
(公章)
联系人:
联系电话:
年　月　日

① 根据《全国中小企业股份转让系统股票转让细则》要求,做市商开展做市业务,应通过专用证券账户进行。因此,如做市商拟作为做市库存股的股票登记于自营账户内,在挂牌公司向全国股转公司提交变更股票转让方式为做市转让方式申请同时,做市商还应向中国结算北京分公司提交股票划转申请;如已登记于做市证券账户内,无需本附件。

附件7:

××股份有限公司关于变更股票转让方式为做市转让方式的提示性公告

××股份有限公司(以下简称公司)变更股票转让方式为做市转让方式申请已经全国股转公司同意。公司股票将于×年×月×日起变更为做市转让方式。变更前,公司股票仍采取集合竞价转让方式进行转让。

证券简称:××,证券代码:××。

做市商1:××(全称)。

做市商2:××(全称)。

……

特此公告。

××股份有限公司

(公章)

年　月　日

附件8:

变更股票转让方式为集合竞价转让方式申请

全国中小企业股份转让系统有限责任公司:

本公司股东大会已于×年×月×日依法作出决议,决定本公司股票(证券简称:××,证券代码:××)由做市转让方式变更为集合竞价转让方式。现本公司申请变更股票转让方式为集合竞价转让方式。

经与做市商协商一致,本公司股票所有做市商××、××、……均同意退出为本公司股票做市。其中,做市商××为本公司股票的初始做市商/后续加入做市商,从最近一次为该股票做市首日起至今已超过6个月/3个月;做市商××为本公司股票的初始做市商/后续加入做市商,从最近一次为该股票做市首日起至今已超过6个月/3个月;……,均符合《全国中小企业股份转让系统股票转让细则》有关做市商最低做市期限的要求。

本公司承诺所提供的申请材料真实、准确、完整,决议程序合法合规,因提供的申请材料不符合上述承诺及决议程序违法违规等问题所引起的一切法律责任由本公司自行承担。

××股份有限公司
(公章)
联系人:
联系电话:
年　月　日

附件9:

做市商同意退出做市声明

全国中小企业股份转让系统有限责任公司:

本公司自愿申请退出为××股份有限公司(挂牌公司)股票(证券简称:××,证券代码:××)提供做市报价服务,并同意××股份有限公司向全国中小企业股份转让系统有限责任公司(以下简称全国股转公司)提交《变更股票转让方式为集合竞价转让方式申请》。

本公司为××(证券简称)的初始做市商/后续加入做市商,从最近一次为该股票做市首日起至今已超过6个月/3个月,符合《全国中小企业股份转让系统股票转让细则》有关做市商最低做市期限的要求。

本公司承诺向全国股转公司提供相关材料的真实、准确、完整,并承诺遵守全国股转公司的各项规定,自愿接受因违反承诺及有关规定而导致的法律后果。

附件:股票划转申请①

---

① 根据《全国中小企业股份转让系统股票转让细则》要求,做市商不再为挂牌公司股票提供做市报价服务的,应将库存股票转出做市专用证券账户。因此,在挂牌公司向全国股转公司提交变更股票转让方式为集合竞价转让方式申请同时,做市商还应向中国结算北京分公司提交股票划转申请。

××证券公司
(公章)
联系人:
联系电话:
年　月　日

附件

股票划转申请

全国中小企业股份转让系统有限责任公司:

现本公司申请将本公司做市证券账户××(交易单元编码:××,托管单元编码:××)所持××股份有限公司全部股票(证券简称:××,证券代码:××)划转至本公司自营证券账户××(交易单元编码:××,托管单元编码:××)。

××证券公司
(公章)
联系人:
联系电话:
年　月　日

附件10:

××股份有限公司关于变更股票转让方式为集合竞价转让方式的提示性公告

××股份有限公司(以下简称公司)变更股票转让方式为集合竞价转让方式申请已经全国股转公司同意。公司股票将于×年×月×日起变更为集合竞价转让方式。变更前,公司股票仍采取做市转让方式进行转让。

证券简称:××,证券代码:××。

所属层级:××。

特此公告。

××股份有限公司

(公章)

年　月　日

附件 11:

做市商后续加入做市申请

全国中小企业股份转让系统有限责任公司:

本公司自愿为××股份有限公司(挂牌公司)股票(证券简称:××,证券代码:××)提供做市报价服务,申请成为××股份有限公司股票做市商。

××股份有限公司于×年×月×日在全国中小企业股份转让系统挂牌,挂牌时股票采取做市转让方式且距今已满 3 个月/挂牌时股票未采取做市转让方式。本公司系初次为××(证券简称)做市/本公司系再次为××(证券简称)做市,上一次退出为该股票做市的日期为×年×月×日,距今已满 1 个月。

本公司做市交易单元:××;做市证券账户:××;拟作为做市库存股的××股份有限公司股票××股(其中,在全国中小企业股份转让系统买入××股,通过股票发行取得××股,通过其他合法方式取得××股①)。

本公司自营证券账户所持××股份有限公司股票共××股②(其中,自营证券账户××持有××股,自营证券账户××持有××股,……)。

本公司承诺向全国股转公司提供相关材料的真实、准确、完整,并承诺履行报价义务、遵守有关做市商的各项规定,自愿接受因违反承诺及有关规定而导致的法律后果。

---

① 通过其他合法方式取得做市库存股票的,应当说明具体途径。

② 如本公司自营证券账户所持该股票数量为 0 股,无须填写括号中的账户明细;如所持股票数量大于 0 股,请列示持有该股票的全部自营证券账户明细情况(包括每个自营证券账户的账户编码和持股数量),并且应确保所有明细账户持股数量之和应等于前述填报的持股总数。

附件:股票划转申请①
　　关于后续加入做市申请的说明

××证券公司
（公章）
联系人:
联系电话:
年　月　日

附件

股票划转申请

全国中小企业股份转让系统有限责任公司:

现本公司申请将本公司自营证券账户××(交易单元编码:××,托管单元编码:××)所持××股份有限公司全部股票(证券简称:××,证券代码:××)划转至本公司做市证券账户××(交易单元编码:××,托管单元编码:××)。

××证券公司
（公章）
联系人:
联系电话:
年　月　日

① 根据《全国中小企业股份转让系统股票转让细则》要求,做市商开展做市业务,应通过专用证券账户进行。因此,如做市商拟作为做市库存股的股票登记于自营账户内,其向全国股转公司提交《后续加入做市申请》同时,还应向中国结算北京分公司提交股票划转申请;如已登记于做市证券账户内,无须本附件。

附件

关于后续加入做市申请的说明

全国中小企业股份转让系统有限责任公司：

截至我司提交后续加入做市申请之日前一转让日，××股份有限公司(证券简称：××，证券代码：××)未公告其关于变更股票转让方式为集合竞价转让方式的股东大会或董事会决议。

特此说明。

××证券公司
(加盖公章)
年　月　日

附件12：

做市商退出做市申请

全国中小企业股份转让系统有限责任公司：

本公司自愿申请退出为××股份有限公司(挂牌公司)股票(证券简称：××，证券代码：××)提供做市报价服务。

本公司为××(证券简称)的初始做市商/后续加入做市商，从最近一次为该股票做市首日起至今已超过6个月/3个月，符合《全国中小企业股份转让系统股票转让细则》有关做市商最低做市期限的要求。

本公司承诺向全国股转公司提供的相关材料真实、准确、完整，并承诺遵守全国股转公司的各项规定，自愿接受因违反承诺及有关规定而导致的法律后果。

附件：股票划转申请①

① 根据《全国中小企业股份转让系统股票转让细则》要求，做市商不再为挂牌公司股票提供做市报价服务的，应将库存股票转出做市专用证券账户。因此，做市商在全国股转公司提交《退出做市申请》同时，还应向中国结算北京分公司提交股票划转申请。

××证券公司
(公章)
联系人:
联系电话:
年 月 日

附件

股票划转申请

全国中小企业股份转让系统有限责任公司:

现本公司申请将本公司做市证券账户××(交易单元编码:××,托管单元编码:××)所持××股份有限公司全部股票(证券简称:××,证券代码:××)划转至本公司自营证券账户××(交易单元编码:××,托管单元编码:××)。

××证券公司
(公章)
联系人:
联系电话:
年 月 日

第六节 证券简称变更

一、变更注意事项

1. 挂牌公司应根据实际经营业务情况,审慎对证券简称或公司全称进行变更。变更后的证券简称,应与公司主营业务相匹配,不得利用变更证券简称误导投资者,并避免使用过于概括、与公司实际情况不符的区域性、行业性通用名词。

2. 变更后的证券简称原则上从公司名称中选取,不得超过八个字符(单字节字符),应避免与全国股转系统和境内交易所已挂牌或上市证券的证券简称重复。

二、变更程序与文件制作要求

1. 挂牌公司变更证券简称,应当经董事会审议通过。变更公司全称的,应当经董事会审议通过并提请股东大会审议。

挂牌公司应在董事会召开后两个转让日内披露董事会决议公告及拟变更证券简称或公司全称的临时报告,临时报告内容至少包括:拟变更后的证券简称或公司全称、具体变更理由及与主营业务的匹配性、董事会审议情况、是否需要提交股东大会审议等。

如提交股东大会审议的,挂牌公司应在股东大会召开后两个转让日内披露股东大会决议公告,如股东大会未审议通过,挂牌公司应当以临时报告的形式披露未通过的原因及相关安排。

2. 挂牌公司应根据全国股转公司的相关规定,按以下流程申请办理证券简称或公司全称变更事宜:

(1)董事会审议通过变更证券简称后10个转让日内,或完成工商变更登记手续并领取《企业法人营业执照》后10个转让日内(变更公司全称情形适用),向主办券商提交下列申请文件:

①《××公司证券简称或公司全称变更申请书》(附件1);

②董事会决议、股东大会决议(如有);

③变更后的《企业法人营业执照》(变更全称情形适用);

④其他证明材料。

挂牌公司变更公司全称的,应以工商注册登记确认的新公司名称提出申请,并加盖新公司印章。

(2)主办券商审查无误后,最晚应于T-2日(T日为证券简称或公司全称变更生效日)将上述申请文件通过日常业务系统报送全国股转公司。

(3)挂牌公司变更证券简称或公司全称申请经全国股转公司审查通过后,最晚应于T-1日披露关于证券简称或公司全称变更的提示性公告。

(4)T日挂牌公司证券简称或公司全称变更生效。

三、加注与撤销ST标识

挂牌公司股票转让被实行风险警示或撤销风险警示的,具体办理要求如下:

1. 主办券商应于挂牌公司年报披露当日通过日常业务系统向全国股转公司提交股票特别处理或撤销股票特别处理申请,申请于T日(T日为年报披露后次两个转让日)生效,申请材料为《关于××公司股票转让被实行风险警示的报告》(附件2)或《关于××公司股票转让撤销风险警示的报告》(附件3)。被实行风险警示的挂牌公司证券简称前将加注ST标识,且不超过8个字符。对于被实行风险警示的,主办券商应于年报披露当日披露风险提示公告。

2. 经全国股转公司审查通过后,挂牌公司最晚应于T-1日披露相关公告。

3. T日挂牌公司股票转让被实行风险警示或撤销风险警示生效。

附件:1. ××公司证券简称或公司全称变更申请书;

2. 关于××公司股票转让被实行风险警示的报告;

3. 关于××公司股票转让撤销风险警示的报告。

附件1:

××公司证券简称或公司全称变更申请书

全国中小企业股份转让系统有限责任公司:

××公司已于年月日召开董事会,____年____月____日召开股东大会(变更全称情形适用),审议通过了《关于变更证券简称(或公司全称)的议案》,证券简称(或公司全称)由“”变更为“”,证券代码保持不变。具体如下:

证券代码	变更前证券简称	变更后证券简称	变更前公司全称	变更后公司全称	变更后生效日期	此次变更履行的审议程序和信息披露情况

特此申请。

申请人:××公司

(加盖公章)

经办人签名:

联系电话:

年　月　日

附件2:

关于××公司股票转让被实行风险警示的报告

全国中小企业股份转让系统有限责任公司:

××公司(证券代码:;证券简称:)于____年____月____日披露年年度报告,其年度财务会计报告被出具否定意见的审计报告/其年度财务会计报告被出具无法表示意见的审计报告/其年度经审计的期末净资产为负。根据《全国中小企业股份转让系统业务规则(试行)》第4.2.8条的规定,公司股票转让将从年月日起被实行风险警示,公司证券简称前将加注ST标识,证券代码保持不变。具体如下:

证券代码	变更前证券简称	变更后证券简称	变更后生效日期

特此报告。

申请人:××公司
(加盖公章)
经办人签名:
联系电话:
年　月　日

附件3:

关于××公司股票转让撤销风险警示的报告

全国中小企业股份转让系统有限责任公司:

××公司(证券代码:;证券简称:)于____年____月____日披露年年度报告,其年度财务会计报告的审计意见类型为,且其年度经审计的期末净资产不为负。因此,公司申请从年月日起撤销股票转让风险警示,公司证券简称将撤销ST标识,证券代码保持不变。具体如下:

证券代码	变更前证券简称	变更后证券简称	变更后生效日期

特此报告。

申请人：××公司
(加盖公章)
经办人签名：
联系电话：
年　月　日

第三章　限售、解限售业务

第一节　主体及办理时点

一、主体

1. 挂牌公司股东、董事、监事和高级管理人员。

2. 挂牌公司的控股股东、实际控制人。

3. 挂牌前12个月内从控股股东、实际控制人处受让其直接或间接持有股票的受让人。

4. 因司法裁决、继承等原因从控股股东、实际控制人处获得有限售条件股票的后续持有人。

全国股份转让系统公司依据业务规则暂停对挂牌公司的控股股东、实际控制人解除股票限售的,不得申请解限售。

董事、监事和高级管理人员其所持限售股票因司法裁决、继承等原因发生非交易过户且过入方不存在其他限售情形的,过入方可申请解除限售。

自愿限售股票因司法裁决、继承等原因发生非交易过户的,过入方应当继续遵守自愿限售相关约定或承诺。

二、办理时点

挂牌公司在以下时限申请办理股票限售或解限售:

1. 董事、监事和高级管理人员因挂牌公司股票发行、实施股权激励计划、可转债转股、权益分派,或通过转让系统买入等新增股票的,在新增股票后3个转让日内。

董事、监事和高级管理人员应于新增股票当日,告知董事会秘书或信息披露事务负责人,以便能按上述规定及时申请办理股票限售或解限售。

2. 新任董事、监事持有本公司股票的,在聘任经股东大会(职工监事为职工代表大会)批准后2个转让日内,新任高级管理人员持有本公司股票的,在聘任经董事会批准后2个转让日内。

3. 免职董事、监事持有本公司股票的,在免职经股东大会批准后2个转让日内,免职高级管理人员持有本公司股票的,在免职经董事会批准2个转让日内,辞职董事、监事和高级管理人员持有本公司股票的,在辞职生效后2个转让日内。

4. 挂牌公司的控股股东、实际控制人挂牌前直接或间接持有的股票;挂牌前12个月内从控股股东、实际控制人处受让的股票;因司法裁决、继承等原因而获得上述的股票在挂牌之日、挂牌期满的一年和两年。

5. 挂牌公司的发起人持有的股票,在股份公司成立满一年时。

第二节　计算规则

本章所称的"有限售条件股票"是指依据《公司法》和2013年2月8日全国中小企业股份转让系统有限责任公司发布的《全国中小企业股份转让系统业务规则》(股转系统公告〔2013〕2号,以下简称《业务规则》)的规定有转让限制的股票;"其他限售条件股票"是指依据除《公司法》和《业务规则》以外的其他法律文件的规定,有附加转让条件的股票。

"有限售条件股票"与"其他限售条件股票"合称"有限售条件流通股"。

1. 挂牌公司发起人(指股份公司的发起人)持有的公司股票,自股份公司成立之日起一年内不得转让。

2. 挂牌公司的控股股东、实际控制人挂牌前直接或间接持有的股票;挂牌前12个月内从控股股东、实际控制人处受让的股票;因司法裁决、继承等原因而获得上述的股票应分三批解除限售,每批解限售数额分别为挂牌前所持股票总额的1/3,解除转让限制的时间分别为挂牌之日、挂牌期间满一年和两年。

3. 挂牌公司的董事、监事和高级管理人员以上年度末最后一个转让日登记在其名下的本公司股票总额的25%为法定可转让数额;同时,将法定可转让数额内所含的其他限售条件股票数额扣除,作为实际可转让数额;实际可转让数额减去上一年度内实际可转让但未转让股票数额为当年可申请解限售股票数额。

当其账户持有本公司股份余额不足1000股时,其本年度法定可转让数额即为其持有本公司股票数。

4. 挂牌公司董事、监事及高级管理人员因股票发行、实施股权激励计划、可转债转股、权益分派,或通过转让系统买入等原因新增股票的,应对新增股票数额的75%进行限售。

5. 新任董事、监事和高级管理人员持有本公司股票的应以其受聘时所持有股票总额的75%为法定限售数额。法定限售数额减去任职前持有的有限售条件流通股数,等于申请限售股票数额。

6. 挂牌公司董事、监事和高级管理人员离任时,以其所持本公司的股票总额为法定限售数额。法定限售数额减去离任前持有的有限售条件流通股数额等于申请限售股票数额。限售股票的限售期间应当为6个月;限售期间从挂牌公司公告董事、监事和高级管理人员离任时起算。

挂牌公司董事、监事和高级管理人员离任前持有的有限售条件股票,在离任时剩余的约定限售期间大于6个月的,约定限售期截止前,不得申请解限售;剩余的约定限售期间小于6个月的,6个月法定限售期截止前,不得申请解限售;

挂牌公司董事、监事和高级管理人员同时为控股股东、实际控制人的,在挂牌前直接或间接持有的股票,或董事、监事和高级管理人员挂牌前12个月内从控股股东、实际控制人处受让的股票,应于离职6个月后,按照《业务规则》规定的批次和时间解限售,其挂牌后所新增的无其他限售条件股票可全部解限售。

7. 当计算的限售或解限售股票数额出现小数时,限售向上进到整数位,解限售将小数点后数字舍去。

8. 本章"主体"和"办理时点"所论述的主体同时担任挂牌公司董事、监事和高级管理人员的,应以"计算规则"一节中分别计算可转让数额,并以其中数值较低的一项作为当年可申请解限售股票数额。

9. 挂牌公司的公司章程对本手册"主体""办理时点"中所列主体,即挂牌公司股东、董事、监事和高级管理人员,转让其所持本公司股票规定了比本指引更长的限售期、更低的可转让股票比例或者附加其他限制转让条件的,其计算参数应以公司章程为准。

第三节 工作流程

本手册"主体及办理时点"第一条所列主体所持挂牌公司股票进行限售和解限售的,应由挂牌公司向主办券商提出申请,主办券商审核同意后,向全国中小企业股份转让系统有限责任公司(以下简称全国股份转让系统公司)备案。

全国股份转让系统公司备案确认后,通知中国结算办理解除限售登记。挂牌公司登录中国结算 BPM 系统根据要求在线办理登记业务,并按规定时间进行公告披露(仅包括解限售)。

一、挂牌公司准备申请材料并报主办券商审核

挂牌公司应按本章"主体""办理时点"关于时限要求完成申请材料的制作并提交至主办券商。

1. 挂牌公司在中国结算 BPM 系统查询股票限售情况。中国结算每月 15 日和 30 日下发股票限售情况表,可在系统中免费下载。

2. 挂牌公司根据要求制作限售或解限售的申请报告并加盖公司公章,多页需加盖骑缝章。

3. 挂牌公司填写限售或解限售明细表。

二、主办券商审核并报全国股份转让系统公司备案

1. 主办券商对申请材料进行审核,检查申请依据是否充分,计算是否准确。发现有误的,主办券商应要求挂牌公司进行更正或补充。

2. 主办券商完成审核工作后,将明细表及申请电子档上传 BPM 系统。

3. 主办券商应留存挂牌公司的申请材料以备查。

三、全国股份转让系统公司形式审查并出具确认函

全国股份转让系统公司就主办券商递交的明细表进行形式审查,核实无误后向中国结算和主办券商出具确认函。

四、主办券商督促挂牌公司办理股份变更登记

主办券商获得确认函后,督促挂牌公司在中国结算 BPM 系统向中国结算申请办理股票限售或解限售登记。

五、中国结算出具《股份变更登记确认书》

中国结算在收到挂牌公司提交的申请材料后,在挂牌公司确认预登记报表起 2 个转让日内完成股票限售或解限售登记,并向挂牌公司出具《股份变更登记确认书》。

六、挂牌公司发布股份解限售公告

挂牌公司应当在T－2日（T为可转让日）之前，根据相关要求制作并发布挂牌公司股票解除限售公告。公告在XBRL系统里制作，校验导出后即为规定的内容及格式。

股票限售不需要公告。

七、自愿限售

挂牌公司股东若存在自愿限售情况，可以向全国股份转让系统公司申请办理自愿限售登记函。申请办理的，需提交由挂牌公司和自愿限售股东共同签字盖章的申请书，并提交主办券商出具的审查意见。自愿限售股份到期后需要解除限售的，应当按照法定解除限售的申请程序办理。

第四节　解限售文件

一、股票限售/解限售申请文件要求

挂牌公司应当在股东所持股票达到限售或解除限售条件后，及时向主办券商提交下列申请文件：

1. 挂牌公司向中国结算申领的挂牌公司全体股东名册；

2. 加盖挂牌公司公章的申请及申请表，包括《×××股份有限公司股票限售申请表》（附件1）/《×××股份有限公司股票解除限售申请表》（附件2）；

3. 全国股转公司要求的其他文件：

（1）《关于股东所持公司股票自愿限售的公告》（限售适用）；

（2）挂牌公司和自愿限售股东共同签字盖章的申请书（附件4）（限售适用）；

（3）主办券商出具的审查意见（附件5）（限售适用）。

在办理限售登记期间，股东应严格遵守限售规定，不得违规进行股份转让。

二、股票限售/解限售公告要求

1. 办理解除限售业务的，挂牌公司应当在中国结算审核通过后，编制股票解除限售登记公告，最晚于解除限售生效前3个转让日披露。

2. 挂牌公司公司章程、相关协议或股东承诺等对公司股票约定更长限售期或更高限售比例的（以下简称自愿限售股票），相关股东应当在上述事实发生之

日起两个转让日内,通过挂牌公司披露《关于股东所持公司股票自愿限售的公告》(附件3)。

附件:1.《×××股份有限公司股票限售申请表》;

2.《×××股份有限公司股票解除限售申请表》;

3.《关于股东所持公司股票自愿限售的公告》;

4.《×××股份有限公司及相关股东关于提请协助出具限售股份登记函的申请书》;

5.《×××证券公司关于×××股份有限公司自愿限售股份申请限售登记的审查意见》。

附件1:

×××股份有限公司股票限售申请表

证券简称:　　　　证券代码:　　　　单位:股

序号	股东名称/姓名	任职(原任职)	是否为控股股东、实际控制人及一致行动人	身份证号或注册号	挂牌前持股数量	挂牌前12个月内受让自控股股东、实际控制人及其一致行动人的股份数量	挂牌后权益分派新增股份数量	挂牌后通过其他方式新增股份数量*	质押股份数量	司法冻结股份数量	已解除转让限制股份数量	截至201×年×月×日持股数量	截至201×年×月×日持有的无限售条件的股份数量	本次申请转让限制登记股份数量	尚未解除转让限制登记股份数量	限售类别
1																

备注-限售类别为:

A. 董事、监事、高级管理人员新增股票限售

B. 新任董事、监事、高级管理人员所持股票限售

C. 离职董事、监事、高级管理人员所持股票限售

D. 自愿限售

E. 因收购事项,需12个月限售

F. 其他

注:若选择限售类别为A,则带“*”项为必填项。

申请人:××股份有限公司(盖章)

申请日期:　年　月　日

附件 2：

×××股份有限公司股票解除限售申请表																
证券简称： 证券代码： 单位：股																
序号	股东名称/姓名	任职(原任职)	是否为控股股东、实际控制人及一致行动人	身份证号或注册号	挂牌前持股数量	挂牌前12个月内受让自控股股东、实际控制人及其一致行动人的股份数量	挂牌后权益分派新增股份数量	挂牌后通过其他方式新增股份数量	质押股份数量	司法冻结股份数量	已解除转让限制股份数量	截至201×年×月×日持股数量	截至201×年×月×日持有的无限售条件的股份数量	本次申请转让限制登记股份数量	尚未解除转让限制登记股份数量	解除限售类别
1																
2																
备注－解除限售类别为： A. 挂牌前股票批次解除限售 B. 董事、监事、高级管理人员所持股票每年解除限售 C. 离职董事、监事、高级管理人员所持股票6个月期满解除限售 D. 其他																
申请人：××股份有限公司(盖章) 申请日期： 年 月 日																

附件 3：

公告编号：

证券代码：　　　　证券简称：　　　　主办券商：

关于股东所持公司股票自愿限售的公告

本公司及董事会全体成员保证公告内容的真实、准确和完整，没有虚假记载、误导性陈述或者重大遗漏，并对其内容的真实性、准确性和完整性承担个别及连带法律责任。 董事(　　)因(　　)不能保证公告内容真实、准确、完整(如适用)。

一、本次股票自愿限售数量共计(　　)股,占公司总股本(　　),涉及自愿限售股东(　　)名。

二、本次股票自愿限售的明细情况

单位:股

序号	股东姓名或名称	是否为控股股东、实际控制人或其一致行动人	董事、监事、高级管理人员任职情况	截至201×年×月×日持股数量	本次自愿限售前已处于限售登记状态的股票	本次自愿限售登记股票数量	本次限售股数占公司总股本比例	自愿限售期间	本次限售后该股东所持的无限售条件股份数量
1									
2									
3									
合计									

挂牌公司已于(　　)年(　　)月(　　)日对上述股票申请限售。

三、本次股票自愿限售的依据

公司应说明股东自愿限售的具体原因。 如有多个股东存在自愿限售情形的,应逐个对股东自愿限售的依据进行说明;如有多个股东因同一原因自愿限售的,可以合并说明。

四、本次股票自愿限售后公司股本情况

股份性质		数量	百分比
无限售条件的股份			
有限售条件的股份	1. 高管股份		
	2. 个人或基金		
	3. 其他法人		
	4. 其他		
	有限售条件股份合计		
总股本			

五、其他情况

公司董事会认为有助于说明本次股份自愿限售的其他内容。

(　　)股份有限公司董事会

(年/月/日)

附件4：

×××股份有限公司及相关股东关于提请协助出具限售股份登记函的申请书

全国中小企业股份转让系统有限责任公司：

×××股份有限公司(公司简称：××××；证券代码：××××)××等××名股东自愿锁定其持有×××股份有限公司的股份(具体锁定股份数量和锁定时间详见附表)，经与×××股份有限公司协商一致，现向全国中小企业股份转让系统有限责任公司申请协助出具限售股份登记函，以便于在中国证券登记结算有限责任公司办理上述限售股份登记手续。

申请人：×××股份有限公司(盖章)

股东××(签字)

申请日期：×年×月×日

附件5：

×××证券公司关于×××股份有限公司自愿限售股份申请限售登记的审查意见

全国中小企业股份转让系统有限责任公司：

经核查，×××股份有限公司(公司简称：××××；证券代码：××××)××、××等××名股东与×××股份有限公司协商一致，承诺自愿锁定其持有××××股份有限公司的股份，×××股份有限公司于×年×月×日向贵司提交的《×××股份有限公司及相关股东关于提请协助出具限售股份登记函的申请书》真实、准确、完整,××、××等××名股东在《×××股份有限公司及相关股东关于提请协助出具限售股份登记函的申请书》上的签字或盖章为其本人自愿、真实签署。

×××证券公司(盖章)

×年×月×日

第五节 常见问题

1. 挂牌公司股东股份解除限售或限售是否发布公告即可?

答复:不是。挂牌公司股份解除限售或限售应及时与主办券商联系,通过主办券商向股转系统申请办理限售、解除限售业务,取得股份登记函去中国结算办理股份登记并公告方为办理完成。尚未办理限售、解除限售业务不得披露相应公告。

2. 股份限售的临时公告是否参照解除限售的临时公告模板编制即可?

答复:解除限售需要披露临时公告,限售不要求披露临时公告。

3. 挂牌公司通过主办券商办理解除限售业务,计算解除限售的股数时是否一律采用四舍五入?

答复:不是。解除限售业务的办理,计算可申请解除限售股票数额出现小数时,不可按照四舍五入去除小数,应直接舍掉小数位保留整数。

4. 挂牌公司董监高年度解除限售业务,什么时间可以申请办理?

答复:建议1月尽快申请办理。

5. 根据《公司法》要求,公司董监高每年可以转让所持股份的25%,这里的"每年"如何计算,是从挂牌之日起满1年吗?还是按会计年度计算?

答复:按会计年度计算,即每年1月1日~31日为一个年度。也就是说,如果某公司挂牌时办理过解限售,当年董监高股份通过转让发生了变化,原则上,下一年度的1月1日即可申请这一年度的股份解限售。

6. 如果挂牌公司董监高去年没有买卖所持有的挂牌公司股份,是不是就不用办理年度股份解除限售了?

答复:如果挂牌公司董监高所持有的处于解限售状态的股份已经是其所持有股份总数的25%,则无须办理年度股份解除限售。

7. 控股股东、实际控制人和董监高分得红股应如何限售？

答复：挂牌后控股股东、实际控制人分得的红股无须限售；董监高分得红股需要按比例限售（75% 限售）。控股股东、实际控制人同时兼任董监高职务的，分得红股需按比例限售（75% 限售）。

8. 挂牌公司董监高通过股票发行新增股份，对这部分新增股份是否需要限售？

答复：挂牌公司董事、监事及高级管理人员因股票发行新增股票的，应对新增股票数额的 75% 进行限售。

9. 挂牌公司董监高 6 个月内买入又卖出公司股份，所得收益也是归挂牌公司所有吗？

答复：不是，但是请注意董监高买入挂牌公司股份后请及时办理限售。

题干中的表述是证券法关于上市公司的规定，“上市公司董事、监事、高级管理人员、持有上市公司股份 5% 以上的股东，将其持有的该公司的股票在买入后 6 个月内卖出，或者在卖出 6 个月内又买入，由此所得收益归该公司所有，公司董事会应当收回其所得收益”。

10. 持有挂牌公司股份的董事、监事及高级管理人员离职，是否需要办理股票限售，限售期为多长？

答复：需要及时通过主办券商办理限售。挂牌公司董监高离职时，以其所持的挂牌公司的股票总额为法定限售数额，限售期间为 6 个月，限售期间从挂牌公司公告董监高离职时起算。各挂牌公司如存在离职董监高持有公司股票需要办理限售的情形，请务必通过主办券商及时向我司申请办理限售，且提醒其在办理限售期间不得转让所持股票。

11. 实际控制人可以将其所持有的限售股份转给该实际控制人控制下的有限合伙企业吗？

答复：不可以，限售股票不可以通过二级市场进行转让。

12. 挂牌公司股东自愿限售是否强制要求办理股份限售登记？

答复：不是。对于自愿限售股份目前不强制要求办理限售登记，依申请办理，但股东应自律遵守限售承诺，券商也应履行相应督导职责。

13. 自愿限售人可不可以只申请部分股份自愿限售？例如，在股票发行中，认购人认购 100 万股，可不可以只申请限售其中的 50 万股？

答复：可以。请根据已发布的办理自愿限售的通知办理。

14. 挂牌公司已向股转系统公司申请办理自愿限售，自愿限售到期时还需要来申请办理解除限售吗?还是自动解除限售?

答复:自愿限售股份到期后需要解除限售的,应当按照法定解除限售的申请程序办理。

15. 挂牌公司领取限售解除限售的函,是去公司业务部领取吗?需要带什么文件?

答复:是的。请挂牌公司或主办券商领取人持身份证复印件领取限售解除限售的函。

16. 公司挂牌时股份公司成立不满一年,现在已满一年,作为发起人的公司股东所持有的股份是否可以办理解限售?

答复:可以。根据《公司法》的规定,股份公司成立满一年之后,作为发起人的股东可以申请股份解除限售,但是发起人股东同时担任公司董监高职务的,或者虽不担任公司董监高职务,但是为公司控股股东、实际控制人的,其解除限售的比例仍应符合《公司法》《业务规则(试行)》的有关规定。

17. 是否每次解除限售后都要进行一次交易,如果必须要进行交易,是否有股数限制?

答复:没有强制要求解除限售后必须进行交易。

18. 收购人完成对挂牌公司的收购后,法定限售期是多久?

答复:在收购完成后12个月内不得转让。

19. 通过重大资产重组涉及股票发行而取得挂牌公司股份的,也有限售期吗?

答复:有,限售期因情况不同而不同。重大资产重组涉及发行股份的,特定对象以资产认购而取得的公众公司股份,自股份发行结束之日起6个月内不得转让;属于下列情形之一的,12个月内不得转让:

(1)特定对象为公众公司控股股东、实际控制人或者其控制的关联人;

(2)特定对象通过认购本次发行的股份取得公众公司的实际控制权;

(3)特定对象取得本次发行的股份时,对其用于认购股份的资产持续拥有权益的时间不足12个月。

第六节 典型案例

1. A是公司发起人,拥有公司100万股,股份公司2014年12月1日成立,2015年8月3日挂牌。问:A何时可以转让股票?

答：A 经理可以于股份公司成立满一年时转让股票。

2. A 是公司控股股东，拥有公司 300 万股，公司 2015 年 2 月 1 日挂牌，问：A 何时可以转让股票？每次可以转让多少？

答：A 可于挂牌时、挂牌满一年、挂牌满两年时转让股票。

3. A 是公司控股股东同时兼任董事，拥有公司 300 万股，公司 2013 年 2 月 1 日挂牌，问：A 何时可以转让股票？每次可以转让多少？

答：A 于 2014 年 2 月 1 日可以解限售 25% 股票，2015 年 2 月 1 日根据登记在本人名下的股票数量按照"二、计算规则(三)"计算，之后每年 1 月计算。

4. A 是公司董事，拥有公司 400 万股，2015 年年初解限售 100 万股，(1)若 2015 年未卖出股份，2016 年年初可以解限售多少？(2)若 2015 年卖出 80 万股，2016 年年初可以解限售多少？(3)若 2015 年卖出 100 万股，2016 年年初可以解限售多少？

答：(1)2016 年年初没有可解限售股份；(2)2015 年末最后一个转让日法定可转让数额为 $(400-80)\times 0.25=80$ 万股，上一年度实际可转让但未转入的股票数额为 $100-80=20$ 万股，2016 年年初可解限售 $80-20=60$ 万股；(3)2015 年末最后一个转让日法定可转让数额为 $(400-100)\times 0.25=75$ 万股，上一年度实际可转让但未转入的股票数额为 $100-100=0$ 万股，2016 年年初可解限售 $75-0=75$ 万股。

5. A 是公司控股股东，B 在 2012 年 10 月 1 日从 A 处受让了 150 万股，公司 2015 年 2 月 1 日挂牌。问：B 何时可以转让股票？每次可以转让多少？

答：B 在挂牌前 12 个月内从控股股东处受让股票，应分三批解除限售，每批解限售数额分别为挂牌前所持股票总额的 1/3，解除转让限制的时间分别为挂牌之日、挂牌期间满一年和两年。

6. A 为挂牌公司实际控制人、控股股东（非董监高），持有公司 900 万股份，其中 300 万股为有限售条件的股份。此后，A 被任命为公司董事长，A 所持有的股份应如何办理限售解限售？

答：新任董事、监事和高级管理人员持有本公司股票的应以其受聘时所持有股票总额的 75% 为法定限售数额。法定限售数额减去任职前持有的有限售条件流通股数，等于申请限售股票数额。A 被任命为董事长后，法定限售数额为 $900\times 75\%=675$ 万股，任职前持有的有限售条件流通股数为 300 万股，本次应限售 $675-300=375$ 万股。

7. A 为挂牌公司股东，且为公司财务负责人，其申请辞去挂牌公司财务负责人职务后,到挂牌公司控股子公司任职,其持有的股份是否需要办理限售?

答:需要。依据《公司法》第 142 条之规定,公司董事、监事、高级管理人员离职后半年内,不得转让其所持有的本公司股份。其中"离职"是指上述人员不再担任相应职务,而不是限于离开公司,因此,只要上述人员不再担任相应职务,不论其是否离开公司,都应办理限售。

8. A 通过定向发行持有挂牌公司股份,并作出自愿限售承诺,对于自愿限售部分的股票是否强制要求办理股份限售登记?

答:对于自愿限售股份目前不要求办理限售登记,但股东应自律遵守限售承诺,券商也应履行相应督导职责。

第四章　定期报告披露业务

第一节　定期报告披露要求

一、定期报告披露的范围

创新层挂牌公司应当披露的定期报告包括年度报告、半年度报告、季度报告。基础层挂牌公司应当披露的定期报告包括年度报告、半年度报告。

挂牌公司应当按照全国股转公司有关规定编制并披露定期报告。全国股转公司对市场不同层次挂牌公司的定期报告内容与格式有差异化规定的，挂牌公司应当遵守相关规定。

创新层挂牌公司应当按照行业信息披露规则的相关要求，根据行业特点披露相应信息。

二、定期报告披露时间

挂牌公司应当在规定的期限内编制并披露定期报告，在每个会计年度结束之日起四个月内编制并披露年度报告，在每个会计年度的上半年结束之日起两个月内披露半年度报告；披露季度报告的，公司应当在每个会计年度前三个月、九个月结束后的一个月内披露季度报告。

披露季度报告的，第一季度报告的披露时间不得早于上一年的年度报告。

挂牌公司应当与全国股转公司预约定期报告的披露时间，全国股转公司根据均衡原则统筹安排各挂牌公司定期报告披露时间。

挂牌公司应当按照全国股转公司安排的时间披露定期报告,因故需要变更披露时间的,应当告知主办券商并向全国股转公司申请,全国股转公司视情况决定是否调整。

三、定期报告披露要求

1. 挂牌公司年度报告中的财务报告必须经具有证券、期货相关业务资格的会计师事务所审计。挂牌公司不得随意变更会计师事务所,如确需变更的,应当由董事会审议后提交股东大会审议。

2. 创新层挂牌公司审计应当执行财政部关于关键事项审计准则的相关规定。创新层挂牌公司签字注册会计师应当参照执行中国证监会关于证券期货审计业务注册会计师定期轮换的相关规定。

3. 创新层挂牌公司年度报告预约在会计年度次年4月披露的,或者预计年度业绩无法保密的,应当于会计年度次年的2月底前披露业绩快报。业绩快报中的财务数据包括但不限于营业收入、净利润、总资产、净资产以及净资产收益率。

4. 创新层挂牌公司在年度报告披露前,预计上一会计年度净利润发生重大变化的,或者在下半年度,预计当期年度净利润将发生重大变化的,应当及时进行业绩预告。业绩预告应当披露年度净利润的预计值以及重大变化的原因。

重大变化的情形指年度净利润同比变动超过50%且大于500万元、由盈利变为亏损或者由亏损变为盈利。

如发现业绩快报、业绩预告中的财务数据与实际数据差异幅度达到10%以上的,公司应当及时披露修正公告;如差异幅度达到50%以上的,公司应在修正公告中向投资者致歉并说明差异的原因。

5. 挂牌公司董事会应当确保挂牌公司定期报告按时披露。董事会因故无法对定期报告形成决议的,应当以董事会公告的方式披露具体原因和存在的风险。

挂牌公司不得披露未经董事会审议通过的定期报告,董事会已经审议通过的,不得以董事、高级管理人员对定期报告内容有异议为由不按时披露定期报告。

挂牌公司监事会应当对董事会编制的定期报告进行审核并提出书面审核意见,说明董事会对定期报告的编制和审核程序是否符合法律、行政法规、中国证监会的规定和公司章程,报告的内容是否能够真实、准确、完整地反映公司实际情况。

6. 挂牌公司应当在定期报告披露前及时向主办券商提供下列文件：

(1)定期报告全文、摘要(如有)；

(2)审计报告(如适用)；

(3)董事会、监事会决议及其公告文稿；

(4)公司董事、高级管理人员的书面确认意见及监事会的书面审核意见；

(5)按照全国股转公司要求制作的定期报告和财务数据的电子文件；

(6)主办券商及全国股转公司要求的其他文件。

7. 年度报告出现下列情形的，主办券商应当最迟在披露当日向全国股转公司报告：

(1)财务报告被出具否定意见或者无法表示意见的审计报告；

(2)经审计的期末净资产为负值；

(3)挂牌公司因更正、追溯调整年报数据导致其不符合创新层标准将被直接调整至基础层的。

8. 挂牌公司财务报告被注册会计师出具非标准审计意见的，公司在向主办券商送达定期报告的同时应当提交下列文件：

(1)董事会针对该审计意见涉及事项所做的专项说明，审议此专项说明的董事会决议以及决议所依据的材料；

(2)监事会对董事会有关说明的意见和相关决议；

(3)负责审计的会计师事务所及注册会计师出具的专项说明；

(4)主办券商及全国股转公司要求的其他文件。

9. 负责审计的会计师事务所和注册会计师出具的专项说明应当至少包括以下内容：

(1)出具非标准审计意见的依据和理由；

(2)非标准审计意见涉及事项对报告期公司财务状况和经营成果的影响；

(3)非标准审计意见涉及事项是否违反企业会计准则及其相关信息披露规范性规定。非标准审计意见涉及事项属于违反会计准则及相关信息披露规范性规定的，主办券商应当督促挂牌公司对有关事项进行纠正。

第二节　定期报告披露工作流程

一、年报披露工作流程

表4-1　年报披露工作流程

序号	工作内容	注意事项
一	券商督导员在BPM系统中预约披露日(T日)	见下方1,2项
二	会所进场审计	
三	会所出具审计报告	
四	律所出具法律意见	如不涉及,可不予提供
五	完成年报及摘要等披露文件提交券商审核	需提交WORD、PDF及XBRL版本,且需在系统中校验通过
六	召开董事会、监事会审议年报	
七	召开年度股东大会审议年报	年度股东大会需律师见证
八	挂牌公司董事、高级管理人员的书面审核意见	
九	挂牌公司监事会的书面审核意见	
十	披露年报、董事会决议和监事会决议	

若预计无法在预披露日披露:(1)距离预约披露日大于5天,可联系券商持续督导员直接在BPM系统变更披露时间;(2)距离预约披露日不足5天,填写《年报延期披露申请表》(加盖公章)发送给持续督导员,由持续督导员将盖章扫描件发送至监管员邮箱,经监管员批准后,披露《年报延期披露公告》。

二、半年度报告披露工作流程

表4-2　半年度报告披露流程

序号	工作内容	注意事项
一	券商督导员在BPM系统中预约披露日(T日)	见下方1,2项
二	会所进场审计	如有
三	会所出具审计报告	如有
四	律所出具法律意见	如不涉及,可不予提供
五	完成半年报等披露文件提交券商审核	需提交WORD、PDF及XBRL版本,且需在系统中校验通过
六	召开董事会、监事会审议半年报	

续表

序号	工作内容	注意事项
七	挂牌公司董事、高级管理人员的书面审核意见	
八	挂牌公司监事会的书面审核意见	
九	披露半年报、董事会决议和监事会决议	

若预计无法在预披露日披露：(1)距离预约披露日大于5天，可联系券商持续督导员直接在BPM系统变更披露时间；(2)距离预约披露日不足5天，填写《半年报延期披露申请表》(加盖公章)发送给持续督导员，由持续督导员将盖章扫描件发送至监管员邮箱，经监管员批准后，披露《半年报延期披露公告》。

第三节　定期报告常见问题及典型案例

一、编写注意事项

1. 编制定期报告前，需将XBRL系统更新至最新版本并了解股转对本次定期报告所提的要求，公司需严格比照模板进行披露。

2. 注意年报"第一节声明与提示"之"重要风险提示"与"第四节管理层讨论与分析"之"三、风险因素"进行区别披露，后面的"风险因素"重点披露风险因素名称、产生的原因、对公司的影响，已经或拟采取的风险管理措施及效果等。

3. 注意核对年报"第五节重要事项"与公司已披露的临时公告内容是否相符，尤其是对外担保、资金占用、关联交易等事项是否和财务报表中披露相符；当年挂牌的企业，大家还要核对《公开转让说明书》中是否披露过上述事项，核对是否相符；往年挂牌的企业，是否存在已经披露的承诺事项，查看承诺履行情况等。

表4-3　定期报告编制事项

事项	是或否	索引
是否存在重大诉讼、仲裁事项		五(二)×
是否存在对外担保事项		
是否存在股东及其关联方占用或转移公司资金、资产及其他资源的情况		
是否存在日常性关联交易或偶发性关联交易事项		
是否存在经股东大会审议过的收购、出售资产事项		
是否存在经股东大会审议过的对外投资事项		

续表

事 项	是或否	索 引
是否存在经股东大会审议过的企业合并事项		
是否存在股权激励事项		
是否存在已披露的承诺事项		
是否存在资产被查封、扣押、冻结或者被抵押、质押的情况		
是否存在被调查处罚的事项		
是否存在重大资产重组的事项		

4. 注意年报模板“第九节公司治理及内部控”披露相关文件制度的建立和治理情况的完整性,尤其是本年度新建立的公司治理制度。

当年完成股改及当年挂牌的企业,年度内一定建立了新的公司治理制度,在后面的表格中需要列示新建立的公司制度。

表4-4 设立新的公司披露事项

事 项	是或否
年度内是否建立新的公司治理制度	
董事会是否设置专业委员会	
董事会是否设置独立董事	
投资机构是否派驻董事	
监事会对本年监督事项是否存在异议	
管理层是否引入职业经理人	
会计核算体系、财务管理、风险控制及其他重大内部管理制度本年是否发现重大缺陷	
是否建立年度报告重大差错责任追究制度	

5. 注意核对会计师对公司当年的财务报表出具的意见;注意核对会计师是否在审计报告中的会计政策部分反映了新修订的《企业会计政策》,是否披露了因执行新会计政策而对财报造成的影响。

6. 注意核对财务报表变动比例超过30%时,是否披露变动原因。

7. 注意核对半年报和临时公告披露的信息是否和年报披露的信息保持一致,如果是往年挂牌的企业,还需要核对《公开转让说明书》披露的信息是否和年报披露的信息相符。

二、定期报告常见问题

(一)各项比率或数据描述计算错误(占比最大)

如双林机械2015半年报主要会计数据及关键指标如净利率等均计算错误;

扬开电力2015半年报应收周转率及存货周转率等计算错误;

润农节水2014年年报销售费用,管理费用报表与附注不一致;

三和视讯2014年年报股本结构表错误。

(二)遗漏披露重大事项

(1)遗漏披露关联交易事项,如湘联股份2014年年报;

(2)遗漏披露资产负债表日后事项,如益盟股份2015年半年报。

(三)定期报告与已披露公告不符

(1)已披露董事变更,未在年报中改正;

(2)核心员工变更,未在年报中增加;

(3)已披露股票发行方案等,未在年报中披露。

三、违规案例——信息披露类——披露信息遗漏或瑕疵——年报遗漏审计报告正文或附注

表4-5 违规案例披露信息遗漏或瑕疵报告

证券代码	证券简称	监管对象类别	采取监管措施的日期	具体监管措施	违规行为
430316	巨灵信息	挂牌公司	2015年8月11日	出具警示函	公司在2014年年报披露过程中未披露财务报表附注,出现重大遗漏。
		董事会秘书	2015年8月11日	出具警示函	董事会秘书作为信息披露事务负责人,未能恪尽职守、履行勤勉义务,对信息披露违规行为负有责任。
430482	河源富马	挂牌公司	2015年8月11日	出具警示函	公司在2014年年报披露过程中未披露财务报表附注,出现重大遗漏。
		董事会秘书	2015年8月11日	出具警示函	董事会秘书作为信息披露事务负责人,未能恪尽职守、履行勤勉义务,对信息披露违规行为负有责任。

续表

证券代码	证券简称	监管对象类别	采取监管措施的日期	具体监管措施	违规行为
430499	中科股份	挂牌公司	2015年8月11日	出具警示函	公司在2014年年报披露过程中未披露财务报表附注,出现重大遗漏。
		董事会秘书	2015年8月11日	出具警示函	董事会秘书作为信息披露事务负责人,未能恪尽职守、履行勤勉义务,对信息披露违规行为负有责任。
430647	青鹰股份	挂牌公司	2015年8月11日	出具警示函	公司在2014年年报披露过程中未披露财务报表附注,出现重大遗漏。
		董事会秘书	2015年8月11日	出具警示函	董事会秘书作为信息披露事务负责人,未能恪尽职守、履行勤勉义务,对信息披露违规行为负有责任。
830984	德邦工程	挂牌公司	2015年8月11日	出具警示函	公司在2014年年报披露过程中未披露财务报表附注,出现重大遗漏。
		董事会秘书	2015年8月11日	出具警示函	董事会秘书作为信息披露事务负责人,未能恪尽职守、履行勤勉义务,对信息披露违规行为负有责任。
831245	扬开电力	挂牌公司	2015年8月11日	出具警示函	公司在2014年年报披露过程中未披露财务报表附注,出现重大遗漏。
		董事会秘书	2015年8月11日	出具警示函	董事会秘书作为信息披露事务负责人,未能恪尽职守、履行勤勉义务,对信息披露违规行为负有责任。
831258	龙蛙农业	挂牌公司	2015年8月11日	出具警示函	公司在2014年年报披露过程中未披露财务报表附注,出现重大遗漏。
		董事会秘书	2015年8月11日	出具警示函	董事会秘书作为信息披露事务负责人,未能恪尽职守、履行勤勉义务,对信息披露违规行为负有责任。

续表

证券代码	证券简称	监管对象类别	采取监管措施的日期	具体监管措施	违规行为
831418	三合盛	挂牌公司	2015 年 8 月 11 日	出具警示函	公司在 2014 年年报披露过程中未披露财务报表附注，出现重大遗漏。
		董事会秘书	2015 年 8 月 11 日	出具警示函	董事会秘书作为信息披露事务负责人，未能恪尽职守、履行勤勉义务，对信息披露违规行为负有责任。
831434	巨创计量	挂牌公司	2015 年 8 月 11 日	出具警示函	公司在 2014 年年报披露过程中未披露财务报表附注，出现重大遗漏。
		董事会秘书	2015 年 8 月 11 日	出具警示函	董事会秘书作为信息披露事务负责人，未能恪尽职守、履行勤勉义务，对信息披露违规行为负有责任。
831457	祥龙钻探	挂牌公司	2015 年 8 月 11 日	出具警示函	公司在 2014 年年报披露过程中未披露财务报表附注，出现重大遗漏。
		董事会秘书	2015 年 8 月 11 日	出具警示函	董事会秘书作为信息披露事务负责人，未能恪尽职守、履行勤勉义务，对信息披露违规行为负有责任。
831516	金科环保	挂牌公司	2015 年 8 月 11 日	出具警示函	公司在 2014 年年报披露过程中未披露财务报表附注，出现重大遗漏。
		董事会秘书	2015 年 8 月 11 日	出具警示函	董事会秘书作为信息披露事务负责人，未能恪尽职守、履行勤勉义务，对信息披露违规行为负有责任。
831847	中兵环保	挂牌公司	2015 年 8 月 11 日	出具警示函	公司在 2014 年年报披露过程中未披露财务报表附注，出现重大遗漏。
		董事会秘书	2015 年 8 月 11 日	出具警示函	董事会秘书作为信息披露事务负责人，未能恪尽职守、履行勤勉义务，对信息披露违规行为负有责任。

续表

证券代码	证券简称	监管对象类别	采取监管措施的日期	具体监管措施	违规行为
831888	垦丰种业	挂牌公司	2015年8月11日	出具警示函	公司在2014年年报披露过程中未披露财务报表附注,出现重大遗漏。
		董事会秘书	2015年8月11日	出具警示函	董事会秘书作为信息披露事务负责人,未能恪尽职守、履行勤勉义务,对信息披露违规行为负有责任。
832052	紫罗兰	挂牌公司	2015年8月11日	出具警示函	公司在2014年年报披露过程中未披露财务报表附注,出现重大遗漏。
		董事会秘书	2015年8月11日	出具警示函	董事会秘书作为信息披露事务负责人,未能恪尽职守、履行勤勉义务,对信息披露违规行为负有责任。
832097	浩辰软件	挂牌公司	2015年8月11日	出具警示函	公司在2014年年报披露过程中未披露财务报表附注,出现重大遗漏。
		董事会秘书	2015年8月11日	出具警示函	董事会秘书作为信息披露事务负责人,未能恪尽职守、履行勤勉义务,对信息披露违规行为负有责任。
832330	中天管桩	挂牌公司	2015年8月11日	出具警示函	公司在2014年年报披露过程中未披露财务报表附注,出现重大遗漏。
		董事会秘书	2015年8月11日	出具警示函	董事会秘书作为信息披露事务负责人,未能恪尽职守、履行勤勉义务,对信息披露违规行为负有责任。
831345	海特股份	挂牌公司	2015年8月11日	出具警示函	公司在2014年年报披露过程中未披露财务报表附注,出现重大遗漏。
		董事会秘书	2015年8月11日	出具警示函	董事会秘书作为信息披露事务负责人,未能恪尽职守、履行勤勉义务,对信息披露违规行为负有责任。

续表

证券代码	证券简称	监管对象类别	采取监管措施的日期	具体监管措施	违规行为
832280	创元期货	挂牌公司	2015 年 8 月 11 日	出具警示函	公司在 2014 年年报披露过程中未披露财务报表附注，出现重大遗漏。
		董事会秘书	2015 年 8 月 11 日	出具警示函	董事会秘书作为信息披露事务负责人，未能恪尽职守、履行勤勉义务，对信息披露违规行为负有责任。
430062	中科国信	挂牌公司	2015 年 8 月 11 日	出具警示函	公司在 2014 年年报披露过程中未披露财务报表附注，出现重大遗漏。
		董事会秘书	2015 年 8 月 11 日	出具警示函	董事会秘书作为信息披露事务负责人，未能恪尽职守、履行勤勉义务，对信息披露违规行为负有责任。

分析：根据案例，可见董事会秘书是年报信息披露的负责人。如年报中遗漏审计报告正文或财务报表附注，则董事会秘书会成为股转系统的处罚对象，而且均为出具警示函。因此，挂牌公司的董事会秘书在披露企业年报时，应当在年报财务数据部分披露审计报告正文及财务报表附注。

四、违规案例——信息披露类——披露信息遗漏或瑕疵——年报信息与其他信息不一致或遗漏重要信息

表 4－6　违规案例信息披露遗漏或瑕疵与年报信息不一致信息披露

证券代码	证券简称	监管对象类别	采取监管措施的日期	具体监管措施	违规行为
430122	中控智联	挂牌公司	2014 年 7 月 7 日	约见谈话、要求提交书面承诺	2012 年年报中财务数据与审计报告数据存在多处不一致，信息披露不准确且未及时更正
		董事会秘书	2014 年 7 月 7 日	约见谈话	闫晓华作为中控智联董事会秘书，负责公司信息披露管理事务，未能恪尽职守、履行勤勉义务，对中控智联信息披露违规行为负有相应责任

续表

证券代码	证券简称	监管对象类别	采取监管措施的日期	具体监管措施	违规行为
430056	中航新材	挂牌公司	2014 年 7 月 7 日	约见谈话、出具警示函	2013 年年报中多处遗漏应披露信息,部分章节与《全国中小企业股份转让系统挂牌公司年度报告内容与格式指引(试行)》相关要求严重不符
		信息披露负责人	2014 年 7 月 7 日	约见谈话	余罗作为公司信息披露负责人,负责公司信息披露管理事务,未能恪尽职守、履行勤勉义务,对中航新材信息披露违规行为负有相应责任
430134	可来博	董事、监事	2015 年 2 月 11 日	出具警示函	可来博董事、监事在 2013 年年报披露的"重要提示"中做出的承诺与事实不符,未能恪尽职守、履行诚信勤勉义务
430032	凯英信业	挂牌公司	2014 年 3 月 14 日	出具警示函、要求提交书面承诺	未及时更正 2012 年年度报告;未按规定披露会计差错更正应披露信息
430052	斯福泰克	挂牌公司	2014 年 3 月 14 日	出具警示函、要求提交书面承诺	未按规定披露会计差错更正信息
430291	ST 中试	挂牌公司	2015 年 8 月 18 日	出具警示函、提交书面承诺	披露的 2014 年年度报告中存在多处重大遗漏
		董事长、实际控制人	2015 年 8 月 18 日	出具警示函、提交书面承诺	未能恪尽职守、履行勤勉义务,对 ST 中试信息披露违规行为负有重要责任

分析:其中,中控智能与可来博系年报信息与审计报告或者事实不符;中航新材与 ST 中试系年报未按照规定格式编写或存在重大遗漏;凯英信业与斯福泰克系未按规定披露会计差错更正。董事会秘书被处罚的挂牌公司为中控智能和中航新材,可见董秘需要对年报信息与已披露的信息存在形式上的不一致或者年报信息不按照格式编制负责。如年报披露信息与事实不符,且董秘无法知晓该事实,由该事实的信息披露义务人承担责任。

综上所述,挂牌公司在编制企业年报或者半年报时,须严格按照股转系统公布的编制模版或要求编制,不要遗漏信息。同时,年报中的信息需要与公司以前披露的信息进行一一核对,特别需要关注关联交易的披露;另外,董秘需要关注承诺人是否有违背承诺的情况,避免出现年报信息与其他信息或者事实相悖的情况。年报披露之后,董秘需要检查披露信息,如发现年报有误,应当及时发更正公告。

第五章　股份回购业务

2018 年 10 月 26 日，全国人大常委会通过《关于修改〈中华人民共和国公司法〉的决定》，对《公司法》第 142 条关于股份回购的规定进行专项修改，增加了允许回购股份的情形，简化了回购股份的决策程序，提高了回购股份的数量上限和持有期限，赋予了公司更多自主权。

2018 年 11 月，中国证监会发布有关文件，要求认真学习贯彻《公司法》修改决定，并明确了有关具体要求。相关法规政策的出台，为挂牌公司回购股份提供了明确的法律依据。

全国中小企业股份转让系统有限责任公司 2018 年 12 月制定实施《全国中小企业股份转让系统挂牌公司回购股份实施办法》（股转系统公告〔2018〕1503 号，以下简称《回购办法》），旨在有效满足挂牌公司回购股份需求，支持、规范股份回购行为，是深化新三板改革、完善市场功能的一项重要举措。

一、制度特色

一是针对新三板的交易制度，规定了竞价和做市两种回购方式。挂牌公司应当结合其股票转让方式，确定其实施回购的具体方式。

二是针对新三板目前流动性待加强、挂牌公司股权较为集中的特点，为防范竞价转让方式下“变相定向回购”等问题，针对竞价方式回购，建立了回购实施预告制度和禁止董监高、控股股东等参与回购制度。

三是针对做市方式回购，规定做市商在回购期间出现相关负面行为的，将从重处罚，引导做市商在挂牌公司回购期间积极合规做市，提高报价质量。

四是针对无收盘价的公司，规定其不得实施竞价或做市方式回购，此类公司的回购需求可通过要约方式实现。

二、回购方式

挂牌公司以下列方式回购股份适用本办法：

(1)以竞价或做市转让方式回购股份(以下简称竞价或做市方式回购)；

(2)以要约方式回购股份(以下简称要约回购)；

(3)向特定对象回购股份(以下简称定向回购)。

挂牌公司回购股份，应当充分关注公司的债务履行能力和持续经营能力，审慎制定、实施回购股份方案，回购股份的规模、价格等应当与公司的实际财务状况相匹配。

挂牌公司回购股份应当使用在中国证券登记结算有限责任公司(以下简称中国结算)开立的挂牌公司回购专用证券账户(以下简称回购专户)。回购专户只能用于购买本公司股份。挂牌公司不得使用公司普通证券账户买卖本公司股份。

挂牌公司回购专户中的股份，不享有股东大会表决权、利润分配、配股、质押等权利。

挂牌公司在回购期间不得发行股份募集资金，但依照有关规定发行优先股的除外。

三、竞价或做市方式回购

(一)条件

挂牌公司实施竞价或做市方式回购应当符合以下条件：

(1)公司股票挂牌满12个月；

(2)回购股份后，公司具备债务履行能力和持续经营能力；

(3)全国股转公司规定的其他条件。

截至董事会通过回购股份决议之日，挂牌公司股票无收盘价的，不得实施竞价或做市方式回购。

挂牌公司实施竞价或做市方式回购应当面向公司全体股东，不得采用协议转让、特定事项协议转让方式回购股份。

竞价或做市方式回购期间，挂牌公司变更股票转让方式的，应当及时披露回购方式的变更情况，并按变更后的回购方式实施回购。

(二)回购规模与资金

挂牌公司应当合理安排回购规模和回购资金,并在回购股份方案中明确拟回购股份数量或者资金总额的上下限,且下限不得低于上限的50%。

竞价或做市方式回购的价格上限原则上不应高于董事会通过回购股份决议前60个转让日平均收盘价的200%;确有必要超过这一上限的,挂牌公司应当在回购股份方案中充分说明定价合理性。

(三)不得回购股份期间

(1)挂牌公司定期报告、业绩预告或者业绩快报披露前10个转让日内;

(2)自可能对本公司股票转让价格产生重大影响的重大事项发生之日或者在决策过程中,至依法披露后2个转让日内;

(3)全国股转公司规定的其他情形。

(四)防范内幕交易

挂牌公司应当合理发出回购股份的申报指令,防范发生内幕交易及其他不公平交易行为,不得利用回购股份操纵本公司股价或者进行利益输送。

挂牌公司在转让日的9:15至9:30、14:30至15:00不得进行回购股份的申报。采用竞价方式回购的,挂牌公司不得在每次集中撮合前5分钟进行回购股份的申报。

挂牌公司每个转让日回购股份数量不得超过其拟回购总数量上限的10%,但每个转让日回购股份数量不超过10万股的除外。

竞价或做市方式回购的实施期限不超过12个月,自董事会或股东大会(如需)通过回购股份决议之日起算。

四、实施程序和信息披露

(一)实施程序

挂牌公司董事会在审议通过回购股份决议后,应当及时披露董事会决议和回购股份方案。

回购股份用于员工持股计划、股权激励等情形的,依照公司章程的规定或股东大会的授权,回购股份方案经三分之二以上董事出席的董事会决议通过后无须再提交股东大会审议。

回购股份以减少注册资本等情形,回购股份方案应当提交股东大会审议,并经出席会议的股东所持表决权的2/3以上通过。

回购股份以减少注册资本的,挂牌公司应当在股东大会审议通过回购股份决议后,按照《公司法》相关规定通知债权人,并及时披露通知情况。

挂牌公司应当在董事会或股东大会(如需)审议通过回购股份方案后,按照中国结算有关规定申请开立回购专户,并按照回购股份方案开始实施回购。

(二)回购股份方案

应当包括以下内容:

(1)回购股份的目的;

(2)回购股份的方式;

(3)回购股份的价格或价格区间、定价原则及合理性;

(4)拟回购股份的数量及占总股本的比例;

(5)拟用于回购的资金总额及资金来源;

(6)回购股份的实施期限;

(7)预计回购后公司股本及股权结构的变动情况;

(8)管理层关于本次回购股份对公司财务状况、债务履行能力和持续经营能力影响的分析;

(9)回购股份的后续处理;

(10)防范侵害债权人利益的相关安排;

(11)公司最近12个月是否存在受到中国证监会及其派出机构行政处罚或刑事处罚情形的说明;若存在,说明是否影响公司的债务履行能力和持续经营能力;

(12)公司控股股东、实际控制人最近12个月内是否存在因交易违规受到全国股转公司限制证券账户交易的自律监管措施或纪律处分,因内幕交易或操纵市场受到中国证监会及其派出机构行政处罚或刑事处罚情形的说明;

(13)股东大会对董事会办理本次回购股份事宜的具体授权(如有);

(14)全国股转公司要求披露的其他内容。

挂牌公司回购股份拟用于多种用途的,应当在回购股份方案中分别载明不同用途所对应的拟回购股份数量、比例及资金金额。

存在第(12)项情形的,公司控股股东、实际控制人应当出具不利用挂牌公司回购股份从事内幕交易、操纵市场和利益输送等违法违规活动的公开承诺,并与回购股份方案同时披露。

(三)中介机构意见

主办券商出具合法合规性意见,并与回购股份方案同时披露。挂牌公司还应当同时聘请律师事务所就相关违法违规情形是否已消除、是否影响公司的债务履行能力和持续经营能力等出具法律意见,并与回购股份方案同时披露。

主办券商合法合规性意见应当包括以下内容:

(1)公司回购股份是否符合本办法的规定;

(2)结合回购股份的目的、股价情况、公司价值分析等因素,说明回购的必要性;

(3)说明回购价格的合理性,是否损害挂牌公司利益;

(4)结合回购股份所需资金及其来源等因素,分析回购股份对公司财务状况、债务履行能力和持续经营能力的影响,说明回购股份方案的可行性;

(5)其他应说明的事项。

(四)披露自查报告

挂牌公司应当对内幕信息知情人在董事会通过回购股份决议前6个月内买卖本公司股票的情况进行自查,并在董事会通过回购股份决议后10个转让日内披露自查报告,公告自查情况,并说明是否存在内幕交易行为。

(五)披露回购实施预告与回购进展情况公告

1.披露回购实施预告

采用竞价方式回购的,挂牌公司应当披露回购实施预告,公告拟实施回购的时间区间(以下简称回购实施区间),提示投资者关注回购机会。回购实施预告应当在回购实施区间起始日的2个转让日前披露。在回购期间,挂牌公司可以自主安排多个回购实施区间,每个回购实施区间最长不超过5个转让日。

挂牌公司应当在已公告的回购实施区间内实施回购;未实施的,应当充分说明理由,并说明是否存在虚假信息披露或市场操纵等情形。

2.披露回购进展情况公告

回购期间,挂牌公司应当在以下时间披露回购进展情况公告,并应当在各定期报告中披露回购进展情况:

(1)首次回购股份事实发生后,应当在2个转让日内披露;

(2)已回购股份占挂牌公司总股本的比例累计达到1%或1%的整数倍时,应当在事实发生后2个转让日内披露;

(3)每个月的前2个转让日内,应当披露截至上月末的回购进展情况。

回购进展情况公告应当包括公告前已回购股份数量、占总股本及拟回购总数量的比例、回购的最高价和最低价、已支付的总金额等;采用竞价方式回购的,还应当说明公司是否存在未经预告而实施回购或者在回购实施区间未实施回购的情形。公告期间无须停止回购行为。

(六)实施阶段注意事项

采用竞价方式回购的,挂牌公司董事、监事、高级管理人员(以下简称董监高)、控股股东、实际控制人及其一致行动人不得在公司回购实施区间卖出所持公司股票。

挂牌公司在回购期过半仍未实施回购的,应当及时披露未能实施回购的原因和后续回购安排,说明是否存在利用回购信息进行市场操纵或内幕交易的情形。

(七)变更与终止回购

挂牌公司回购股份方案披露后,无充分正当事由不得变更或者终止。

因公司生产经营、财务状况发生重大变化等原因,确需变更或者终止的,应当按照公司制定本次回购股份方案的决策程序提交董事会或者股东大会审议,并及时披露变更或终止回购股份方案的公告。公告内容应当包括拟变更或者终止的原因、变更的事项内容,说明变更或者终止的合理性、必要性和可行性,以及可能对公司债务履行能力、持续经营能力及股东权益等产生的影响。

挂牌公司变更或终止回购股份方案,应当由主办券商出具合法合规性意见,并与变更或终止回购股份方案的公告同时披露。

主办券商合法合规性意见应当包括变更或终止回购股份方案是否符合本办法的规定,是否具有合理性、必要性和可行性,是否损害挂牌公司、债权人和股东的利益等内容。

(八)披露回购结果公告

回购期届满或者回购方案已实施完毕的,挂牌公司应当停止回购行为,及时披露回购结果公告。

回购结果公告应当包括以下内容:

(1)回购实施情况,包括实际回购股份的价格、数量、比例、使用资金总额,并与回购股份方案相应内容进行对照,存在差异的,应当作出解释;采用竞价方式回购的,还应当说明是否存在未经预告而实施回购,或者在回购实施区间未实施回购的情形;

(2)说明本次回购股份对公司的影响;

(3)董监高、控股股东、实际控制人及其一致行动人在回购期间卖出所持公司股票的情况及理由;采用竞价方式回购的,还应当说明董监高、控股股东、实际控制人及其一致行动人是否存在于回购实施区间卖出所持公司股票的情形。

回购期届满,挂牌公司未实施回购的,应当及时披露,说明未实施回购的原因、公司为实施回购所做的准备工作情况,以及是否存在虚假信息披露、利用回购信息进行市场操纵或内幕交易的情形,并及时向中国结算申请注销回购专户。

(九)办理注销

回购股份以减少注册资本的,挂牌公司应当在披露回购结果公告后及时向全国股转公司提交回购股份注销申请,以及中国结算出具的回购专户持股数量查询证明。全国股转公司经审查无异议的,挂牌公司应当按照中国结算有关规定办理股份注销手续。股份注销完成后,挂牌公司应当及时披露回购股份注销完成暨股份变动公告,并按有关规定办理工商变更登记手续。

回购股份用于员工持股计划、股权激励等情形的,所回购股份的后续处理,按照《公司法》、中国证监会和全国股转公司的相关规定办理。挂牌公司已回购股份未按照披露的用途处理,按照《公司法》规定持有期限届满的,应当予以注销。

五、要约回购

1. 应当公平对待公司所有股东。要约回购应当以固定价格实施。截至董事会通过回购股份决议之日,公司股票无收盘价的,应当综合参考前期发行价格、资产评估报告确定的评估价格或最近一期经审计的每股净资产等因素,合理确定要约回购价格,并在回购股份方案中充分说明定价合理性。

挂牌公司应当采用现金方式支付要约回购股份的价款。

2. 挂牌公司应当在董事会或股东大会(如需)审议通过回购股份方案后,按照中国结算有关规定申请开立回购专户,并参照全国股转公司、中国结算关于要约收购的相关规定,办理履约保证手续。履约保证金不少于拟回购总金额的20%。

3. 挂牌公司应当在开立回购专户并办理履约保证手续后,参照全国股转公司、中国结算关于要约收购的相关规定,申领回购要约代码。

挂牌公司应当在取得回购要约代码后,及时披露回购要约代码和要约期限。要约期限自公告披露的次一转让日起算,不得少于30个自然日,并不得超过60个自然日。

4. 要约期限内,挂牌公司应当至少披露三次投资者可预受要约的提示性公告,提示投资者关注回购机会。预受要约和撤回预受要约、股份的临时保管和解除临时保管,以及其他相关事项,参照全国股转公司、中国结算关于要约收购的相关规定办理。要约期限届满,股东预受要约的股份数量超出预定回购的股份数量的,挂牌公司应当按照相同比例回购股东预受的股份;股东预受要约的股份数量不足预定回购的股份数量的,挂牌公司应当全部回购股东预受的股份。

5. 预受要约股份的过户和回购资金的支付,以及其他相关事项,参照全国股转公司、中国结算关于要约收购的相关规定办理。过户登记完成后,挂牌公司应当披露回购结果公告。办理后续事宜。

六、定向回购

(一)适用条件

有下列情形之一的,挂牌公司可以申请办理定向回购:

(1)挂牌公司发行股份购买资产(包括构成重大资产重组情形),发行对象对标的资产有业绩承诺,因标的资产未完成业绩承诺,挂牌公司根据相关回购条款回购发行对象所持股份;

(2)挂牌公司实施股权激励或员工持股计划,对行使权益的条件有特别规定(如服务期限、工作业绩等),因行使权益的条件未成就(如激励对象提前离职、业绩未达标等)、发生终止激励或员工持股计划情形的,挂牌公司根据相关回购条款或有关规定,回购激励对象或员工持股计划所持股份;

(3)法律法规规定或者中国证监会、全国股转公司规定或审批同意的其他情形。

相关回购条款是指在已公开披露的公开转让说明书、股票发行方案、股票发行情况报告书、重大资产重组报告书、股权激励计划、员工持股计划或其他相关文件中载明的触发回购情形的相关条款。

(二)定向回购股份方案

应当包括以下内容:

(1)回购的依据、触发回购情形的说明;

(2)回购对象、价格、数量、占总股本的比例,回购金额及拟用于回购的资金来源;

(3)预计回购后公司股本及股权结构的变动情况,及本次回购对公司财务状况、债务履行能力和持续经营能力的影响;

(4)防范侵害债权人利益的相关安排;

(5)其他应说明的事项。

(三)中介机构意见

主办券商应当对定向回购股份事项出具合法合规性意见,并与定向回购股

份方案同时披露。挂牌公司可以同时聘请律师事务所出具法律意见。主办券商合法合规性意见应当包括以下内容:

(1)是否符合定向回购适用条件;

(2)是否依照本办法规定履行审议程序和信息披露义务;

(3)回购对象、价格、数量等要素是否准确,是否符合相关回购条款或有关规定,是否影响公司的债务履行能力和持续经营能力;

(4)回购价格是否合理,是否存在损害挂牌公司利益的情形;

(5)回购对象是否知情并同意,若有异议,异议是否成立;

(6)其他应说明的事项。

挂牌公司应当在董事会或股东大会(如须)审议通过定向回购股份方案后,向全国股转公司提交定向回购股份过户并注销申请,并按照中国结算有关规定申请开立回购专户。

全国股转公司经审查无异议的,挂牌公司应当按照中国结算有关规定办理股份过户和注销手续。

股份注销完成后,挂牌公司应当及时披露回购股份注销完成暨股份变动公告,并按有关规定办理工商变更登记手续。

七、违规处罚

挂牌公司及相关主体在回购股份中有以下违规行为的,全国股转公司依据《全国中小企业股份转让系统业务规则(试行)》等有关规定,对挂牌公司及相关责任主体采取自律监管措施或纪律处分:

(1)挂牌公司使用公司普通证券账户买卖本公司股份的;

(2)采用竞价或做市方式回购的,挂牌公司违反本办法规定在单个转让日回购股份数量超过拟回购总数量上限的10%且超过10万股的;

(3)采用竞价方式回购的,挂牌公司未按本办法规定披露回购实施预告而实施回购,或者无合理理由在回购实施区间未实施回购的;

(4)采用竞价方式回购的,挂牌公司董监高、控股股东、实际控制人及其一致行动人在公司回购实施区间卖出所持公司股票的;

(5)回购期届满,挂牌公司无合理理由未实施回购或者实施情况与回购股份方案不符的;

(6)挂牌公司、投资者及其他相关主体在回购股份中存在异常转让行为构成违规的;

(7)主办券商、律师事务所及其他证券服务机构违反本办法的;

(8)其他违反本办法或全国股转公司相关业务规则的行为。

存在上述情形,但情节轻微,未造成不良影响或后果的,全国股转公司可以根据具体事实及情节,由业务部门采取相应的监管措施。

第六章　股票发行业务

第一节　股票发行业务要点

一、储架发行

储架发行是指一次核准，多次发行的再融资制度。该制度主要适用于定向增资需要经中国证监会核准的情形，其可以减少行政审批次数，提高融资效率，赋予挂牌公司更大的自主发行融资权利。公司申请定向发行股票，可申请一次核准，分期发行。自中国证监会予以核准之日起，公司应当在3个月内首期发行，剩余数量应当在12个月内发行完毕。超过核准文件限定的有效期未发行的，需重新经中国证监会核准后方可发行，首期发行数量应当不少于总发行数量的50%，剩余各期发行的数量由公司自行确定，每期发行后5个工作日内将发行情况报中国证监会备案。

储架发行制度可在一次核准的情况下为挂牌公司一年内的融资留出空间。如挂牌公司在与投资者商定好500万元的增资额度时，可申请1000万元的发行额度，先完成500万元的发行，后续500万元的额度可与投资者根据实际经营情况再行商议发行或者不发行，并可重新商议增发价格。该制度除了能为挂牌公司节约大量的时间和成本外，还可以避免挂牌公司一次融资额度过大，造成股权过度稀释或资金使用效率低下。

二、融资豁免

《非上市公众公司监督管理办法》（以下简称《监管办

法》)第45条规定:“在全国中小企业股份转让系统挂牌公开转让的公众公司向特定对象发行股票后股东累计不超过200人的,中国证监会豁免核准,由全国中小企业股份转让系统自律管理,但发行对象应当符合本办法第三十九条的规定。”

由此可见,挂牌公司必须满足以上条件时,才需要向证监会申请核准。目前,绝大多数新三板挂牌公司的股东人数离200人还有较大差距,这些公司在突破200人之前的所有定向增发都不需要向中国证监会申请核准,这种便捷的发行通道让挂牌公司基本可以实现定向融资的“随时用随时发”。

三、授权发行

1. 挂牌公司股东大会作出决议时,应当明确授权董事会办理股票发行有关事项的有效期,前述有效期至多不超过12个月,期满后仍决定继续发行股票的,应当重新提请股东大会审议。

2. 挂牌公司年度股东大会可以根据公司章程的规定,授权董事会在募集资金总额不超过1000万元的范围内发行股票,该项授权在下一年年度股东大会召开日失效。

3. 授权发行股票的,挂牌公司年度股东大会应当就下列事项作出决议,作为董事会行使授权的前提条件:

(1)发行股票数量上限;

(2)发行对象、发行对象范围或发行对象确定方法;

(3)现有股东优先认购安排;

(4)发行价格、发行价格区间或发行价格确定办法;

(5)募集资金总额上限;

(6)募集资金用途;

(7)对董事会办理本次发行事宜的具体授权;

(8)其他必须明确的事项。

4. 存在以下情形之一的,挂牌公司不得授权发行股票:

(1)董事会审议股票发行方案时,发行对象包括挂牌公司控股股东、实际控制人、董事或前述主体关联方的;

(2)认购人以非现金资产认购的;

(3)发行股票导致挂牌公司控制权发生变动的;

(4)本次发行中存在特殊投资条款安排的;

(5)挂牌公司或其控股股东、实际控制人最近12个月内被中国证监会及其

派出机构行政处罚或被全国中小企业股份转让系统有限责任公司(以下简称全国股转公司)采取纪律处分措施的;

(6)挂牌公司或其控股股东、实际控制人因涉嫌违反证券法律、行政法规、规章正被司法机关立案侦查或者被中国证监会及其派出机构立案调查,尚无明确结论的;

(7)全国股转公司认定的其他情形。

四、限售期要求

最新的业务规则中不再对新三板增资后的新增股份限售期进行规定,除非定向增发对象自愿做出关于股份限售方面的特别约定,否则,定向增发的股票无限售要求,股东可随时转让。

无限售期要求的股东不包括公司的董事、监事、高级管理人员所持新增股份,其所持新增股份应按照《公司法》第 141 条的规定进行限售:公司董事、监事、高级管理人员应当向公司申报所持有的本公司的股份及其变动情况,在任职期间每年转让的股份不得超过其所持有本公司股份总数的百分之二十五;上述人员离职后半年内,不得转让其所持有的本公司股份。

五、股东优先认购权

以现金认购发行股票的,现有股东在同等条件下对发行的股票享有优先认购权,除非公司章程另有规定;排除适用优先认购的表述应当合规、清楚;每一股东认购上限 = 股权登记日的持股比例 × 本次发行股份数量上限。

现有股东是指审议本次股票发行的股东大会通知公告中规定的股权登记日(以下简称股权登记日)的在册股东;挂牌公司授权发行股票(股东大会授权董事会审议)的,现有股东是指审议本次股票发行的董事会召开日的在册股东。

六、股票发行方案变更

对股票发行方案作出重大调整,是指以下两种情形:

(1)发行对象名称(现有股东除外)、认购价格、认购数量或数量上限、现有股东优先认购办法的调整;

(2)发行对象范围、发行价格区间、发行价格确定办法、发行数量或数量上限的调整。

七、定价依据

2012年以来63起实施或公布预案的定向发行挂牌公司中，有59起在发行方案中披露了定价依据，几乎所有的公司都一致披露：定价为参考公司所处行业、成长性、每股净资产、市盈率等因素，并与投资者沟通后确定。只有宣爱智能和尚水股份等少数几家公司明确以每股净资产作为定向发行价格，这几家公司的共同点是都仅对原股东与核心员工进行定向发行，没有外部投资者的参与。

挂牌公司股票发行股份支付

根据《全国中小企业股份转让系统业务规则（试行）》第4.2.1条的规定，挂牌公司应当按照《企业会计准则》的要求编制财务报告，全国股份转让系统公司另有规定的除外。因此，在全国股转系统挂牌的公司在股票发行业务中符合《企业会计准则第11号——股份支付》规定情形的，均应适用股份支付的会计准则并相应进行账务处理。

在股票发行中，如果符合以下情形的，挂牌公司的主办券商一般应按照《企业会计准则第11号——股份支付》的规定，就本次股票发行是否适用股份支付进行说明：

1. 向公司高管、核心员工、员工持股平台或者其他投资者发行股票的价格明显低于市场价格或者低于公司股票公允价值的；

2. 股票发行价格低于每股净资产的；

3. 发行股票进行股权激励的；

4. 全国股转系统认为需要进行股份支付说明的其他情形。

挂牌公司的主办券商就是否适用股份支付发表意见时，应当从以下四个方面进行说明：

1. 发行对象

说明本次股票发行的对象，例如，公司高管、核心员工、员工持股平台、做市商或者其他外部投资者等。

2. 发行目的

说明本次股票发行的目的，并说明是否以获取职工或其他方服务为目的，或者以激励为目的。

3. 股票的公允价值

说明挂牌公司股票的公允价值，并说明公允价值的判断方法。公允价值的论述应当充分、合理，可参考如下情形：A. 有活跃交易市场的，应当以市场价格

为基础,并考虑波动性;B. 无活跃交易市场的,可以参考如下价格:

(1)采用估值技术。估值方法应当符合《企业会计准则第22号——金融工具确认和计量》的有关规定确定权益工具的公允价值,并根据股份支付协议的条款的条件进行调整。可以使用的估值方法包括现金流折现法、相对价值法以及其他合理的估值方法,也可聘请估值机构出具估值报告。企业应当根据具体条件恰当选择合理的评估方法,科学合理使用评估假设,并披露评估假设及其对评估结论的影响,形成合理评估结论。

(2)参考同期引入外部机构投资者过程中相对公允的股票发行价格,发行价格不公允的除外,例如,由于换取外部投资者为企业带来的资源或其他利益而确定了不合理的发行价格应当被排除掉。

挂牌公司需注意的是,无论采用何种方法确定公允价格,对公允价格的论述应当合理、充分并可量化,而非只有定性的说明。

4. 结论

主办券商应当结合本次股票发行的对象、发行的目的、股票的公允价值和发行的价格,判断是否需要适用股份支付并说明具体的账务处理方法。

八、以非现金资产认购股份的特别规定

1. 以股权资产认购的,股权资产应当经过具有证券、期货等相关业务资格的会计师事务所审计;以非股权资产认购的,非股权资产应当经过具有证券、期货等相关业务资格的资产评估机构评估。

2. 以股权资产认购股票的,应当最晚在披露股东大会通知时一并披露具有证券、期货相关业务资格的会计师事务所出具的标的资产最近一年及一期(如有)的审计报告。财务报告在审计截止日后6个月内有效,特殊情况下,可以申请延长,但延长期至多不超过1个月。

3. 以非股权资产认购股票的,应当最晚在披露股东大会通知时一并披露具有证券、期货相关业务资格的资产评估机构出具的评估报告。评估报告在评估基准日后1年内有效,特殊情况下,可以申请延长,但延长期至多不超过1个月。

九、连续发行

新三板的监管规则在不断明晰,由于其不设财务门槛而被中小企业解决“融资难、融资贵”寄予厚望,为规范挂牌公司股票连续发行行为,全国中小企业股份转让系统明文规定,拟连续发行股票的挂牌公司应当在前一次股票发行的

新增股份登记手续完成后，才能召开董事会审议下一次股票发行方案。这意味着，新三版挂牌公司前一次股票发行新增股份没有登记完成前，不得启动下一次股票发行的董事会决策程序。新三板发布的最新通知表示，挂牌公司股票发行在取得全国股转系统出具的新增股份登记函后，应当在10个工作日内向中国结算申请办理新增股份登记手续。

实践中，部分挂牌公司连续启动决策程序进行多次股票发行，这种做法客观上提高了挂牌公司股权融资效率，但在监管实践中逐步凸显出一些问题。例如，有的挂牌公司连续启动多个股票发行程序，前一次发行备案通过后，一直不进行新增股份登记。这种做法一是导致前一次发行的认购对象在股份登记完成前无法就下一次发行行使股东表决权，使其合法权益陷入不确定状态，存在产生纠纷的隐患；二是若连续发行后股东人数累计超过200人，还会存在涉嫌违反股票发行监管程序的违规情形。还有的挂牌公司连续启动股票发行程序，但在定价环境没有明显变化的情况下定价差异较大，扰乱了公司股票的合理估值和二级市场交易价格。因此，为规范挂牌公司股票连续发行行为，保护投资者合法权益，明确市场预期，有必要规范挂牌公司股票连续发行行为。

十、募集资金管理与使用

（一）募集资金的专户管理

1. 挂牌公司应当建立募集资金存储、使用、监管和责任追究的内部控制制度，明确募集资金使用的分级审批权限、决策程序、风险防控措施及信息披露要求。

2. 挂牌公司募集资金应当存放于募集资金专项账户，该账户不得存放非募集资金或用作其他用途。挂牌公司应当与主办券商、存放募集资金的商业银行签订三方监管协议。挂牌公司在取得股份登记函前，不得使用本次股票发行募集资金。

（二）募集资金的使用

1. 挂牌公司募集资金应当用于主营业务及相关业务领域，暂时闲置的募集资金可以投资于安全性高、流动性好、可以保障投资本金安全的理财产品。

除金融类企业外，募集资金不得用于持有交易性金融资产和可供出售的金融资产或借予他人、委托理财等财务性投资，不得直接或者间接投资于以买卖有价证券为主营业务的公司，不得用于股票及其他衍生品种、可转换公司债券等的交易，不得通过质押、委托贷款或其他方式变相改变募集资金用途。

2. 挂牌公司应当按照股票发行方案中披露的募集资金用途使用募集资金,改变募集资金用途的,应当经公司董事会、股东大会审议通过,并及时披露募集资金用途变更公告。

3. 挂牌公司以募集资金置换前期资金投入的,应当在股票发行方案中披露前期资金投入的具体情况或安排,置换发生时应当及时披露募集资金置换公告。

4. 挂牌公司董事会应当每半年度对募集资金使用情况进行专项核查,出具核查报告,并在披露年度报告及半年度报告时一并披露。主办券商应当每年就挂牌公司募集资金存放及使用情况至少进行一次现场核查,出具核查报告,并在挂牌公司披露年度报告时一并披露。

(三)股票发行方案的信息披露要求

挂牌公司股票发行方案中应当详细披露本次发行募集资金的用途并进行必要性和可行性分析:

1. 募集资金用于补充流动资金的,应当结合公司目前的经营情况、流动资金情况,说明补充流动资金的必要性和测算的过程。

2. 募集资金用于偿还银行贷款的,应当列明拟偿还贷款的明细情况,披露募集资金偿还贷款对挂牌公司经营和财务状况的影响。

3. 募集资金用于项目建设的,应当结合项目立项文件、工程施工预算、采购协议及其他资金使用计划量化说明资金需求和资金投入安排。

4. 募集资金用于股权收购的,应当对标的资产与挂牌公司主业的相关程度、协同效应进行说明,列明收购后对挂牌公司资产质量及持续经营能力的影响。

5. 募集资金用于购买非股权资产(是指构成可独立核算会计主体的经营性资产)的,发行前挂牌公司应当与交易对方签订合同或协议,在发行方案中披露交易价格,并有审计报告或者资产评估报告的支持。

6. 挂牌公司发行股份购买资产构成重大资产重组并募集配套资金的,应当从以下方面进行说明,包括但不限于:挂牌公司前次募集资金金额、具体用途及剩余资金安排;本次配套募集资金与本次重组事项的相关性,募集资金金额是否与挂牌公司及标的资产现有生产经营规模、财务状况相匹配等。独立财务顾问应当对募集资金用途、合理性、必要性进行核查并发表明确意见。

7. 募集资金用于其他用途的,应当明确披露募集资金用途、资金需求的测算过程及募集资金的投入安排。

挂牌公司股票发行方案中应当详细披露前次发行募集资金的使用情况,包括募集资金的具体用途、投入资金金额以及对挂牌公司经营和财务状况的影响等。

十一、特殊投资条款的监管要求

1. 挂牌公司股票发行认购协议及相关补充协议中签订有业绩承诺及补偿、股份回购等特殊投资条款的，相关协议应当经过挂牌公司董事会与股东大会审议通过。

2. 挂牌公司与认购对象签订的认购协议中，以及挂牌公司控股股东、实际控制人或其他第三方与认购人签订的补充协议中，不得存在以下条款：

（1）挂牌公司作为特殊投资条款的义务承担主体；

（2）限制挂牌公司未来股票发行融资的价格或发行对象；

（3）强制要求挂牌公司进行权益分派，或不能进行权益分派；

（4）挂牌公司未来再融资时，如果新投资方与挂牌公司约定了优于本次发行的条款，则相关条款自动适用于本次发行认购方；

（5）发行认购方有权不经挂牌公司内部决策程序直接向挂牌公司派驻董事或者派驻的董事对挂牌公司经营决策享有一票否决权；

（6）不符合相关法律法规规定的优先清算权、查阅权、知情权等条款；

（7）其他损害挂牌公司或者其股东合法权益的特殊投资条款。

挂牌公司应当在股票发行情况报告书中完整披露认购协议中的特殊条款；挂牌公司的主办券商和律师应当分别在“主办券商关于股票发行合法合规性意见”“股票发行法律意见书”中就特殊条款的合法合规性发表明确意见。

目前，小额贷款公司、融资担保公司、融资租赁公司、商业保理公司、典当公司等具有金融属性的挂牌公司（不包括“一行两会”监管的企业、私募基金管理机构，以下统称“其他具有金融属性的挂牌公司”）能否进行股票发行、重大资产重组（包括发行股票购买资产构成重大资产重组）等相关业务？挂牌公司的股票发行、收购（包括发行股票构成收购）等业务，如涉及其他具有金融属性的挂牌公司，有哪些监管要求？

根据《关于金融类企业挂牌融资有关事项的通知》（股转系统公告〔2016〕36号），其他具有金融属性的挂牌公司在相关监管政策明确前，应当暂停股票发行、重大资产重组等相关业务。

收购人在收购挂牌公司时，如收购人控制的企业中包含其他具有金融属性的企业，或收购人自身为其他具有金融属性的企业，应当承诺完成收购后不将其控制的其他具有金融属性的企业注入挂牌公司。被收购的挂牌公司不得经营其他具有金融属性的业务,但以募集资金之外的自有资金购买或者投资其他具有金融属性的企业相关资产,在购买标的或者投资对象中的持股比例不超过20%,且不成为投资对象第一大股东的除外。

非其他具有金融属性的挂牌公司发行股票的,发行对象不得以所持有的其他具有金融属性的企业相关资产进行认购;募集资金不得用于参股或控股其他具有金融属性的企业;如果其股东或子公司为其他具有金融属性的企业,应当承诺不以拆借等任何形式将募集资金提供给该其他具有金融属性的企业使用。非其他具有金融属性的挂牌公司可以以募集资金之外的自有资金购买或者投资其他具有金融属性的企业相关资产,但在购买标的或者投资对象中的持股比例不得超过20%,且不得成为投资对象的第一大股东。

私募基金管理机构股票发行应当满足《关于金融类企业挂牌融资有关事项的通知》(股转系统公告〔2016〕36号)等相关规定的监管要求。

十二、终止备案审查

1. 在股票发行备案审查期间,存在下列情形的,全国股转公司终止备案审查:

(1)挂牌公司因涉嫌违反证券法律、行政法规、规章,正被司法机关立案侦查或者被中国证监会及其派出机构立案调查,尚无明确结论的;

(2)挂牌公司存在违反募集资金管理和使用相关规定、违规对外担保、资金占用等行为,情节严重且提交备案材料时尚未整改完毕或消除影响的;

(3)挂牌公司未在规定期限内披露定期报告的;

(4)认购人以非现金资产认购股票,未完成相关资产权属过户或相关资产存在重大法律瑕疵的;

(5)挂牌公司与认购人协商一致,主动申请终止股票发行备案审查的;

(6)全国股转公司认定的其他情形。

2. 挂牌公司与认购人签订的认购合同中应当明确约定全国股转公司终止备案审查时退款安排等事项的纠纷解决机制。

3. 全国股转公司终止相关股票发行备案审查的,挂牌公司应当及时进行信息披露。

4. 全国股转公司终止相关股票发行备案审查后,相关情形消除的,挂牌公司与认购对象协商一致后,可以在董事会办理股票发行有关事项的有效期内重新提交备案材料。

第二节　股票发行对象

一、人数不得超过 35 人

公司确定发行对象时，公司的董事、监事、高级管理人员、核心员工与符合投资者适当性管理规定的自然人投资者、法人投资者及其他经济组织合计不得超过 35 人。

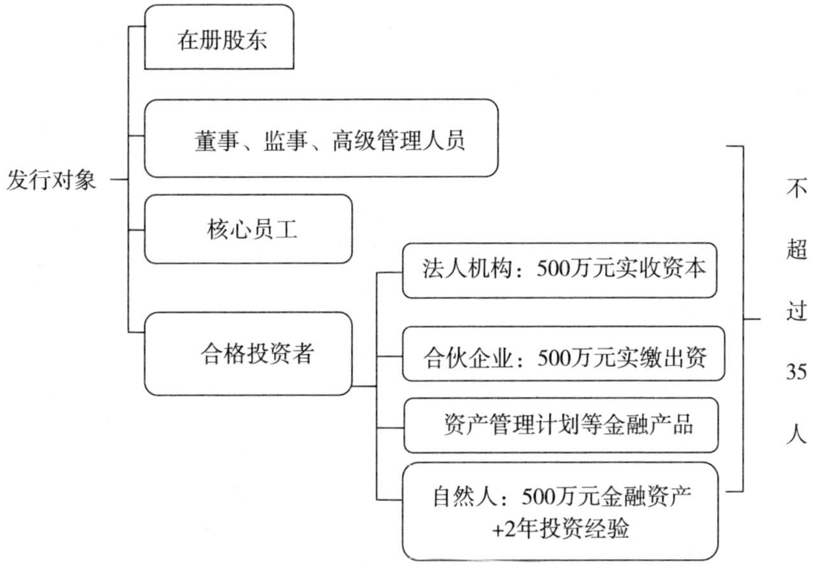

图 6－1　股票发行的对象

例外：中国证监会发布的《证券期货法律适用意见第 14 号》规定，发行股份购买资产构成重组的发行对象突破 35 人及投资者适当性的限制。

二、核心员工

核心员工的认定，应当由公司董事会提名，并向全体员工公示和征求意见，由监事会发表意见后经股东大会审议批准。

这一规定调整了发行对象范围和人数限制：首先，公司在册股东参与定向发行的认购时，不占用 35 名认购投资者数量的名额，相当于扩大了认购对象的数量；其次，将董事、监事、高级管理人员、核心员工单独列示为一类特定对象，暗含着鼓励挂牌公司的董、监、高级核心人员持股,将董、监、高级核心人员的利益和股东利益绑定,降低道德风险;最后,将核心员工纳入定向增资的人员范围,明确了核心员工的认定方法,使原本可能不符合投资者适当性管理规定的核心员工也有了渠道和方法成为公司的股东,且增资价格协商确定,有利于企业灵活进行股权激励,形成完善的公司治理机制和稳定的核心业务团队。

三、合格投资者认定

以下机构投资者可以申请参与挂牌公司股票公开转让:

(1)实收资本或实收股本总额500万元人民币以上的法人机构;

(2)实缴出资总额500万元人民币以上的合伙企业。

证券公司资产管理产品、基金管理公司及其子公司产品、期货公司资产管理产品、银行理财产品、保险产品、信托产品、经行业协会备案的私募基金等理财产品,社会保障基金、企业年金等养老金,慈善基金等社会公益基金,合格境外机构投资者(QFII)、人民币合格境外机构投资者(RQFII)等机构投资者,可以申请参与挂牌公司股票公开转让。

同时符合下列条件的自然人投资者可以申请参与挂牌公司股票公开转让:

(1)在签署协议之日前,投资者本人名下最近10个转让日的日均金融资产500万元人民币以上。金融资产是指银行存款、股票、债券、基金份额、资产管理计划、银行理财产品、信托计划、保险产品、期货及其他衍生产品等。

(2)具有2年以上证券、基金、期货投资经历,或者具有2年以上金融产品设计、投资、风险管理及相关工作经历,或者具有《办法》第8条第1款规定的证券公司、期货公司、基金管理公司及其子公司、商业银行、保险公司、信托公司、财务公司,以及经行业协会备案或者登记的证券公司子公司、期货公司子公司、私募基金管理人等金融机构的高级管理人员任职经历。

四、核查私募投资基金备案

1.申请挂牌同时发行股票的,请主办券商和律师核查公司股票认购对象中是否存在私募投资基金管理人或私募投资基金,是否按照《证券投资基金法》《私募投资基金监督管理暂行办法》及《私募投资基金管理人登记和基金备案办法(试行)》等相关规定履行登记备案程序,并请分别在《推荐报告》《法律意见书》或其他关于股票发行的专项意见中说明核查对象、核查方式、核查结果并发表意见。

2.在挂牌公司发行融资、重大资产重组等环节,对中介机构核查私募投资基

金备案情况具体要求;

挂牌公司报送的股票发行融资备案材料中,主办券商和律师应当分别核查挂牌公司股票认购对象和挂牌公司现有股东中是否存在私募投资基金管理人或私募投资基金,其是否按照《证券投资基金法》《私募投资基金监督管理暂行办法》及《私募投资基金管理人登记和基金备案办法(试行)》等相关规定履行了登记备案程序,并分别在《主办券商关于股票发行合法合规性意见》和《股票发行法律意见书》中对核查对象、核查方式、核查结果进行专门说明。

挂牌公司披露的挂牌公司重大资产重组《独立财务顾问报告》和《法律意见书》中,独立财务顾问和律师应当分别核查交易对手方和挂牌公司现有股东中是否存在私募投资基金管理人或私募投资基金,其是否按照《证券投资基金法》《私募投资基金监督管理暂行办法》及《私募投资基金管理人登记和基金备案办法(试行)》等相关规定履行了登记备案程序,并对核查对象、核查方式、核查结果进行专门说明。

五、持股平台、员工持股计划

为保障股权清晰、防范融资风险,单纯以认购股份为目的而设立的公司法人、合伙企业等持股平台,不具有实际经营业务的,不符合投资者适当性管理要求,不得参与非上市公众公司的股份发行。

全国中小企业股份转让系统挂牌公司设立的员工持股计划,认购私募股权基金、资产管理计划等接受证监会监管的金融产品,已经完成核准、备案程序并充分披露信息的,可以参与非上市公众公司定向发行。其中金融企业还应当符合《关于规范金融企业内部职工持股的通知》(财金〔2010〕97 号)有关员工持股监管的规定。

报送挂牌公司股票发行备案材料时,股转公司要求在主办券商合法合规性意见和股票发行法律意见书中,就本次股票发行是否存在“股权代持”情形发表明确意见。挂牌公司股票发行审查要点中相应增加该审查要求。

判断一家有限合伙企业或公司是否属于持股平台的核心要素有两个:

1. 单纯以认购股份为目的而设立;

2. 不具有实际经营业务的。

因此,未来在新三板定增业务中判断持股平台可能要从以下几方面入手:

(1)认购主体的设立时间,如果是在定增前突击设立的,由于成立时间较短一般也不可能存在实际经营业务,基本可以判定属于持股平台;

(2)认购主体的经营范围,如果经营范围中多以“投资管理”“投资咨询”之类的业务范围为主,那么需要审慎判断是否属于“单纯以认购股份为目的设立”;

(3)认购主体的经营记录,从中介机构核查的角度,可以考虑要求有可能被认定为持股平台的认购主体提交最近一年的审计报告,如果通过认购主体的财务报告看出认购主体基本上不产生经营性的现金流,也可以判断属于“不具有实际经营业务的”持股平台。

第三节　股票发行工作流程

一、公司内部决策程序

挂牌公司董事会、股东大会应当对股票发行等事项作出决议。董事会、股东大会表决应当执行公司章程规定的表决权回避制度。

(一)董事会决议

1. 挂牌公司董事会作出股票发行决议,应当符合下列规定:

(1)董事会决议确定具体发行对象的,董事会决议应当明确具体发行对象(是否为关联方)及其认购价格、认购数量或数量上限、现有股东优先认购办法等事项。认购办法中应当明确现有股东放弃优先认购股票份额的认购安排。已确定的发行对象(现有股东除外)与公司签署的附生效条件的股票认购合同应当经董事会批准。

(2)董事会决议未确定具体发行对象的,董事会决议应当明确发行对象的范围、发行价格区间、发行价格确定办法、发行数量上限、现有股东优先认购办法等事项。

(3)发行对象用非现金资产认购发行股票的,董事会决议应当明确交易对手(应当说明是否为关联方)、标的资产、作价原则及审计、评估等事项。

(4)董事会应当说明本次发行募集资金的用途。

(5)董事会决议确定具体发行对象的,挂牌公司应当与相关发行对象签订附生效条件的股票认购合同。认购合同应当载明该发行对象拟认购股票的数量或数量区间、认购价格、限售期,同时约定本次发行经公司董事会、股东大会批准后,该合同即生效。

2. 董事会决议的主要内容包括:

(1)发行目的;

(2)发行对象范围(或发行对象)及现有股东的优先认购安排;

(3)发行价格及定价方法(已确定发行对象的前提下);

(4)发行股份数量;

(5)公司除息除权、分红派息及转增股本情况;

(6)本次股票发行限售安排及自愿锁定承诺;

(7)募集资金用途;

(8)本次股票发行前滚存未分配利润的处置方案;

(9)本次股票发行前拟提交股东大会批准和授权的相关事项;

(10)设立的募集资金专项账户事项及募集资金管理制度。

3. 董事会审议的材料形式主要体现为:

(1)关于某公司股票发行方的议案;

(2)关于某公司章程修正案的议案;

(3)关于本次定向发行股份认购协议的议案;

(4)关于提请股东大会授权董事会全权办理本次股票发行相关事宜的议案;

(5)关于提请召开某公司某年第某次(临时)股东大会的议案;

(6)募集资金管理制度。

(二)股东大会决议

挂牌公司股东大会审议通过股票发行方案后,董事会决议作出重大调整的,公司应当重新召开股东大会。

二、发行、认购与备案

(一)发行方式

董事会决议确定具体发行对象的,挂牌公司应当按照股票发行方案和认购合同的约定发行股票。有优先认购安排的,应当办理现有股东优先认购手续。

董事会决议未确定具体发行对象的,可以通过询价确定发行对象、发行价格和发行股数。挂牌公司及主办券商可以向包括挂牌公司股东、主办券商经纪业务客户、机构投资者、集合信托计划、证券投资基金、证券公司资产管理计划以及其他个人投资者在内的询价对象进行询价,询价对象应当符合投资者适当性的规定。挂牌公司及主办券商应当在确定的询价对象范围内接收询价对象的申购报价;主办券商应根据询价对象的申购报价情况,按照价格优先的原则,并考虑认购数量或其他因素,与挂牌公司协商确定发行对象、发行价格和发行股数。确定发行价格后,挂牌公司应当与发行对象签订正式认购合同,发行对象应当按照合同约定缴款。

发行对象可用现金或者非现金资产认购发行股票。挂牌公司股票发行以现金认购的,公司现有股东在同等条件下对发行的股票有权优先认购。每一股东可优先认购的股份数量上限为股权登记日其在公司的持股比例与本次发行股份数量上限的乘积。公司章程对优先认购另有规定的,从其规定。

发行对象承诺对其认购股票进行转让限制的,应当遵守其承诺,并予以披露。

(二)披露认购公告

认购公告中应当包括股东大会股权登记日、现有股东优先认购安排、认购对象名称、认购数量、认购价格、认购方式、缴款账户、缴款时间等(附件1)。

现有股东优先认购安排包括但不限于以下内容:

(1)现有股东在本次发行前放弃优先认购的情况;

(2)现有股东优先认购的缴款期限和缴款方式;

(3)现有股东放弃优先认购股份的处理方式。

公司章程已约定不安排优先认购或全体现有股东在发行前放弃优先认购的,也应予以专门说明。

缴款账户应为挂牌公司董事会为本次发行批准设立的募集资金专户,该专户不得存放非募集资金或用作其他用途。

(三)认购与缴款

发行对象可用现金、非现金资产,以及同时以非现金资产和现金认购发行股票。

参与认购的投资者和现有股东应按照认购公告和认购合同的约定,在缴款期内进行缴款认购。认购完成后,挂牌公司应当按照相关规定,办理验资手续。验资报告应当由具有证券、期货相关业务资格的会计师事务所出具。挂牌公司在取得股份登记函之前,不得使用本次股票发行募集的资金。如需延期缴款认购的,挂牌公司应最迟于缴款截止日披露延期认购公告。

(四)披露认购结果公告

挂牌公司最迟应当在缴款期限届满后两个转让日披露认购结果公告。认购结果公告中应当包括最终认购对象名称、认购数量、认购价格、认购金额、募集资金总额等(附件2)。

(五)披露中介机构专项意见

主办券商、律师应当在认购结果公告披露后10个转让日内,按照要求出具并披露主办券商关于股票发行合法合规性意见和法律意见书。

(六)报送信息披露文件及信息披露文件审查

主办券商应当在挂牌公司披露董事会决议公告、股票发行方案、股东大会通知公告(如有)、审计或评估报告(如有)、收购类公告(如有)、股东大会决议公告(如有)、认购公告、延期认购公告(如有)、认购结果公告、中介机构专项意见的当日，按照相关要求，通过股票发行电子化报送与审查系统（以下简称发行电子化系统）完成公告关联等业务操作。

全国股转公司对信息披露文件进行审查，如发现挂牌公司、主办券商、律师事务所有需要补充披露或说明的情形，将向主办券商发送问题清单。相关主体应当在10个转让日内，对问题清单进行回复，特殊情况下，可以申请延期；经全国股转公司确认后，挂牌公司、主办券商、律师可以对已披露公告进行更正或进行补充披露。

（七）签订募集资金专户三方监管协议与验资

1. 挂牌公司应当在发行认购结束后，与主办券商、存放募集资金的商业银行签订募集资金三方监管协议（附件3）。

2. 挂牌公司应当在认购完成后的10个转让日内，按照相关规定办理验资手续。

（八）提交备案文件

挂牌公司应当在签订募集资金专户三方监管协议且完成验资后的10个转让日内，按照相关要求，通过发行电子化系统向全国股转公司报送备案文件。

经接收人员核对，确认提交的文件齐备后，向挂牌公司出具《股票发行备案受理通知书》。文件一经受理，未经全国股转公司同意，不得变更或撤回。

在挂牌公司认购完成后，至提交备案文件前，如出现《发行规定》第20条或其他可能对本次发行产生影响的重大事项，主办券商应当在提交备案文件时向全国股转公司一并提交相关情况说明。

（九）备案材料审查

全国股转公司对提交的备案文件进行审查。如发现挂牌公司、主办券商有需要补充披露或说明的情形，将向主办券商发送问题清单。主办券商应协助挂牌公司在10个转让日内提供补充材料，并对问题清单进行回复，特殊情况下，可以申请延期。

（十）出具股份登记函

全国股转公司对文件审查后出具股份登记函，送达挂牌公司并送交中国证券登记结算有限责任公司北京分公司（以下简称中国结算北京分公司）和主办券商。

（十一）披露相关公告并办理股份登记

挂牌公司按照中国结算北京分公司发布的《全国中小企业股份转让系统股份登记结算业务指南》的要求向中国结算北京分公司申请办理股份登记。

公司办理股份登记时，应与中国结算北京分公司协商确定新增股份挂牌并公开转让日期，并按照相关要求披露股票发行情况报告书、本次股票发行新增股份挂牌并公开转让公告、权益变动报告书（如有）。

(十二)公开转让

完成股份登记后,本次股票发行中无限售条件和无锁定承诺的股份按照挂牌转让公告中安排的时间在全国股转系统公开转让。

(十三)经中国证监会核准发行的特殊要求

中国证监会对挂牌公司的定向发行申请作出受理、中止审查、核准、不予核准的决定后,挂牌公司应当在两个转让日内披露相关情况。在中国证监会作出核准决定前,挂牌公司不得披露认购公告,安排认购事宜。

中国证监会作出核准决定后,挂牌公司应当在两个转让日内披露定向发行说明书、主办券商推荐工作报告、法律意见书等文件。

三、挂牌公司主动申请终止股票发行备案审查业务流程

(一)董事会与股东大会决议

挂牌公司主动申请终止股票发行备案审查,应当经董事会、股东大会审议通过,且在两个转让日内披露相关决议公告。

(二)退款安排

挂牌公司应当结合认购协议中关于终止备案审查时的退款安排等事项的纠纷解决机制,在相关申请文件中说明是否与全部认购对象就退款事宜协商一致。

(三)提交文件

挂牌公司主动申请终止股票发行备案审查的,应当在审议终止股票发行的股东大会审议通过后10个转让日内按照要求报送相关申请文件。

经接收人员核对,确认提交的文件齐备后,向挂牌公司出具《终止股票发行备案受理通知书》。文件一经接收受理,未经全国股转公司同意,不得变更或撤回。

(四)材料审查

全国股转公司对报送文件进行审查。如发现挂牌公司、主办券商有需要补充披露或说明的情形,将向主办券商发送问题清单。主办券商应协助挂牌公司在10个转让日内提供补充材料,并对问题清单进行回复,特殊情况下,可以申请延期。

(五)出具终止股票发行备案审查通知书

全国股转公司对文件审查后出具终止股票发行备案审查通知书,送达挂牌公司和主办券商。

(六)披露相关公告

挂牌公司在取得终止股票发行备案审查通知书后两个转让日内,披露股票发行终止备案审查公告。

表 6－1　股票发行流程

<table>
<tr><td colspan="6">第一步　召开董事会</td></tr>
<tr><td>序 号</td><td colspan="2">工作内容</td><td colspan="2">需要披露文件</td><td>披露时间</td></tr>
<tr><td>1</td><td colspan="2">草拟股票发行方案</td><td colspan="2">1.《董事会决议公告》</td><td rowspan="3">T</td></tr>
<tr><td>2</td><td colspan="2">公司召开董事会，审核通过股票发行方案，通知召开临时股东大会</td><td colspan="2">2.《召开股东大会通知》</td></tr>
<tr><td>3</td><td colspan="2">股转公司审核股票发行方案</td><td colspan="2">3.《股票发行方案》</td></tr>
<tr><td colspan="6">第二步　召开临时股东大会</td></tr>
<tr><td>序号</td><td colspan="2">工作内容</td><td colspan="2">需要披露文件</td><td>披露时间</td></tr>
<tr><td>1</td><td colspan="2">草拟股票发行认购办法</td><td colspan="2">《股东大会决议公告》</td><td>T＋15</td></tr>
<tr><td>2</td><td colspan="2">审议通过股票发行议案</td><td colspan="2" rowspan="3">《股票发行认购公告》</td><td rowspan="3">缴款起始日前两个转让日</td></tr>
<tr><td>3</td><td colspan="2">授权董事会办理相关事宜</td></tr>
<tr><td>4</td><td colspan="2">修改公司章程</td></tr>
<tr><td colspan="6">第三步　缴款与披露认购结果公告</td></tr>
<tr><td>序号</td><td colspan="2">工作内容</td><td colspan="2">需要披露文件</td><td>时间</td></tr>
<tr><td>1</td><td colspan="2">缴款</td><td colspan="2"></td><td>缴款期限内</td></tr>
<tr><td>2</td><td colspan="2">披露认购结果</td><td colspan="2">《股票发行认购结果公告》</td><td>缴款期限届满后两个转让日</td></tr>
<tr><td colspan="3">第四步　缴款与披露认购结果公告</td><td colspan="3">第四步　披露中介机构意见</td></tr>
<tr><td>序号</td><td>工作内容</td><td>时间</td><td>序号</td><td>披露文件</td><td>时间</td></tr>
<tr><td>1</td><td>签署募集资金三方监管协议</td><td rowspan="2">认购完成后十个工作日内</td><td>1</td><td>法律意见书</td><td rowspan="3">认购结果公告披露后十个转让日内</td></tr>
<tr><td>2</td><td>验资</td><td rowspan="2">2</td><td rowspan="2">主办券商关于股票发行合法合规性意见</td></tr>
<tr><td>3</td><td>提交备案文件</td><td>验资完成后十个工作日内</td></tr>
<tr><td colspan="6">第五步　股转出具股份登记函</td></tr>
<tr><td colspan="6">第六步　披露相关公告并办理股份登记</td></tr>
<tr><td>序号</td><td>工作内容</td><td></td><td>需要披露文件</td><td></td><td>披露时间</td></tr>
<tr><td>1</td><td>中登办理股权登记</td><td>1. 股票发行情况报告书</td><td></td><td></td><td rowspan="3"></td></tr>
<tr><td>2</td><td>工商登记</td><td>2. 本次股票发行新增股份挂牌并公开转让公告</td><td></td><td></td></tr>
<tr><td></td><td></td><td>3. 权益变动报告书（如有）</td><td></td><td></td></tr>
</table>

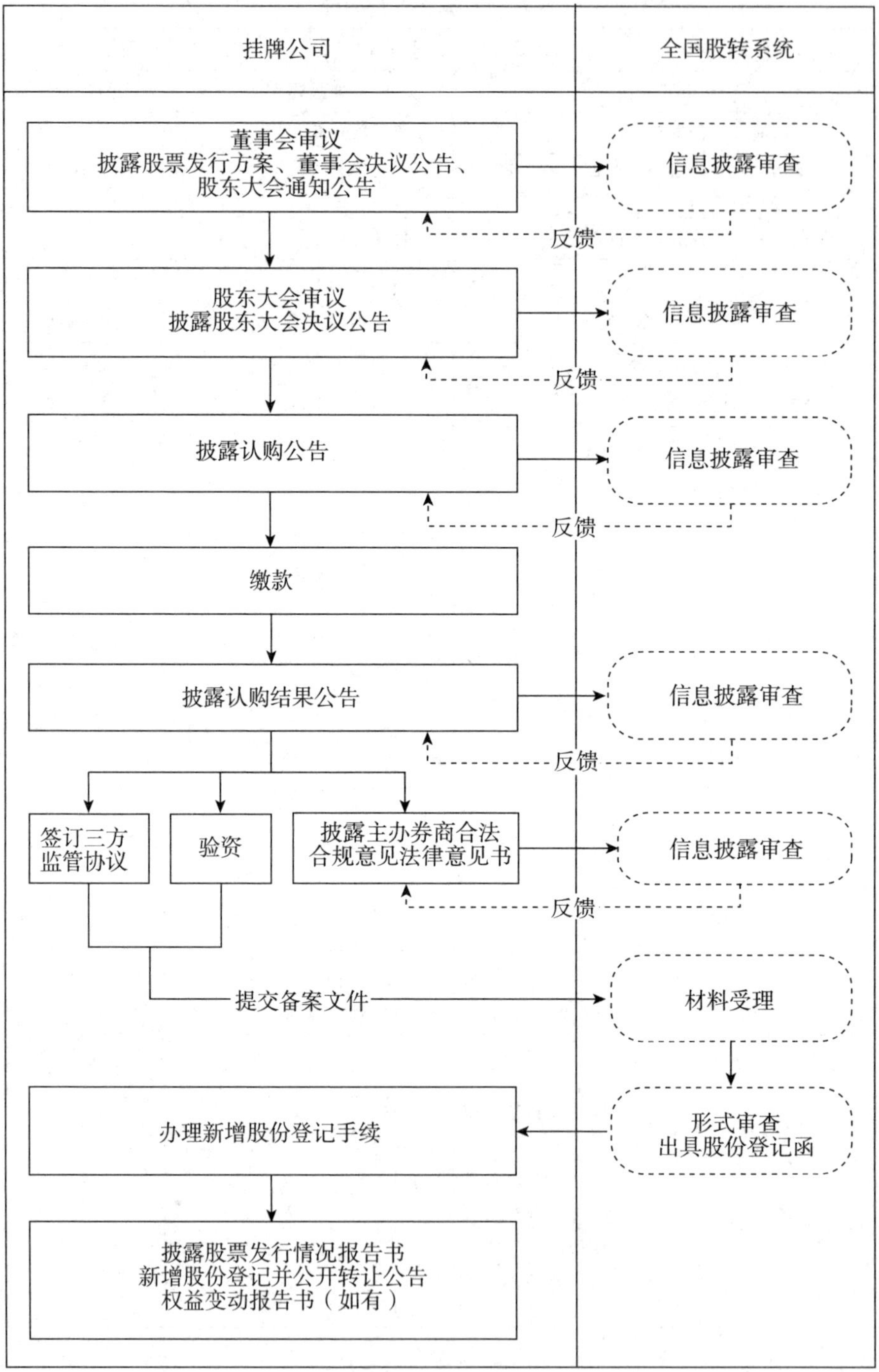

图6－2　股票发行业务流程

附件1：

股票发行认购公告模板

公告编号：

证券代码：　　　　　　证券简称：　　　　　　主办券商：

××××股份（有限）公司股票发行认购公告

本公司及董事会全体成员保证公告内容不存在任何虚假记载、误导性陈述或者重大遗漏，并对其内容的真实、准确和完整承担个别及连带责任。 董事×××、×××因（具体和明确的理由）不能保证公告内容真实、准确、完整。

____年____月____日，××××股份（有限）公司20××年度第×次临时股东大会审议通过《××××股份（有限）公司股票发行方案》，现就认购事宜安排如下：

一、现有股东优先认购安排

（一）现有股东的认定：

（二）现有股东行使/放弃优先认购权的具体情况：

（三）现有股东缴款时间：

1. 缴款起始日：

2. 缴款截止日：

（四）其他相关事项：

二、其他投资者认购程序

（一）其他投资者认购安排：

挂牌公司应当以表格形式明确披露其他投资者名称、认购数量、认购价格、认购金额、认购方式等基本信息。

（二）其他投资者缴款时间

1. 缴款起始日：

2. 缴款截止日：

（三）认购程序：

（四）认购成功的确认方法：

（五）其他相关事项：

三、缴款账户

户名：

开户行：

账号：

银行对增资款缴款的要求：

四、其他注意事项

五、联系方式

(一)联系人姓名：

(二)电话：

(三)传真：

(四)联系地址：

特此公告。

××××股份(有限)公司董事会

××××年××月××日

附件2：

股票发行认购结果公告模板

公告编号：

证券代码：　　　　证券简称：　　　　主办券商：

××××股份(有限)公司股票发行认购结果公告

本公司及董事会全体成员保证公告内容不存在任何虚假记载、误导性陈述或者重大遗漏，并对其内容的真实、准确和完整承担个别及连带责任。 董事×××、×××因(具体和明确的理由)不能保证公告内容真实、准确、完整。

____年____月____日，××××股份(有限)公司201×年度第×次临时股东大会审议通过《××××股份(有限)公司股票发行方案》，并于____年____月____日披露《××××股份(有限)公司股票发行认购公告》及《××××股份(有限)公司股票发行延期认购公告》(如有)，对于投资者认购安排、认购成功的确认办法、缴款账户及其他事项进行了说明。

本次认购对象合计××人,募集资金合计××万元。现将具体认购结果公告如下:

一、现有股东优先认购结果

挂牌公司应当以表格形式明确披露参与优先认购的现有股东数量、现有股东名称、股权登记日持股比例、优先认购比例、优先认购数量、认购价格、认购金额、认购方式等基本信息。

二、其他投资者认购结果

挂牌公司应当以表格形式披露其他投资者数量、其他投资者名称、认购数量、认购价格、认购金额、认购方式等基本信息。

三、备查文件

《股票发行认购协议》 《认购缴款单》或《银行缴款回单》 其他文件

特此公告。

××××股份(有限)公司董事会

××××年××月××日

附件3:

募集资金三方监管协议(范本)

甲方:____________________公司(以下简称甲方)

乙方:______________银行______________分行(以下简称乙方)

丙方:______________(主办券商)(以下简称丙方)

注释:协议甲方是实施募集资金投资项目的法人主体,如果募集资金投资项目由挂牌公司直接实施,则挂牌公司为协议甲方,如果由子公司或者挂牌公司控制的其他企业实施,则挂牌公司、子公司或者挂牌公司控制的其他企业为协议共同甲方。

本协议以全国中小企业股份转让系统股票发行相关业务规则中相关条款为

依据制定。

为规范甲方募集资金管理,保护投资者合法权益,根据有关法律法规及全国中小企业股份转让系统股票发行相关业务规则的规定,甲、乙、丙三方经协商,达成如下协议:

一、甲方已在乙方开设募集资金专项账户(以下简称专户),账号为_____________________,专户金额为__________________。该专户仅用于甲方__________________(募集资金用途),不得用作其他用途。

二、甲乙双方应当共同遵守《中华人民共和国票据法》《支付结算办法》《人民币银行结算账户管理办法》等法律、行政法规、部门规章。

三、丙方作为甲方的主办券商,应当依据有关规定指定主办券商负责人或者其他工作人员对甲方募集资金使用情况进行监督。丙方应当依据全国中小企业股份转让系统股票发行相关业务规则要求履行持续督导职责,并有权采取现场核查、书面问询等方式行使其监督权。甲方和乙方应当配合丙方的核查与查询。丙方对甲方现场核查时应同时检查募集资金专户存储情况。

四、甲方授权丙方指定的主办券商负责人______、______可以随时到乙方查询、复印甲方专户的资料;乙方应当及时、准确、完整地向其提供所需的有关专户的资料。

主办券商负责人向乙方查询甲方专户有关情况时应出具本人的合法身份证明;丙方指定的其他工作人员向乙方查询甲方专户有关情况时应出具本人的合法身份证明和单位介绍信。

五、乙方按月(每月__日之前)向甲方出具对账单,并抄送丙方。

乙方应保证对账单内容真实、准确、完整。

六、甲方一次或者十二个月以内累计从专户中支取的金额超过____万元或募集资金净额的______%(具体金额由甲方与丙方协商确定)的,乙方应当及时以传真方式通知丙方,同时提供专户的支出清单。

七、丙方有权根据有关规定更换指定的主办券商负责人。丙方更换主办券商负责人的,应将相关证明文件书面通知乙方,同时按本协议第十一条的要求向甲方、乙方书面通知更换后的主办券商负责人联系方式。更换主办券商负责人不影响本协议的效力。

八、乙方连续三次未及时向丙方出具对账单或者向丙方通知专户大额支取情况,以及存在未配合丙方调查专户情形的,丙方有权提示甲方及时更换专户,甲方有权单方面终止本协议并注销募集资金专户。

九、本协议自甲、乙、丙三方法定代表人或其授权代表签署并加盖各自单位公章之日起生效,至专户资金全部支出完毕后失效。

十、本协议一式____份,甲、乙、丙三方各持一份,向全国股转系统报备一份,其余留甲方备用。

十一、联系方式:

1. ____________________公司(甲方)

地址:____

邮编:____________________

传真:____________________

联系人:____________________

电话:____________________

手机:____________________

E-mail:____________________

2. ____________________银行____________________分行(乙方)

地址:____________________

邮编:____________________

传真:____________________

联系人:____________________

电话:____________________

手机:____________________

E-mail:____________________

3. ____________________(主办券商)(丙方)

地址:____________________

邮编:____________________

主办券商负责人A:____________________

电话:____________________

手机:____________________

E-mail:____________________

传真:____________________

主办券商负责人B:____________________

电话:____________________

手机:____________________

E-mail：____________________

传真：____________________

协议签署：

甲方：____________________股份(有限)公司(盖章)

法定代表人或授权代表：____________________

20 ____年____月____日

乙方：______银行______分行______支行(盖章)

法定代表人或授权代表：____________________

20 ____年____月____日

丙方：____________证券股份(有限)公司(盖章)

法定代表人或授权代表：________________________

20 ____年____月____日

附件4：

挂牌公司股票发行备案报告模板
(豁免申请核准的股票发行适用)

××××股份(有限)公司股票发行备案报告

全国中小企业股份转让系统有限责任公司：

××××股份(有限)公司经××××证券股份有限(或有限责任)公司推荐，于××××年××月××日在全国中小企业股份转让系统(或原代办股份转让系统)挂牌，证券简称：××××，证券代码：××××。

××××于××××年××月××日召开董事会，审议通过了拟进行股票发行的决议和本次股票发行方案。××××年××月××日公司召开股东大会，经出席会议的有表决权股东所持表决权2/3以上通过，决议批准本次股票发行。

××××年××月××日至××月××日，发行对象就本次股票发行的股份进行了认购。本次发行对象合计×人，包括公司在册股东×人，其中董事、监事、高级管理人员、核心员工×人；新增股东×人，其中董事、监事、高级管理人员、核心员工×人，符合投资者适当性管理规定的其他自然人投资者×人，法人及其他经济组织投资者×人。

截至本次股票发行股权登记日××××年××月××日,我司共有×名在册股东。本次股票发行完成后,股东人数合计×人。因本次股票发行完成后,股东累计不超过200人,依据《非上市公众公司监督管理办法》的规定,豁免向中国证监会申请核准。

本次股票发行总计××××万股,其中限售××××万股,不予限售××××万股(详见附表)。现特向贵公司申请备案,并请予出具股份登记函。

××××股份(有限)公司

(盖章)

××××年××月××日

附表

本次发行股票登记明细表

公司全称:××××股份(有限)公司　　证券简称:××××

证券代码:××××　主办券商:××证券

单位:股

序号	股东姓名或名称	是否为董事、监事、高级管理人员	身份证号或统一社会信用代码	是否为做市股份	本次股票发行新增股份数量(股)	本次限售股份数量(股)	不予限售的股份数量(股)
1							
2							
合计							

附件5:

挂牌公司申请出具股份登记函的报告模板
(经中国证监会核准的股票发行适用)

××××股份(有限)公司申请出具股份登记函的报告

全国中小企业股份转让系统有限责任公司:

××××股份(有限)公司经××××证券股份有限(或有限责任)公司推荐,于××××年××月××日在全国中小企业股份转让系统(或原代办股份转让系统)挂牌,证券简称:××××,证券代码:××××。

××××于××××年××月××日召开董事会,审议通过了拟进行股票发行的决议和本次股票发行方案。××××年××月××日公司召开股东大会,经出席会议的有表决权股东所持表决权2/3以上通过,决议批准本次股票发行。

××××年××月××日,中国证监会以××××号文核准本次股票发行。

××××年××月××日至××月××日,发行对象就本次股票发行的股份进行了认购。本次股票发行股份总计××××万股,其中限售××××万股,不予限售××××万股(详见附表)。

现特向贵公司申请出具股份登记函。

××××股份(有限)公司

(盖章)

××××年××月××日

附表

本次发行股票登记明细表

公司全称:××××股份(有限)公司　　证券简称:××××

证券代码:××××　主办券商:××证券

单位:股

序号	股东姓名或名称	是否为董事、监事、高级管理人员	身份证号或统一社会信用代码	是否为做市股份	本次股票发行新增股份数量(股)	本次限售股份数量(股)	不予限售的股份数量(股)
1							
2							
合计							

附件6：

××××股份(有限)公司及相关股东关于提请协助出具限售股份登记函的申请书

全国中小企业股份转让系统有限责任公司：

××××股份(有限)公司(公司简称：××××；证券代码：××××)××等××名股东自愿锁定其持有××××股份(有限)公司的股份(具体锁定股份数量和锁定时间详见附表)，经与××××股份(有限)公司协商一致，现向全国中小企业股份转让系统有限责任公司申请协助出具限售股份登记函，以便于在中国证券登记结算有限责任公司办理上述限售股份登记手续。

申请人：××××股份(有限)公司(盖章)

股东××(签字)

申请日期：××××年××月××日

附表

挂牌公司股东所持股份转让限制明细表(＊.xls格式)

公司全称：××××股份有限公司　　证券简称：××××　　证券代码：××××

单位：股

序号	股东名称	任职	是否为控股股东、实际控制人	身份证号或统一社会信用代码	本次股票发行新增的股份数量	本次股票发行新增的无限售股份数量	本次申请转让限制登记股份数量			自愿限售股份时间(×年×月×日－×年×月×日)＊
							法定限售数量	自愿限售数量＊	限售数量合计＊	
1										
2										
合计										

主办券商　　盖章

××××年××月××日

附件7：

××证券公司关于××××股份(有限)公司自愿限售股份申请限售登记的审查意见

全国中小企业股份转让系统有限责任公司：

经核查，××××股份(有限)公司(公司简称：××××；证券代码：××××)××、××等××名股东与××××股份(有限)公司协商一致，承诺自愿锁定其持有××××股份(有限)公司的股份，××××股份(有限)公司于××××年××月××日向贵司提交的《××××股份(有限)公司及相关股东关于提请协助出具限售股份登记函的申请书》真实、准确、完整，××、××等××名股东在《××××股份(有限)公司及相关股东关于提请协助出具限售股份登记函的申请书》上的签字或盖章为其本人自愿、真实签署。

××证券(盖章)

××××年××月××日

附件8：

××××股份(有限)公司关于终止股票发行备案的申请

全国中小企业股份转让系统有限责任公司：

××××股份(有限)公司(公司简称：××××；证券代码：××××)于××××年××月××日召开董事会，于××××年××月××日召开股东大会，审议通过了《××××股份(有限)公司股票发行方案》(请具体写明议案名称)等相关议案，并于××××年××月××日向全国股转公司报送了《××××股份(有限)公司股票发行备案报告》及相关文件。

现因×××(请详细说明终止原因)，本公司决定终止此次股票发行，并于××××年××月××日召开董事会，××××年××月××日召开股东大会，审议通过了终止此次股票发行的议案，上述董事会、股东大会决议和终止股票发行的公告已及时披露。

目前公司已与全部认购人就终止股票发行和退款事宜达成一致意见，现特向贵公司申请终止本次股票发行备案。

××××股份(有限)公司

(盖章)

××××年××月××日

附件9:

××证券公司关于××××股份(有限)公司终止股票发行备案的审查意见

全国中小企业股份转让系统有限责任公司:

经核查,××××股份(有限)公司(公司简称:××××;证券代码:××××)于××××年××月××日召开董事会,于××××年××月××日召开股东大会,审议通过了《××××股份(有限)公司股票发行方案》(请具体写明议案名称),并于××××年××月××日向全国股转公司报送了《××××股份(有限)公司股票发行备案报告》及相关文件。

现因×××(请详细说明终止原因),××××公司决定终止此次股票发行,并于××××年××月××日召开董事会,××××年××月××日召开股东大会,审议通过终止此次股票发行的议案。

经核查,××××公司终止股票发行程序合法合规,并已及时履行了信息披露义务。××××公司已与全部认购人就终止发行和退款事宜达成一致意见,《××××股份(有限)公司关于终止股票发行备案的申请》及相关文件真实、准确、完整。

××证券

(盖章)

××××年××月××日

第四节　发行业务相关文件的内容与格式

一、股票发行备案文件内容

挂牌公司在验资完成后10个转让日内,报送以下备案文件:

(1)股票发行情况报告书;

(2)募集资金三方监管协议;

(3)股票发行备案报告;

(4)挂牌公司全体董事对备案文件真实性、准确性和完整性的承诺书;

(5)本次股票发行的验资报告;

(6)××股份(有限)公司及相关股东关于提请协助出具限售股份登记函的申请书(如有);

(7)××证券公司关于××股份(有限)公司自愿限售股份申请限售登记的审查意见(如有);

(8)签字注册会计师、律师或者资产评估师的执业证书复印件及其所在机构的执业证书复印件;

(9)国资、外资等相关主管机关核准、登记、备案相关文件(如有);

(10)资产权属证明文件(如有);

(11)资产生产经营所需行业资质的资质证明或批准文件(如有);

(12)挂牌公司及中介机构联系方式;

(13)要求报送的其他文件。

二、文件格式

1. 信息披露文件、备案文件所有需要签名处,均应为签名人亲笔签名,不得以名章、签名章等代替。

2. 备案文件的封面应标明"××公司股票发行备案文件"字样,扉页应标明挂牌公司法定代表人、董事会秘书或信息披露事务负责人及联系方式,主办券商主管领导、项目负责人,以及相关中介机构项目负责人姓名、电话、传真等联系方式。

3. 信息披露文件、备案文件章与章之间、节与节之间应有明显的分隔标识,文件中的页码应与目录中的页码相符。

三、相关文件审核要点

(一)股票发行方案

1.“公司基本信息”部分需要包含以下信息:

(1)公司名称、证券简称、证券代码;

(2)公司的注册地址、联系方式;

(3)公司的法定代表人、董事会秘书或信息披露负责人。

2.“发行计划”部分需要包含以下信息:

(1)发行目的;

(2)发行对象或发行对象的范围,以及现有股东的优先认购安排:

①股票发行确定对象的,应介绍新增发行对象基本情况,并说明是否存在关联关系;发行对象为券商的,应当明确是否为做市库存股;

②以现金认购发行股票的,现有股东在同等条件下对发行的股票享有优先认购权,除非公司章程另有规定(现有股东是指召开股东大会股权登记日的在册股东);

③排除适用优先认购的表述应当合规、清楚。

(3)发行价格或价格区间,以及定价方法:

①结合发行价格初步判定可能适用股份支付的,做好股份支付的说明;

②发行价格不确定的,应当明确价格区间,包括价格的上限和下限。

(4)发行股份数量或数量上限,预计募集资金总额:

①发行价格与发行股份数量的乘积应该为预计募集资金总额;

②发行价格区间与发行股份数量上限的乘积应该与预计募集资金总额对应。

(5)在董事会决议日至股份认购股权登记日期间预计将发生除权、除息的,是否已说明发行数量和发行价格是否相应调整;以及公司挂牌以来的分红派息、转增股本及其对公司价格的影响;

(6)本次发行股票的限售安排或发行对象自愿锁定的承诺;

(7)募集资金用途;

(8)本次发行前滚存未分配利润的处置方案;

(9)本次发行拟提交股东大会批准和授权的相关事项;

(10)本次发行涉及主管部门审批、核准或备案事项情况。

3.“董事会关于本次发行对公司影响的讨论与分析”部分需要包含了以下信息:

(1)公司与控股股东及其关联人之间的业务关系、管理关系、关联交易及同

业竞争等变化情况;

(2)本次发行对其他股东权益或其他类别股东权益的影响;

(3)与本次发行相关特有风险的说明。

4. 发行方案中认购合同摘要(董事会确定发行对象的情形适用)需要包含以下信息:

(1)合同主体、签订时间;

(2)认购方式、支付方式;

(3)合同的生效条件和生效时间;

(4)合同附带的任何保留条款、前置条件;

(5)自愿限售安排;

(6)估值调整条款;

(7)违约责任条款。

5. "其他重大事项"部分需要包含以下信息:

(1)公司的权益被股东及其关联方严重损害且尚未消除的情形;

(2)公司及其附属公司违规对外提供担保且尚未解除的情形;

(3)现任董事、监事、高级管理人员最近24个月内受到过中国证监会行政处罚,或者最近12个月内受到过全国股份转让系统公司公开谴责的情形;

(4)其他严重损害股东合法权益或者社会公共利益的情形。

(二)验资报告

1. 验资报告不能由会计师事务所分所出具;

2. 验资报告不能仅就新增加的注册资本做说明,还应当就计入资本公积的新增资本说明;

3. 出具验资报告的会计师事务所应当具备证券、期货从业资格。

(三)涉及资产认购股票发行项目的特殊要求

1. 董事会决议和盈利预测报告:

(1)董事会决议是否明确交易对手(是否为关联方)、标的资产、作价原则及审计、评估等事项;

(2)以非现金资产认购股票涉及资产审计、评估或者盈利预测的,经具有证券、期货相关业务资格的中介机构出具的资产审计结果、评估结果和盈利预测报告是否最晚和召开股东大会的通知同时公告。

2. 股票发行方案

(1)以非股权资产认购发行股票的,需要披露相关资产的下列基本情况:

①相关资产的名称、类别以及所有者和经营管理者的基本情况;

②资产权属是否清晰,是否存在权利受限、权属争议或者妨碍权属转移的其他情况;

③相关资产涉及许可他人使用,或者作为被许可方使用他人资产的,是否简要披露许可合同的主要内容;

④资产交易涉及债权债务转移的,是否披露了相关债权债务的基本情况、债权人同意转移的证明及与此相关的解决方案;

⑤所从事业务需要取得许可资格或资质的,是否披露当前许可资格或资质的状况;

⑥涉及需呈报有关主管部门批准的,是否说明已获得有效批准;

⑦相关资产独立运营和核算的,是否披露了最近一年及一期(如有)经具有证券、期货相关业务资格的会计师事务所审计的财务报表及审计意见;

⑧财务报表被出具非标准审计意见的,是否披露了涉及事项及其影响;

⑨资产的交易价格、定价依据,资产评估方法及资产评估价值。

(2)以股权资产认购发行股票的,需要披露相关股权的下列基本情况:

①股权所在公司的名称、企业性质、注册地、主要办公地点、法定代表人、注册资本、实收资本;

②股权及控制关系,包括公司的主要股东及其持股比例、最近两年控股股东或实际控制人的变化情况;

③股东出资协议及公司章程中可能对本次交易产生影响的主要内容;

④原高管人员的安排;

⑤股权权属是否清晰、是否存在权利受限、权属争议或者妨碍权属转移的其他情况;

⑥股权资产为有限责任公司股权的,股权转让是否已取得其他股东同意,或有证据表明其他股东已放弃优先购买权;

⑦股权对应公司所从事业务需要取得许可资格或资质的,还应当披露当前许可资格或资质的状况;

⑧涉及需呈报有关主管部门批准的,应说明是否已获得有效批准;

⑨股权对应公司主要资产的权属状况及对外担保和主要负债情况;

⑩披露最近一年及一期(如有)经具有证券、期货相关业务资格的会计师事务所审计的财务报表及审计意见,被出具非标准审计意见的应当披露涉及事项及其影响;

⑪股权的交易价格、定价依据,资产评估方法及资产评估价值(如有);

⑫资产交易价格以经审计的账面值为依据的,公司董事会应当对定价合理性予以说明;

⑬资产交易根据资产评估结果定价的,在评估机构出具资产评估报告后,公司董事会应当对评估机构的独立性、评估假设前提和评估结论的合理性、评估方法的适用性、主要参数的合理性、未来收益预测的谨慎性等问题发表意见,并说明定价的合理性,资产定价是否存在损害公司和股东合法权益的情形。

(3)资产转让合同的内容摘要需要包括以下内容:

①合同主体、签订时间;

②认购方式、支付方式;

③合同的生效条件和生效时间;

④合同附带的任何保留条款、前置条件;

⑤自愿限售安排;

⑥估值调整条款;

⑦违约责任条款;

⑧目标资产及其价格或定价依据;

⑨资产交付或过户时间安排;

⑩资产自评估截止日至资产交付日或过户日所产生收益的归属;

⑪与资产相关的负债及人员安排。

(4)主办券商关于股票发行合法合规性意见

①主办券商是否对交易对手是否为关联方、标的资产权属是否清晰、审计或资产评估是否规范等事项发表明确意见;

②涉及需呈报有关主管部门批准的,主办券商需对是否已获得有效批准发表明确意见;

③资产相关业务需要取得许可资格或资质的,主办券商需对是否具备相关许可资格或资质发表明确意见。

(5)法律意见书

①说明资产评估程序是否合法合规,是否存在资产权属不清或者其他妨碍权属转移的法律风险;

②标的资产尚未取得完备权属证书的,应说明取得权属证书是否存在法律障碍;

③涉及需呈报有关主管部门批准的,应说明是否已获得有效批准;

④资产相关业务需要取得许可资格或资质的，应说明是否具备相关许可资格或资质。

四、股票发行常见问题

1. 挂牌公司进行定向发行，定向发行对象是否有数量限制？

【答复】依据《非上市公众公司监督管理办法》第36条之规定，除公司原股东之外，每次定向发行，发行对象为公司董事、监事、高级管理人员、核心员工，以及符合投资者适当性管理规定的自然人投资者、法人投资者、其他经济组织的，合计不得超过35人。

2. 定向发行对象为外资企业的是否有限制性规定？

【答复】全国股转系统原则上对此没有限制性规定，但引入外资企业应符合国家有关部门对行业准入、外汇等相关规定。

3. 境外机构和外国人是否可以直接参与定向增发及交易？外资股东如何办理开具股票交易账户？

【答复】全国股转系统是经国务院批准设立的全国性证券交易场所，所有符合《合格境外机构投资者境内证券投资管理办法》和《人民币合格境外机构投资者境内证券投资试点办法》规定的合格境外机构投资者（QFII）和人民币合格境外机构投资者（RQFII）均可参与。外资股东办理证券账户应遵照中国证券登记结算有限责任公司《关于外国战略投资者开立A股证券账户等有关问题的通知》。

4. 合伙企业能否参与认购挂牌公司定向发行的股份？

【答复】在符合投资者适当性的前提下，可以参与认购。

5. 挂牌公司准备向外部投资者和原股东定向增资，价格不一，是否可以？

【答复】不可以。挂牌公司定向发行应遵循同股同价原则。同一次定向发行中，不同认购对象的认购价格应保持一致。如果员工认购股份构成股份支付的，应执行有关会计准则并进行信息披露。

6. 定向发行募集资金用于股权投资的，是否可以根据公司战略调整在必要时出售其购买的子公司股份，是否会影响公司下一轮定向发行？

【答复】公司依战略调整出售子公司股份属于公司自治的范畴，不会影响公司下一轮定向发行。但公司应依公司章程及公司治理的有关要求，履行相应程序，如存在关联交易应及时履行信息披露义务。

7. 定向发行申请文件中律师事务所出具的法律意见书是否是必须项，为控制成本,是否可以省略?

【答复】是必须项,不能省略。

8. 定向发行业务申请备案时,何种情况下需要提交审计报告,何种情况下需要提交资产评估报告?

【答复】发行对象可以以非现金资产认购新增股份,非现金资产应当经过具有证券、期货相关业务资格的会计师事务所、资产评估机构审计或评估。

非现金资产若为股权资产,应当提供会计师事务所出具的标的资产最近一年一期的审计报告,审计截止日距审议该交易事项的股东大会召开日不得超过六个月。

非现金资产若为股权以外的其他非现金资产,应当提供资产评估事务所出具的评估报告,评估基准日距审议该交易事项的股东大会召开日不得超过一年。

9. 挂牌公司定向发行,是否可以由主办券商以外的券商代为向全国股转系统报送有关备案资料?

【答复】不能。依据《全国股转系统业务规则(试行)》第4.3.4的要求"按照《管理办法》豁免申请核准的定向发行,主办券商应履行持续督导职责并发表意见"。

10. 挂牌公司需要一直有主办券商持续督导吗?是否有督导期,比如3年后不再需要主办券商督导?

【答复】需要一直有主办券商持续督导。依据全国股转系统要求,全国股份转让系统实行主办券商制度,即挂牌公司在全国股转系统进行股票转让、定向发行等业务,需要主办券商持续督导。

11. 股权激励是否可以开展?

【答复】挂牌公司可以通过定向发行向公司员工进行股权激励。挂牌公司董监高人员和核心员工可以参与认购本公司定向发行的股票,也可以转让所持有的本公司股票。挂牌公司向特定对象发行股票,股东人数累计可以超过200人,但每次定向发行除公司股东之外的其他投资者合计不超过35人。因此,挂牌公司通过定向发行进行股权激励应当符合上述规定。需要说明的是,全国股转系统允许存在股权激励未行权完毕的公司申请挂牌。

12. 定向发行情况报告书中,"发行前后相关情况对比"需比较发行前后几名股东持股数量、持股比例?

【答复】前10名。根据《关于定向发行情况报告书必备内容的规定》第6条第1项之规定:"发行前后相关情况对比应至少包括:(1)发行前后前10名股东持股数量、持股比例及股票限售等比较情况……”

13. 挂牌公司已发布的定向发行方案中规定拟募集资金“不超过 2000 万元”，实际募集资金仅 1500 万元，是否可以？

【答复】可以。挂牌公司定向发行实际募集的资金金额未超过定向发行方案中披露的募集资金金额，未违反已披露的定向发行方案要求。但是建议挂牌公司在制定定向发行方案时，应合理规划，设定合理募集资金总额。

14. 挂牌公司发布的定向发行方案中是否还要披露“防止发行过程中股东人数超过 200 人的措施”？

【答复】股转系统挂牌公司是已经证监会核准的非上市公众公司，股东人数可以超过 200 人，因此，不需要在定向发行方案中做上述安排。

15. 定向发行验资报告应由会计师事务所出具，股转系统是否有推荐或者其他要求？

【答复】挂牌公司自主选择为当次定向发行出具验资报告的会计师事务所，但是必须是具有证券、期货相关业务资格的会计师事务所。

第七章　重大资产重组操作指南

一、重大资产重组要点

（一）构成标准

重大资产重组指公众公司及其控股或者控制的公司在日常经营活动之外购买、出售资产或者通过其他方式进行资产交易，导致公众公司的业务、资产发生重大变化的资产交易行为。具体指：

1. 购买、出售的资产总额占公众公司最近一个会计年度经审计的合并财务会计报表期末资产总额的比例达到50%以上。

2. 或者购买、出售的资产净额占公众公司最近一个会计年度经审计的合并财务会计报表期末净资产额的比例达到50%以上，且购买、出售的资产总额占公众公司最近一个会计年度经审计的合并财务会计报表期末资产总额的比例达到30%以上。净资产额不应包括少数股东权益。

挂牌公司购买用于生产经营的土地使用权、房产不构成重大资产重组。挂牌公司出售土地使用权、房产以及购买或出售生产设备构成重大资产重组。

挂牌公司向全资子公司或控股子公司增资、新设全资子公司或控股子公司，不构成重大资产重组。但挂牌公司新设参股子公司或向参股子公司增资，则构成重大资产重组。

通过其他方式进行资产交易，包括但不限于以下情形：

（1）以认缴、实缴等方式与他人新设参股企业，或对已设立的企业增资或者减资；

（2）接受附义务的资产赠与或者对外捐赠资产；

（3）受托经营、租赁其他企业资产或将经营性资产委托

他人经营、租赁;

(4)中国证监会根据审慎监管原则认定的其他情形。

《全国中小企业股份转让系统非上市公众公司重大资产重组业务指引》明确了两个构成,两个不构成重大资产重组的标准。

其中,两个不构成标准:

1. 购买用于生产经营的土地使用权、房产;

2. 向全资或控股子公司增资、新设全资或控股子公司。

两个构成标准:

1. 出售土地使用权、房产以及购买或出售生产设备;

2. 新设参股子公司或向参股子公司增资。

(二)计算标准

购买的资产为股权的,且购买股权导致公众公司取得被投资企业控股权的,其资产总额以被投资企业的资产总额和成交金额两者中的较高者为准,资产净额以被投资企业的净资产额和成交金额两者中的较高者为准;出售股权导致公众公司丧失被投资企业控股权的,其资产总额、资产净额分别以被投资企业的资产总额以及净资产额为准。购买的资产为股权的,其资产总额、资产净额均以成交金额为准;出售的资产为股权的,其资产总额、资产净额均以该股权的账面价值为准。

购买的资产为非股权资产的,其资产总额以该资产的账面值和成交金额两者中的较高者为准,资产净额以相关资产与负债的账面值差额和成交金额两者中的较高者为准;出售的资产为非股权资产的,其资产总额、资产净额分别以该资产的账面值、相关资产与负债账面值的差额为准;该非股权资产不涉及负债的,不适用资产净额标准。

同时购买、出售资产的,应当分别计算购买、出售资产的相关比例,并以两者中比例较高者为准。

挂牌公司在12个月内连续对同一或者相关资产进行购买、出售的,在计算相应指标时,应当以第一次交易时最近一个会计年度挂牌公司经审计的合并财务会计报表期末资产总额、期末净资产额作为分母;在计算分子时,最近一次交易标的资产相关财务数据应当以最近一期经审计的资产总额、资产净额为准,已履行重组程序的不计入。

标的资产经审计的最近一期财务资料在财务会计报表截止日后6个月内有效,特别情况下可申请适当延长,但延长时间至多不超过1个月。

交易标的资产属于同一交易方所有或者控制,或者属于相同或者相近的业务范围,或者证监会认定的其他情形下,可以认定为同一或者相关资产。

特定对象以现金认购公众公司定向发行的股份后,公众公司用同一次定向发行所募集的资金向该特定对象购买资产达到重大资产重组标准适用重大资产重组规定。但公众公司按照定向发行报告书披露的募集资金用途,使用募集资金购买资产、对外投资的行为除外。

涉及发行股份购买资产同时募集配套资金的,募集配套资金部分与购买资产部分发行的股份可以分别定价,视为两次发行,但应当逐一表决、分别审议。募集配套资金行为应当符合挂牌公司股票发行的监管要求,且所配套资金比例不超过拟购买资产交易价格的50%。所募资金应当用于支付本次重组交易中的现金对价,支付本次重组交易税费、人员安置费用等并购整合费用,投入标的资产在建项目建设以及其他与本次重组相关的合理用途,并适用挂牌公司股票发行募集资金的相关管理规定。

(三)公众公司应符合的要求

1.重大资产重组所涉及的资产定价公允,不存在损害公众公司和股东合法权益的情形。

2.重大资产重组所涉及的资产权属清晰,资产过户或者转移不存在法律障碍,相关债权债务处理合法;所购买的资产,应当为权属清晰的经营性资产。

3.实施重大资产重组后有利于提高公众公司资产质量和增强持续经营能力,不存在可能导致公众公司重组后主要资产为现金或者无具体经营业务的情形。

4.实施重大资产重组后有利于公众公司形成或者保持健全有效的法人治理结构。

(四)聘请证券服务机构

1.应聘请独立财务顾问、律师事务所以及具有证券、期货相关业务资格的会计师事务所等出具意见。

2.应聘请为其提供督导服务的主办券商为独立财务顾问,但存在影响独立性、财务顾问业务受到限制等不宜担任独立财务顾问情形的除外,也可以同时聘请其他机构提供顾问服务。

(五)重大资产重组的信息管理

1.初步磋商时

应当采取有效的保密措施限定相关敏感信息的知悉范围,与参与或知悉本次重大资产重组信息的相关主体签订保密协议。

2.商讨

(1)如需要向有关部门进行政策咨询、方案论证的,应在相关股票暂停转让后进行;

(2)应当详细记载筹划过程中每一具体环节的进展情况,包括商议相关方案、形成相关意向、签署相关协议或者意向书的具体时间、地点、参与机构和人员、商议和决议内容等；

(3)制作书面的交易进程备忘录并予以妥当保存，参与每一具体环节的所有人员应当即时在备忘录上签名确认公众公司应当按规定及时做好内幕信息知情人登记工作。

3. 申请股票暂停转让阶段

交易各方初步达成实质性意向；或者虽未达成实质性意向，但相关信息已在媒体上传播或者预计该信息难以保密；或者虽未达成实质性意向，但公司股票转让出现异常波动公众公司应当及时申请股票暂停转让。

4. 信息披露原则

信息披露义务人应当公平地向所有投资者披露可能对公众公司股票转让价格产生较大影响的相关信息，不得有选择性地向特定对象提前泄露。

(六)内幕信息知情人报送

公司股票自挂牌以来未进行过转让的，公司应当在股票暂停转让之日起10个转让日内，提交关于公司股票转让情况的书面说明。

公司股票自挂牌以来进行过转让的，公司应当在股票暂停转让之日起10个转让日内，向全国股转公司提交完整的内幕信息知情人名单、相关人员买卖公司证券的自查报告、公司重大资产重组交易进程备忘录及公司全体董事对内幕信息知情人报备文件真实性、准确性和完整性的承诺书。

内幕信息知情人的范围包括但不限于：

(1)挂牌公司及交易对手方的所有董事、监事、高级管理人员及其直系亲属，无论是否知情，均应当纳入重组内幕信息知情人的报备范围；

(2)持有公司10%以上股份的股东和公司的实际控制人，以及其董事、监事、高级管理人员；

(3)由于所任公司职务可以获取公司本次重组相关信息的人员；

(4)本次重大资产重组的交易对方及其关联方，以及其董事、监事、高级管理人员；

(5)为本次重大资产重组方案提供服务以及参与本次方案的咨询、制定、论证等各环节的相关单位和人员；

(6)参与本次重大资产重组方案筹划、制定、论证、审批等各环节的相关单位和人员；

(7)前述自然人的直系亲属(配偶、父母、子女及配偶的父母)。

二、重大资产重组的流程

(一)重组流程——现金购买资产

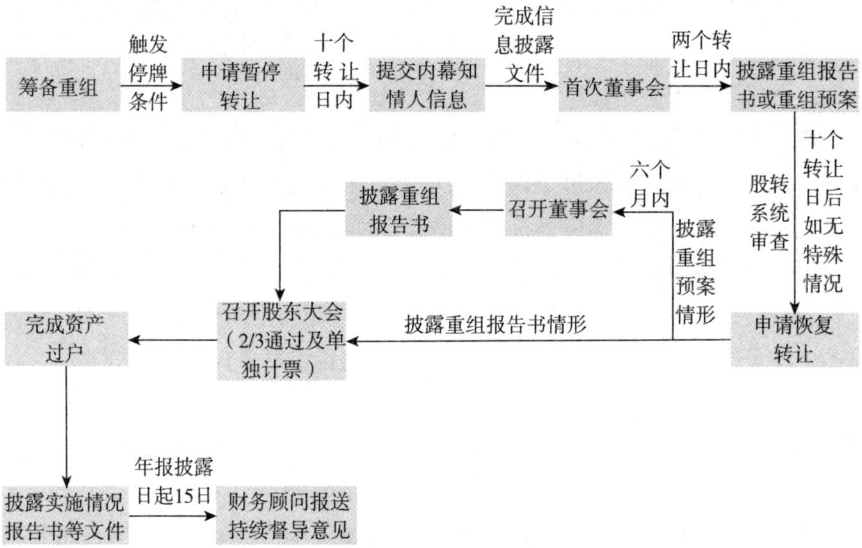

图7-1　现金购买资产:重大资产重组流程

(二)重组流程——发行股份购买资产

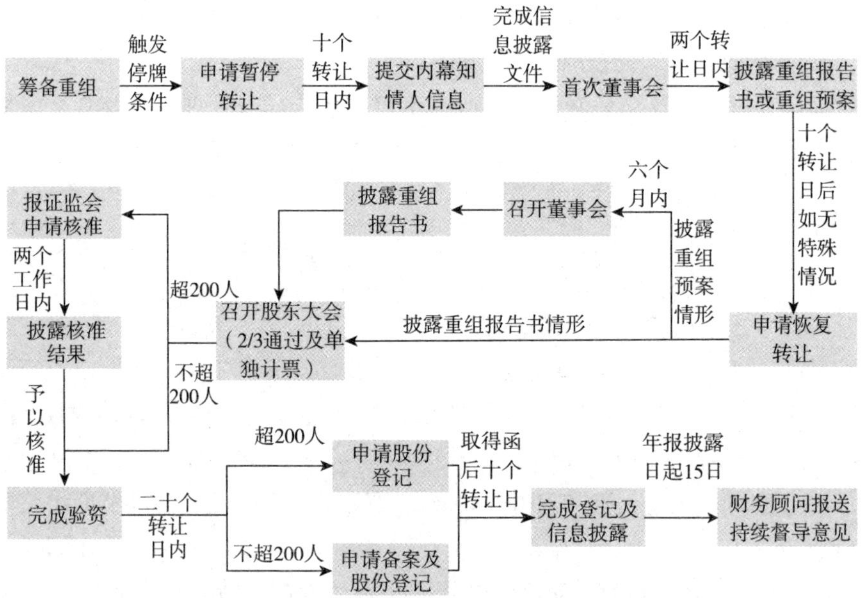

图7-2　发行股份购买资产:重大资产重组流程

(三)重大资产重组的流程细则

表7-1 重大资产重组流程细则

<table>
<tr><td>内部决议</td><td colspan="3">进行重大资产重组：
(1)董事会作出决议(2)提交股东大会审议</td></tr>
<tr><td rowspan="3">董事会</td><td colspan="2">披露文件</td><td>1. 董事会决议
2. 重大资产重组报告书
3. 独立财务顾问报告
4. 法律意见书
5. 审计报告
6. 资产评估报告(或资产估值报告)</td></tr>
<tr><td colspan="2">其他事项</td><td>公司应当在披露重大资产重组报告书等文件的同时，一并披露关于召开股东大会的相关安排；
董事会决议披露日与股东大会召开日的时间间隔除符合法律法规、中国证监会及全国股转系统的相关规定外，还应当不少于10个转让日。</td></tr>
<tr><td colspan="2">尚未完成
审计等工作时</td><td>1. 如首次召开董事会前，相关资产尚未完成审计等工作的，在披露首次董事会决议的同时应披露重大资产重组预案及独立财务顾问对预案的核查意见；
2. 公众公司应在披露重大资产重组预案后6个月内完成审计等工作，并再次召开董事会(披露文件及事项同上)</td></tr>
<tr><td rowspan="5">股东大会</td><td rowspan="3">表决</td><td>通过比例</td><td>必须经出席会议的股东所持表决权的2/3以上通过</td></tr>
<tr><td>单独计票</td><td>股东人数超过200人的，应当对出席会议的持股比例在10%以下的股东表决情况实施单独计票。
上述持股比例在10%以下的股东，不包括公众公司董监高及其关联人以及持股比例10%以上股东的关联人。</td></tr>
<tr><td>回避</td><td>重大资产重组事项与本公司股东或者其关联人存在关联关系的，表决时关联股东应当回避表决</td></tr>
<tr><td colspan="2">披露</td><td>应当在决议后及时披露表决情况</td></tr>
<tr><td colspan="2">会议形式</td><td>公众公司可视自身情况决定是否提供网络或其他方式便于股东参加股东大会。
退市公司应当采用安全、便捷的网络或其他方式为股东参加股东大会提供便利。</td></tr>
<tr><td>购买资产
支付手段</td><td colspan="2">支付手段</td><td>1. 现金
2. 股份
3. 可转换债券
4. 优先股
5. 其他支付手段</td></tr>
</table>

续表

购买资产支付手段	非现金支付手段	1. 支付手段的价格由交易双方自行协商确定 2. 定价可以参考: (1)董事会召开前一定期间内公众公司股票的市场价格 (2)同行业可比公司的市盈率 (3)同行业可比公司的市净率等 3. 董事会应对定价方法和依据进行充分披露
报送全国股转系统	适用情形	1. 重大资产重组不涉及发行股份
		2. 公众公司向特定对象发行股份购买资产后股东累计不超过200人
	报送文件	报备时点:验资完成后20个转让日内 (1)重大资产重组报告书 (2)独立财务顾问报告 (3)法律意见书 (4)审计报告 (5)资产评估报告(或资产估值报告)等
	审　查	全国股转系统应当对上述信息披露文件的完备性进行审查
证监会审核	适用情形	公众公司向特定对象发行股份购买资产后股东累计超过200人
	申请核准	经股东大会决议后按照证监会规定编制申请文件并申请核准
	审 核	证监会作出核准、中止审核、终止审核、不予核准的决定
重组方案重大调整	情 形	股东大会作出决议后,公众公司拟对 (1)交易对象; (2)交易标的; (3)交易价格等作出变更; 构成对原重组方案重大调整的
	程 序	1. 董事会表决通过 2. 重新提交股东大会审议 3. 向全国股转系统重新报送信息披露文件或者向证监会重新提出核准申请
	终止或撤回	股东大会作出决议后,董事会决议终止本次交易或者撤回申请的,应说明原因并披露,提交股东大会审议
证监会决定	披露决定	公众公司收到证监会决定后,应当在2个工作日内披露
	受理间隔	证监会不予核准的,3个月内证监会不受理该公众公司发行股份购买资产的重大资产重组申请

续表

<table>
<tr><td rowspan="2">承诺约束</td><td>约束措施
(如承诺)</td><td>公众公司实施重大资产重组,相关当事人作出公开承诺事项的,应同时提出未能履行承诺时的约束措施并披露</td></tr>
<tr><td>监 管</td><td>全国股转系统应加强对履行承诺行为的监督和约束,对不履行承诺的行为及时采取自律监管措施</td></tr>
<tr><td rowspan="2">实施及
披露</td><td colspan="2">1. 完成批准程序后应及时实施重组方案
2. 在实施完毕之日起 2 个工作日内,编制并披露:
(1)实施情况报告书
(2)独立财务顾问的专业意见
(3)律师的专业意见</td></tr>
<tr><td>退市公司
特别规定</td><td>退市公司重大资产重组涉及发行股份的,自收到证监会核准文件之日起 60 日内,本次重大资产重组未实施完毕的,退市公司应当于期满后 2 个工作日内披露实施进展情况;此后每 30 日应当披露一次,直至实施完毕</td></tr>
<tr><td rowspan="3">财务顾问督导</td><td colspan="2">独立财务顾问应当按照证监会的规定,对公众公司持续督导</td></tr>
<tr><td>持续督导期限</td><td>自实施本次重大资产重组之日起,不少于一个完整会计年度</td></tr>
<tr><td>披露义务</td><td>独立财务顾问应当结合(1)重大资产重组实施当年和(2)实施完毕后的第一个完整会计年度的年报,自年报披露之日起 15 日内,对下列事项出具持续督导意见,报送全国股转系统,并披露:
(1)交易资产的交付或者过户情况;
(2)交易各方当事人承诺的履行情况及未能履行承诺时相关约束措施的执行情况;
(3)公司治理结构与运行情况;
(4)本次重大资产重组对公司运营、经营业绩影响的状况;
(5)盈利预测的实现情况(如有);
(6)与已公布的重组方案存在差异的其他事项。</td></tr>
<tr><td rowspan="2">限制转让</td><td>一般情况</td><td>本次重大资产重组涉及发行股份的,特定对象以资产认购而取得的公众公司股份,自股份发行结束之日起 6 个月内不得转让</td></tr>
<tr><td>特殊情况</td><td>属于下列情形之一的,12 个月不得转让:
(1)特定对象为公众公司控股股东、实际控制人或者其控制的关联人;
(2)特定对象通过认购本次发行的股份取得公众公司的实际控制权;
(3)特定对象取得本次发行的股份时,对其用于认购股份的资产持续拥有权益的时间不足 12 个月。</td></tr>
</table>

(四)申请延期恢复转让的规定

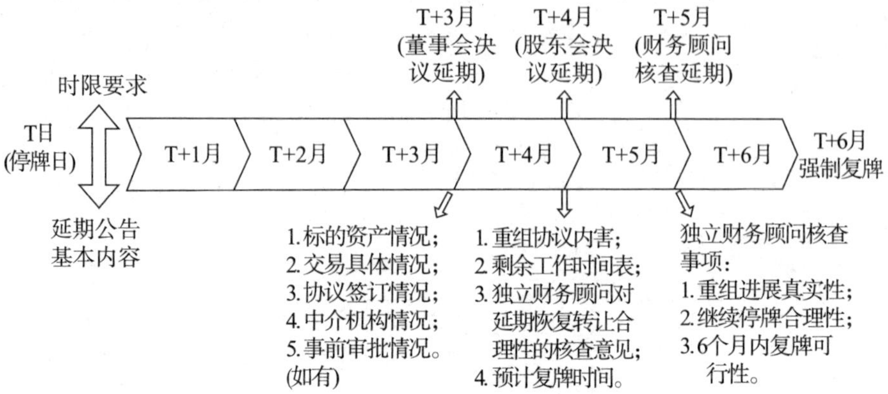

图7-3　申请延期恢复转让流程

1.公司预计在暂停转让后3个月内无法披露重组预案或重组报告书的,应当在原定恢复转让期限届满前召开董事会审议延期恢复转让的议案,并在议案通过且相关董事会决议披露之后向全国股转公司申请延期恢复转让。获得批准后,公司应当披露延期恢复转让公告,延期后重组累计暂停转让时间原则上不得超过4个月。

该情形下延期恢复转让公告一般应当包括以下内容:

(1)标的资产及其控股股东、实际控制人具体情况;

(2)交易具体情况,包括但不限于交易对方、交易方式、本次交易是否导致公司控制权发生变更、是否发行股份配套募集资金等;

(3)与现有或潜在交易对方的沟通、协商情况,包括公司是否已与交易对方签订重组框架或意向协议,或对已签订的重组框架或意向协议的重大修订或变更;

(4)本次重组涉及的中介机构名称,以及独立财务顾问等中介机构对标的资产的尽职调查、审计、评估工作的具体进展情况;

(5)本次交易是否需经有权部门事前审批,以及目前进展情况。

2.公司预计在重组暂停转让后4个月内仍无法披露重组预案或重组报告书的,应当在原定恢复转让期限届满前召开股东大会审议延期恢复转让的议案,并在议案通过且相关股东大会决议披露之后向全国股转公司申请延期恢复转让。获得批准后,公司应当披露延期恢复转让公告,延期后重组累计暂停转让时间原则上不得超过 5 个月。

该情形下延期恢复转让公告一般应当包括以下内容：

(1)重组协议或框架协议的主要内容；

(2)尚待完成的工作及具体时间表；

(3)独立财务顾问关于公司延期恢复转让合理性的核查意见；

(4)预计完成首次信息披露及恢复转让的具体时间。

3. 公司预计在重组暂停转让后 5 个月内仍无法披露重组预案或重组报告书的，独立财务顾问应当就公司暂停转让期间重组进展信息披露的真实性、继续暂停转让的合理性和 6 个月内恢复转让的可行性进行核查，并出具书面核查报告。

核查结论认为延期恢复转让具有合理性的，公司可以向全国股转公司申请延期恢复转让。获得批准后，公司应当披露延期恢复转让公告，延期后重组累计暂停转让时间不得超过 6 个月。

该情形下，公司应当在延期恢复转让公告中明确预计完成首次信息披露及恢复转让的具体时间，并同时披露独立财务顾问的核查报告。

4. 公司因重大资产重组股票暂停转让后，应当每 10 个转让日披露一次重组进展公告；公司因预计无法在原定恢复转让期限届满前完成首次信息披露而申请延期恢复转让的，应当每 5 个转让日披露一次重组进展公告。重组事项出现重要进展的，应当在重组进展公告中予以披露。

前款所称重要进展，包括但不限于以下情形：

(1)各方就交易方案进行磋商的相关情况；

(2)公司与交易对方签订重组框架或意向协议，对已签订的重组框架或意向协议作出重大修订或变更；

(3)公司取得有权部门关于重组事项的事前审批意见；

(4)公司与聘请的中介机构签订重组服务协议；

(5)尽职调查、审计、评估等工作取得阶段性进展；

(6)更换财务顾问、审计机构、评估机构等中介机构；

(7)已披露重组标的的公司，更换、增加、减少重组标的，公司应当披露拟变更标的的具体情况、变更的原因；

(8)因交易双方价格分歧、挂牌公司证券价格波动、税收政策、标的资产行业政策发生重大变化等原因，导致重组事项出现终止风险的，公司应当及时提示相关风险并披露后续进展；

(9)其他重大进展。

5. 公司进入重大资产重组程序前因筹划具有重大不确定性的重大事项等原因已经申请股票暂停转让或更换重组标的的,已暂停转让时间应一并计入重大资产重组暂停转让累计时长。

除重组事项依法须经有关部门前置审批或涉及重大无先例事项的情形外,暂停转让后6个月内仍无法披露重组预案或重组报告书的,公司应当终止本次重大资产重组,披露终止重组的公告,并在公告中承诺终止重组后1个月内不再筹划重大资产重组事项。终止重组相关公告披露后的2个转让日内,公司应当向全国股转公司申请股票恢复转让。公司应当申请股票恢复转让但拒不提出申请的,全国股转公司有权强制恢复公司股票转让。

(五)终止重组

公司披露重大资产重组预案或重大资产重组报告书后,因自愿选择终止重组、独立财务顾问或律师对异常转让无法发表意见或认为存在内幕交易且不符合恢复重大资产重组进程要求等原因终止本次重大资产重组的,应当经董事会或股东大会审议通过,并及时披露关于终止重大资产重组的临时公告,并同时在公告中承诺自公告之日起至少1个月内不再筹划重大资产重组。

中国证监要求公司终止重大资产重组进程的,公司应当及时披露关于重大资产重组终止的临时公告,并同时在公告中承诺自公告之日起至少12个月内不再筹划重大资产重组。

三、重大资产重组文件制作要求

除公司股票自挂牌以来未进行过转让的情形外,公司应当在股票暂停转让之日起10个转让日内,按照《全国中小企业股份转让系统重大资产重组业务指南第1号——非上市公众公司重大资产重组内幕信息知情人报备指南》的要求,向全国股转公司提交完整的内幕信息知情人名单、相关人员买卖公司证券的自查报告、公司重大资产重组交易进程备忘录及公司全体董事对内幕信息知情人报备文件真实性、准确性和完整性的承诺书。

公司预计股票暂停转让日距离重大资产重组首次董事会召开不足10个转让日的,应当在申请暂停转让的同时提交上述材料。公司股票自挂牌以来未进行过转让的,公司应当在股票暂停转让之日起10个转让日内,提交关于公司股票转让情况的书面说明。

除公司重大资产重组交易进程备忘录外,公司报送上述文件应提交原件一份,复印件二份,以及一份与书面文件一致的电子文件(WORD、EXCEL、PDF或全国股份转让系统公司要求的其他文件格式)。

公司应提交三份重大资产重组交易进程备忘录的复印件,并由律师对该复印件提供鉴证意见。鉴证律师应当在文件首页注明“以下第××页至第××页与原件一致”,并签名和签署鉴证日期,律师事务所应该在该文件首页加盖公章,并在第××页至第××页侧面以公章加盖骑缝章。

报备文件所有需要签名处,均应为签名人亲笔签名,不得以名章、签名章等代替。公司重大资产重组内幕信息知情人登记表应当加盖公司公章或公司董事会公章,并写明填报日期。

自然人的自查报告应当列明自然人的姓名、职务、身份证号码、股票账户、有无买卖股票行为,并经本人签字确认;机构的自查报告中应当列明机构的名称、注册号、股票账户、有无买卖股票行为并盖章确认。

相关人员存在买卖公司股票行为的,当事人应当书面说明其买卖股票行为是否利用了相关内幕信息;公司及相关方应当书面说明与买卖股票人员相关事项的动议时间,买卖股票人员是否参与决策,买卖行为与该事项是否存在关联关系以及是否签订了保密协议书等。

公司应当同时提交全体董事对内幕信息知情人报备文件真实性、准确性和完整性的承诺书,由全体董事签字并加盖公司公章。

四、文件内容

(一)需要提交的程序性文件

1.《暂停转让申请》

2.《内幕信息知情人及直系亲属名单》

3.《相关人员买卖公司证券的自查报告》

4.《公司重大资产重组交易进程备忘录》

5.《公司全体董事对内幕信息知情人报备文件真实性、准确性和完整性的承诺书》

6.《暂停转让延后申请》

7.《恢复转让申请》

(二)需要披露的公告

1.《暂停转让公告》

2.《重大资产重组进展情况报告》

3.《恢复转让公告》

4.《风险揭示公告》

5.《重大资产重组报告书》

6.《独立财务顾问报告》

7.《律师出具的法律意见书》

(三)需要报股转公司备案的材料

1. 公众公司重大资产重组报告书

(1)发行股份购买资产申请报告

(2)重大资产重组报告书

(3)重大资产重组的董事会决议和股东大会决议

2. 独立财务顾问报告

法律意见书

3. 本次重大资产重组涉及的财务信息相关文件

(1)本次重大资产重组涉及的拟购买、出售资产的财务报告和审计报告(确实无法提供的,应当说明原因及相关资产的财务状况和经营成果)

(2)本次重大资产重组涉及的拟购买、出售资产的评估报告及评估说明,资产估值报告(如有)

(3)交易对方最近1年的财务报告和审计报告(如有)

(4)拟购买资产盈利预测报告(如有)

4. 本次重大资产重组涉及的有关协议、合同和决议

(1)重大资产重组的协议或合同

(2)涉及本次重大资产重组的其他重要协议或合同

(3)交易对方内部权力机关批准本次交易事项的相关决议

5. 本次重大资产重组的其他文件

(1)有关部门对重大资产重组的审批、核准或备案文件

(2)关于股份锁定期的承诺

(3)交易对方的营业执照复印件

(4)拟购买资产的权属证明文件

(5)与拟购买资产生产经营有关的资质证明或批准文件

(6)公众公司全体董事和独立财务顾问、律师事务所、会计师事务所、资产评估机构等证券服务机构及其签字人员对重大资产重组申请文件真实性、准确性和完整性的承诺书

(7)公众公司与交易对方就重大资产重组事宜采取的保密措施及保密制度

的说明,并提供与所聘请的证券服务机构签署的保密协议及交易进程备忘录

(8)本次重大资产重组前 12 个月内公众公司购买、出售资产的说明及专业机构意见(如有)

(9)中国证监会要求提供的其他文件

五、新三板重大资产重组的常见问题

1. 挂牌公司因重大资产重组股票暂停转让后,决定取消重大资产重组,是否需要进行内幕信息知情人报备?

答:需要。挂牌公司因重大资产重组事项申请股票暂停转让后,无论是否继续推进重大资产重组事项,均需要进行内幕信息知情人报备。

2. 在重大资产重组中,对重组标的资产审计报告的有效期是否有特别规定?

答:重大资产重组中,标的资产审计报告应当在《非上市公众公司信息披露内容与格式准则第 6 号——重大资产重组报告书》第 4 条规定的财务资料有效期之内披露。但对于发行股份购买资产且发行后股东人数超过 200 人的重组,挂牌公司在向中国证监会提交核准申请文件时,重组报告书中引用的经审计的最近 1 期财务资料的剩余有效期应当不少于 1 个月。

3. 经全国股转公司核查,发现挂牌公司重大资产重组暂停转让申请日前 6 个月内公司证券存在异常转让情况的,挂牌公司及独立财务顾问应当如何处理?

答:根据《全国中小企业股份转让系统非上市公众公司重大资产重组业务指引》第 16 条的规定,全国股转公司将对挂牌公司重大资产重组暂停转让申请日前 6 个月的公司证券转让情况进行核查。发现异常转让情况的,全国股转公司将告知挂牌公司,由挂牌公司书面答复,并根据不同情形分情况处理:

挂牌公司拟继续推进重组进程的,需单独披露《关于××××公司与重大资产重组相关证券异常转让情况的说明》,对公司证券异常转让是否属于内幕交易及判断的理由进行说明,并同时对公司重组事项可能因内幕交易被中国证监会或司法机关立案查处而暂停或终止的风险进行单独揭示。

挂牌公司聘请的独立财务顾问及律师应当对公司证券异常转让是否属于内幕交易发表核查意见并公开披露,同时应对公司重组事项可能存在因内幕交易被中国证监会或司法机关立案查处而暂停或终止的风险进行单独揭示。

挂牌公司聘请的独立财务顾问、律师无法发表意见,或认为存在内幕交易且不符合恢复重大资产重组进程要求的,公司应当终止本次重组。

挂牌公司因与挂牌公司重大资产重组相关证券异常转让被中国证监会或司

法机关立案的,应暂停重组进程,并披露被相关机构立案的临时公告,挂牌公司聘请的独立财务顾问应当同时发布风险提示公告。挂牌公司因被中国证监会或司法机关立案暂停重大资产重组进程的,在影响重组审查的情形消除后可以申请恢复重组进程。关于影响重组审查的情形消除的标准,参照《关于加强与上市公司重大资产重组相关股票异常交易监管的暂行规定》。

公司因自愿选择终止重组、独立财务顾问或律师对异常转让无法发表意见或认为存在内幕交易且不符合恢复重大资产重组进程要求等原因终止本次重大资产重组的,公司应当再次召开董事会审议终止重组的相关事项,并及时发布终止重大资产重组公告,披露本次重大资产重组的基本情况及终止原因,公司证券同时申请恢复转让。挂牌公司被中国证监会要求终止本次重大资产重组的,公司应当及时发布终止重大资产重组公告,披露本次重大资产重组的基本情况及终止原因,公司证券同时申请恢复转让。重大资产重组进程终止后,如经查发现挂牌公司存在违法违规的行为,我司依据相关业务规则采取自律监管措施。

4. 挂牌公司在重大资产重组程序推进过程中,是否可以进行证券发行或再次筹划重大资产重组事项?挂牌公司在前次证券发行尚未完成的情况下,是否可以筹划新的重大资产重组事项?

答:挂牌公司如存在尚未完成的重大资产重组事项,在前次重大资产重组实施完毕并披露实施情况报告书之前,不得筹划新的重大资产重组事项,也不得因重大资产重组申请暂停转让。除发行股份购买资产构成重大资产重组并募集配套资金的情况外,在前次重大资产重组实施完毕并披露实施情况报告书前,挂牌公司不得在重组实施期间启动证券发行。

挂牌公司如存在尚未完成的证券发行,在前次证券发行完成新增证券登记前,不得筹划重大资产重组事项,也不得因重大资产重组申请暂停转让。

5. 挂牌公司在披露重组预案或重组报告书后拟对交易对象、交易标的、交易价格、配套募集资金方案等重组方案主要内容进行调整,如何认定是否构成重大调整?

答:对于调整交易对象的情形,如拟增加交易对象的,应当视为构成对重组方案重大调整;如拟减少交易对象,但交易各方同意将该交易对象及其持有的标的资产份额剔除出重组方案,且剔除后按照下述第 2 款的规定未构成交易标的重大调整的,可以视为不构成重组方案重大调整。对于调整交易对象所持标的资产份额的情形,如交易各方同意交易对象之间转让标的资产份额,且转让份额不超过交易作价 20% 的,可以视为不构成重组方案重大调整。

对于调整标的资产的情形,如同时满足以下两个条件,可以视为不构成重组方案重大调整:一是拟增加或减少的交易标的的交易作价、资产总额、资产净额占原标的资产相应指标总量的比例均不超过20%;二是变更标的资产对交易标的的生产经营不构成实质性影响,包括不影响标的资产及业务完整性等。

对于调整交易价格的情形,如同时满足以下两个条件,可以视为不构成重组方案重大调整:一是交易价格调整幅度原则上不得超过20%;二是交易价格的变更具有充分、合理的客观理由,独立财务顾问应当对交易价格调整的合理性出具专项意见。

对于变更支付手段的情形,应当视为重组方案重大调整。

对于调整配套募集资金方案的情形,调减或取消配套募集资金、调增配套募集资金比例不超过原募资规模20%的,不构成重组方案的重大调整;新增配套募集资金或调增配套募集资金比例超过原募资规模20%的,应当视为重组方案重大调整。

6. 如何判断重大资产重组完成后挂牌公司股东人数是否不超过200人?

答:涉及发行股份购买资产的重大资产重组中,重组方案及配套资金募集方案中确定或预计的新增股东人数(或新增股东人数上限)与审议重大资产重组事项的股东大会规定的股权登记日在册股东人数之和不超过200人的(含200人),视为重组完成后挂牌公司股东人数不超过200人。

7.《非上市公众公司重大资产重组管理办法》第23条第1款中"实施完毕"应如何判断?

答:对于购买资产构成重大资产重组的情形,如涉及挂牌公司发行股份,"实施完毕"以挂牌公司收到中国结算北京分公司下发的《关于发布并上传"发行新增股份在全国中小企业股份转让系统挂牌并公开转让的公告"的通知》为准;如不涉及挂牌公司发行股份,"实施完毕"以标的资产完成过户为准。

对于出售资产构成重大资产重组的情形,"实施完毕"以标的资产过户完毕且交易对价支付完毕为准。

六、新三板重大资产重组模式

新三板企业的重大资产重组模式主要有以下几种:

(一)现金

以现金方式购买股权、购买动产、不动产的方式进行的重大资产重组是最常见的一种方式,新三板企业为了实现挂牌,有效解决关联交易、同业竞争等问题,资金重组的企业会以现金方式收购目标企业的股权,如果该购买资金的数额符合《非上市公众公司重大资产重组管理办法》第2条的规定的条件,便构成重大资产重组。

(二)股权+现金

股权加现金的方式相比于现金方式灵活性更强,是新三板企业实现重大资产重组比较青睐的一种方式。收购方收购目标公司全部股权,但是鉴于收购方现金数额有限或者为了让企业自身正常运转,以股权支付和现金支付两种方式收购目标公司。

(三)股权

股权方式是指收购方为了实现收购目的,以股权支付的方式达到控制目标公司的股权。通常,收购方会发行股票,以每股定价计算总价额购买被收购方的股权,这种方式既可以实现收购的目的,又可以募集资金。

1.现金购买资产——汇森能源(831956)重大资产重组

新三板挂牌公司汇森能源,在前后耗时8个月后,发布重大资产重组预案,宣布用667.55万元购买了自家的房和车。在这个重组方案的标的资产中,有一台4年的路虎和一台9年的奥迪,堪称“老爷车”级别,但合计评估值为163.52万元。要知道,停牌前,按照增发价格每股1.85元计算,这家公司的市值只有925万元。一家14人小公司,重组对象居然是跟主业毫无关系的房子和车子,其中还包括一台接近报废级别的奥迪。

2.股份+现金——希奥股份(430632)并购三公司

新三板挂牌公司希奥股份(430632)于2015年12月23日公布重大资产重组预案,拟以“股份+现金”的形式,收购安徽荣徽和卓一科技100%的股权,以及辛普科技51%的股权,本次收购总作价8380万元,并将以“激励+分期”的支付方式分阶段完成支付。

希奥股份发布公告计划以“发行股份+支付现金”的方式购买自然人许琳所拥有合肥荣徽网络信息科技有限公司(合肥荣徽)100%的股权、自然人施晶所拥有上海卓一网络通讯技术有限公司(上海卓一)100%的股权、自然人古明祥所拥有安徽辛普信息科技有限公司(安徽辛普)51%的股权。根据公告,希奥股份本次收购3家标的企业股权,总作价为8380万元,具体作价分别为:向安徽荣徽许琳兑付300万股加600万元现金,向卓一网络施晶兑付700万股加1000万元现金,向辛普科技古明祥兑付300万股加280万元现金。为完成本次收购,希奥股份将向许琳、施晶、古明祥三人,以5元/股的价格非公开发行1300万股股份,合计金额6500万元,占全部对价的77.57%;现金支付总金额1880万元,占全部对价的22.43%。

3.股权支付——同健股份(832098)重大资产重组

同健股份于2015年9月25日召开第一届董事会第五次会议审议通过了本次交易的相关议案。本次交易中,公司拟以发行股票的方式购买王毅清、钟雪松持有的达嘉维康100.00%股权,并募集配套资金。本次交易中,公司拟以6.00元/股的价格向交易对象合计发行6500.00万股以购买其合计所持达嘉维康100.00%的股权,标的资产交易价格合计为39,000.00万元。本次交易完成后,公司将持有达嘉维康100.00%股权。

本次交易标的公司达嘉维康2014年度资产总额和净资产额分别为87,208.88万元和8313.00万元,占公众公司2014年年度经审计的资产总额6274.89万元和净资产额1984.38万元的比例均大于50%。根据《重组管理办法》的规定,本次交易构成重大资产重组。

4.股份+现金——欧开股份(833038)并购案

2016年1月5日,上海欧开建筑装饰股份有限公司(以下简称公司)召开2016年第一次临时股东大会,审议通过了《关于公司发行股份及支付现金购买资产方案的议案》《关于公司发行股份及支付现金购买资产的定价依据及合理性的议案》《关于签署〈发行股份及支付现金购买资产协议〉及补充协议的议案》《关于公司发行股份及支付现金购买资产不构成关联交易的议案》《关于修改〈公司章程〉的议案》及《关于授权公司董事会全权办理与本次交易有关事宜的议案》。

本次发行对象为上海融述电子商务有限公司的股东、总经理杨明,认购对象应按照《上海欧开建筑装饰股份有限公司发行股份及支付现金购买资产协议》的规定,在2016年1月19日之前以其所持有的上海融述电子商务有限公司100%股权,认购公司30.7692万股股份,并办理标的资产有关的权属变更或过户手续。

5.股权转让+定增——盖娅股份(430181)重大资产重组

股权转让与定增并行也是市场主流方式,收购方通过股份转让取得挂牌公司股东身份后,再通过定向增发提高在公司的持股比例,从而达到获得控制权的目的。例如,道从科技发布公告,公司拟以3.2元/股,总计1159.6万元的价格向深圳市盖娅网络科技有限公司和自然人王彦直出让362.375万股,同时承诺,转让完成之日12个月内以3.2元/股的价格转让其剩余持有的股份。道从科技股本为500万股,本次股权转让完成后,深圳盖娅成为道从科技的控股股东;王彦直合计持有、控制道从科技72.475%股份,为道从科技的实际控制人。成为公司控股股东以后,大股东又通过定向增发(现金认购)进一步提高持股比例。

七、重大资产重组过程中对挂牌公司和相关主体的违规处理措施

公司重大资产重组信息披露及相关程序违反法律、行政法规、中国证监会规定及全国股转系统相关业务规则且情形严重的,全国股转公司可以要求公司暂停重大资产重组。

1. 涉及挂牌公司的,可能因信息披露违规或不及时面临重大资产重组叫停,全国股份转让系统层面的自律监管措施、纪律处分和证监会层面的警告、罚款、相关责任人员市场禁入和36个月内不受理定向发行申请。此外,对重大资产重组有业绩承诺的挂牌公司,如无特殊原因导致利润未能达到预期50%的,可能面临监管谈话、出具警示函、责令定期报告等监管措施。

2. 涉及挂牌公司重大资产重组的内幕信息知情人和高级管理人员涉嫌内幕交易、操纵证券市场等违法活动的,可能面临全国股份转让系统有权的自律管理措施,并向中国证监会报告。涉及挂牌公司董事、监事和高级管理人员在重大资产重组中,未履行诚实守信、勤勉尽责义务的,可能面临责令改正、监管谈话、出具警示函等监管措施;甚至行政处罚和刑事责任。

3. 涉及相关证券服务机构及其从业人员未履行诚实守信、勤勉尽责义务,违反行业规范、业务规则的,可能面临责令改正、监管谈话、出具警示函等监管措施;情节严重的,依照《证券法》的规定予以处罚。如其出具的相关文件存在虚假记载、误导性陈述或者重大遗漏的,可能面临责令改正、市场禁入,依照《证券法》第223条予以处罚,甚至承担刑事责任;除此之外,还可能面临证监会3个月至12个月内不接受该机构出具的相关专项文件、12个月至36个月内不接受相关签字人员出具的专项文件的监管措施。

4. 中国证监会将挂牌公司重大资产重组中的当事人的违法行为和整改情况记入诚信档案。中国证监会将根据《非上市公众公司监管办法》规定,采取责令改正、监管谈话、责令公开说明、出具警示函、认定为不适当人选等监管措施,并记入诚信档案;情节严重的,可以对有关责任人员采取证券市场禁入的措施。涉嫌违法犯罪的,立案调查或者移送司法机关。

附件：

重大资产重组典型违规案例

代码	名称	公告日期	违规类型	处罚对象	关系	违规行为
833393	速达科技	2016年11月16日	未依法履行其他职责	三门峡速达交通节能科技股份有限公司	公司本身	2016年4月14日，速达科技披露了购买资产暨关联交易公告，称拟购买速达科技实际控制人李复活持有的河南速达电动汽车科技有限公司（以下简称速达电动）10.44%的股权，2016年4月15日，股转公司在信息披露审查中发现公司疑似构成重大资产重组，于当日开盘前（9:05）在BPM系统进行反馈。速达科技随即于4月15日当天以不确定重大事项为由暂停转让。2016年4月20日，速达科技发布了重大资产重组暂停转让公告，转入重组程序。 2016年5月3日，速达科技主办券商中信建投证券在BPM系统回复，正式确认速达科技本次交易构成重大资产重组。2016年8月26日，速达科技进行了重大资产重组首次信息披露，在审查中我司发现：在未履行完毕重组程序的情况下，速达科技已于2016年6月3日完成了重组标的资产的过户。首次信息披露前，速达科技未披露重组事项已完成的事实，并在历次披露的重组进展公告中称重组程序正在推进过程中。速达科技及其主办券商兼独立财务顾问中信建投证券的回复亦对前述事实予以确认。速达科技作为挂牌公司，未能及时、规范地履行重组暂停转让程序，且在明知关联交易事项已构成重大资产重组的情况下未履行重组程序即实施了重大资产重组行为，违反了《非上市公众公司重大资产重组管理办法》第4条、第11条、第13条的有关规定，构成重大资产重组信息披露及程序违规。
837541.OC	利昌科技	2016年10月28日	涉嫌违反证券法律法规	北京利昌鸿达科技股份有限公司	公司本身	利昌科技于2016年9月8日披露重大事项停牌公告，但公司未向全国股转公司提交关于暂停股票转让的业务申请。利昌科技上述行为违反《非上市公众公司重大资产重组管理办法》第11条、《全国中小企业股份转让系统非上市公众公司重大资产重组业务指引（试行）》第7条、《全国中小企业股份转让系统暂停与恢复转让业务指南（试行）》第一（三）条的规定，构成暂停转让业务申请违规行为。

续表

代码	名称	公告日期	违规类型	处罚对象	关系	违规行为
832275	敦华石油	2016年7月11日	未依法履行其他职责	黄江荣	公司高管	当事人:新疆敦华石油技术股份有限公司(以下简称敦华石油),住所地:新疆克拉玛依市迎宾大道69-13-11号,法定代表人姚树欣。黄江荣,女,时任新疆敦华石油技术股份有限公司董事会秘书。经查,2015年10月26日敦华石油披露了经董事会审议的重大资产重组报告书等文件。披露的重大资产重组报告书显示拟向16名自然人及机构投资者募集配套资金。经核查,敦华石油实际拟向14名投资者募集配套资金。敦华石油披露的重大资产重组报告书不准确,违反了《非上市公众公司重大资产重组管理办法》第4条、《全国中小企业股份转让系统业务规则(试行)》(以下简称《业务规则》)第1.4条的规定,构成信息披露违规。
831399	参仙源	2016年4月26日	未及时披露公司重大事件	兰鹏	公司高管	(一)重大资产重组程序违规 2015年11月17日公司董事会审议通过的重大资产重组收购曾祥云等九名自然人持有的林地使用权以及林地上附着资源的所有权部分,交易标的交割日为2015年6月27日,早于筹划重大资产重组事项申请停牌日2015年7月20日。公司上述未进行重大资产重组的首次信息披露和未经董事会、股东大会审议通过,即已完成标的资产过户手续的行为违反了《非上市公众公司重大资产重组管理办法》第3章第13条之规定。 (二)重大资产重组信息披露程序及备案程序违规在公司上述首次信息披露行为涉嫌违规的情况下,公司于2015年11月27日申请复牌。在相关违规行为尚未处理完毕的情况下,公司于2015年12月4日召开股东大会审议通过此次重大资产重组的相关议案,并在向股转系统提交重大资产重组备案申请材料之前,于2015年12月18日披露了《重大资产重组实施情况报告书》。 在公司提交本次重大资产重组备案文件后公司于2015年12月31日再次申请复牌。

第八章　并购新三板挂牌企业

第一节　新三板并购市场概述

2018 年以来，随着新三板指数走低，优质挂牌企业遭市场错杀，不少资本以及上市公司开启了“买买买”模式，新三板价值洼地受到资金的追捧。被收购公司中，部分业绩表现出色，或者持有金融牌照等稀缺资源。国资进入新三板市场抄底，表明市场随着估值极度低估，具备较高的吸引力及长期投资价值。在这其中，还有部分高溢价收购频频出现。

依据股转公司官网披露数据，2018 年新三板企业共披露 226 次收购报告书，收购交易金额 364.63 亿元，披露 45 次重大资产重组报告书，重组交易金额 46.7 亿元。

表 8-1　2015~2018 年新三板并购市场统计

年份	重大资产重组次数	重组交易金额（亿元）	收购次数	收购交易金额（亿元）
2015	106	292.67	107	55.14
2016	99	122.11	239	412.44
2017	115	167.11	336	476.41
2018	45	46.70	226	364.63

数据来自全国股转。

依据 Choice 数据显示，2018 年 IPO 过会率创下 9 年来低点，发审委共迎来上会企业 185 家，仅有 111 家幸运儿通过了审核，过会率约 60%。盈利可持续性可能已成为拟上市企业面前的巨大挑战。在此形势下，不少拟上市的新三板企业纷纷终止 IPO，可能成为新三板被并购企业的一员。新三板公司作为并购标的,优势主要在于信息披露公开,收购方比较容易寻找和对接,且对接后获取企业的业务和财务信息更方便,有利于筛选和决策。除此之外,新三板企业财务相对规范,有利于收购方推进并购重组。同时,不少新三板企业自身有并购需求,通过同业收购或产业上下游整合,有利于企业做大做强。

2018 年,新三板并购业务呈现以下特点:

1. 上市公司青睐业务协同、业绩优良标的,能对其主营业务起到直接推动作用;对应的有竞争力、业绩优良的新三板公司,为了通过并购发展壮大、延伸产业链条、推动产业整合。作为被收购方的挂牌企业,也可以通过收购摆脱流动性困局;

2. 非上市公司(含私募、个人)收购交易占比大,看好挂牌企业所处平台价值;一方面是新三板挂牌企业是经过规范的企业,其各项指标可信度高,相较于新三板外的非规范性市场,投资优先级更高;另一方面是更多市场参与方已认可新三板资本平台价值,通过收购低市值的挂牌公司获得其控股权,后续注入其他资产,并发挥好新三板资本平台的融资、宣传功能,从而改善挂牌公司业绩、实现其资本增值目的。

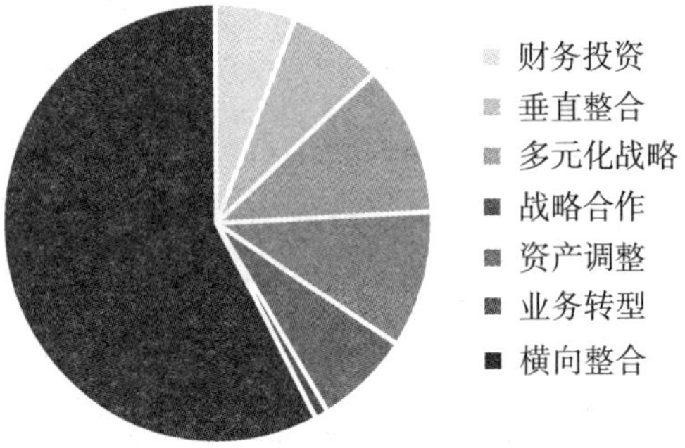

图 8-1　2018 年新三板收购业务并购目的统计

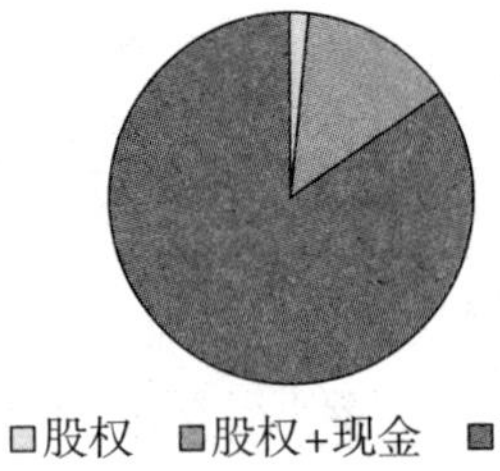

图 8-2　交易方式

资料来源:choice。

近期案例显示,上市公司付款方式越来越多元化,发行股份收购新三板公司的案例进一步增加。赛腾股份收购案则是A股首单定向可转债并购。公司披露的重组预案显示,赛腾股份拟通过发行定向可转换债券、股份及支付现金的方式购买菱欧科技股东持有的菱欧科技100%的股权。A股首单定向可转债并购就发生在上市公司对新三板企业的并购中,这也显示出新三板市场的重要性。

2018年10月证监会正式推出"小额快速"并购重组审核机制,明确了并购重组"小额快速"审核的适用情形和不适用情形等政策。该政策被认为将为上市公司并购新三板企业提供较大的便利。小额快速通道实施后,预计越来越多的上市公司将尝试通过发行股份收购新三板公司股权。上市公司现金压力将降低,对新三板企业的并购动能将进一步释放。

第二节　收购新三板企业操作要点

一、收购概述

2014年6月27日,中国证监会发布《非上市公众公司收购管理办法》(以下简称《公众公司收购办法》),并于2014年7月23日正式实施。随着《公众公司收购办法》的颁布及实施,围绕非上市公众公司及上市公司收购将形成并行的规则体系及监管制度。

《公众公司收购办法》制定中参考了上市公司收购监管制度,部分内容沿袭了《上市公司收购管理办法》(以下简称《上市公司收购办法》)的规定,主要包括:

1. 在立法理念方面,《公众公司收购办法》与《上市公司收购办法》均采用"控制权"与"比例划分"标准对收购及权益变动进行监管,即取得控制权构成收购的,报送并披露收购报告书,对于未构成收购的,设定了一定持股比例的信息披露要求。

2. 在投资人披露及交易限制方面,《公众公司收购办法》与《上市公司收购办法》均要求投资人在取得公司一定比例股份后,应依法进行披露,在披露后一定期间内不得买卖公司股份。

3. 在收购人资格要求方面,《公众公司收购办法》与《上市公司收购办法》均对收购人不得收购的情况进行了规定,主要包括:收购人负有数额较大债务,到期未清偿,且处于持续状态;收购人最近有重大违法行为或者涉嫌有重大违法行为或有严重的证券市场失信行为等。

4. 在对收购人资格提出要求的同时,《公众公司收购办法》与《上市公司收购办法》均对被收购公司原控股股东及实际控制人的退出提出了要求,退出前应主动消除之前存在的对被收购公司的全部损害,未能消除损害的,应就消除全部损害做出安排,并取得被收购公司股东大会的批准。

5.收购人的股份限售方面。通过收购,收购人成为非上市公众公司或上市公司第一大股东或者实际控制人的,其持股比例变动将直接影响公司股价稳定,故《公众公司收购办法》与《上市公司收购办法》均要求控制权在一定期限内保持稳定,《公众公司收购办法》规定进行非上市公众公司收购后,收购人成为公司第一大股东或者实际控制人的,其持有的被收购公司股份在收购完成后12个月内不得转让。

在借鉴上市公司收购监管制度的同时,《公众公司收购办法》结合非上市公众公司的特点,在以下方面做出了创新:

1.《公众公司收购办法》强调信息披露,淡化行政许可。由于上市公司收购行为对证券市场影响大、波及面广,因此,目前相关法律在上市公司收购中设置了较多许可事项,比较典型如豁免要约收购许可,相较上市公司收购,非上市公众公司收购及权益变动影响范围相对较小,因此《公众公司收购办法》不设事前行政许可,由投资者在完成收购或权益变动后履行信息披露义务,全国股份转让系统履行监管职责,监督信息义务披露人履行信息披露义务。

同时,与上市公司收购及相关权益变动相比,非上市公众公司收购及相关权益信息披露内容也大为简化。对未构成收购的权益变动只需要披露权益变动报告书,权益变动报告书仅要求简要披露收购人持股种类、数量、持股比例、所持股份性质及性质变动情况、股东持股变动达到规定比例的日期及权益变动方式。对于要约收购或者收购活动导致第一大股东或实际控制人发生变更的,披露要约收购报告书或收购报告书,对于要约收购报告书或收购报告书披露内容也大幅缩减,强调客观性事实披露,如收购人的基本情况(如股权结构、守法情况)、财务状况、前6个月买卖公司股份情况、前24个月与公司及关联方之间的重大交易等。

2.在权益变动披露义务触发比例方面,《上市公司收购办法》对于达到5%、20%、30%比例的信息披露程度进行了划分,《公众公司收购办法》则结合非上市公众公司的股权结构高度集中、股东人数少、股权流动性差等特点,对于投资者持股比例达到10%及后续增减触及5%的倍数时,要求披露权益变动报告书。需要强调的是,投资者持股比例达到10%后,其持股比例每增减5%的信息披露,指的是其持股比例每达到5%的整数倍时进行信息披露。例如,某投资者持股比例为14%,如其想进行5%的减持操作,其触发信息披露的时点不是在其持股9%时,而是在其持股10%时。

3. 在要约收购制度设计方面，不同于《上市公司收购办法》设置了30%红线，《公众公司收购办法》未设置强制要约收购红线，仅规定投资者可自愿选择全面要约收购或部分要约收购，但部分要约收购比例不得低于5%。

（一）收购人

收购人包括投资者及其一致行动人。

进行公众公司收购，收购人及其实际控制人应当具有良好的诚信记录，收购人及其实际控制人为法人的，应当具有健全的公司治理机制。任何人不得利用公众公司收购损害被收购公司及其股东的合法权益。

有下列情形之一的，不得收购公众公司：

（1）收购人负有数额较大债务，到期未清偿，且处于持续状态；

（2）收购人最近2年有重大违法行为或者涉嫌有重大违法行为；

（3）收购人最近2年有严重的证券市场失信行为；

（4）收购人为自然人的，存在《公司法》第146条规定的情形；

（5）法律、行政法规规定以及中国证监会认定的不得收购公众公司的其他情形。

收购人为机构投资者还需同时符合以下新三板投资者适当性规定：

（1）实收资本或实收股本总额500万元人民币以上的法人机构；

（2）实缴出资总额500万元人民币以上的合伙企业。

证券公司资产管理产品、基金管理公司及其子公司产品、期货公司资产管理产品、银行理财产品、保险产品、信托产品、经行业协会备案的私募基金等理财产品，社会保障基金、企业年金等养老金，慈善基金等社会公益基金，合格境外机构投资者（QFII）、人民币合格境外机构投资者（RQFII）等机构投资者，可以申请参与挂牌公司股票公开转让。

收购人为自然人需要符合以下条件：

（1）在签署协议之日前，投资者本人名下最近10个转让日的日均金融资产500万元人民币以上。金融资产是指银行存款、股票、债券、基金份额、资产管理计划、银行理财产品、信托计划、保险产品、期货及其他衍生产品等。

（2）具有2年以上证券、基金、期货投资经历，或者具有2年以上金融产品设计、投资、风险管理及相关工作经历，或者具有《办法》第8条第1款规定的证券公司、期货公司、基金管理公司及其子公司、商业银行、保险公司、信托公司、财务公司，以及经行业协会备案或者登记的证券公司子公司、期货公司子公司、私募基金管理人等金融机构的高级管理人员任职经历。

(二)被收购人

被收购公司的控股股东或者实际控制人不得滥用股东权利损害被收购公司或者其他股东的合法权益。

被收购公司的控股股东、实际控制人及其关联方有损害被收购公司及其他股东合法权益的,上述控股股东、实际控制人在转让被收购公司控制权之前,应当主动消除损害;未能消除损害的,应当就其出让相关股份所得收入用于消除全部损害做出安排,对不足以消除损害的部分应当提供充分有效的履约担保或安排,并提交被收购公司股东大会审议通过,被收购公司的控股股东、实际控制人及其关联方应当回避表决。

被收购公司的董事、监事、高级管理人员对公司负有忠实义务和勤勉义务,应当公平对待收购本公司的所有收购人。

被收购公司董事会针对收购所做出的决策及采取的措施,应当有利于维护公司及其股东的利益,不得滥用职权对收购设置不适当的障碍,不得利用公司资源向收购人提供任何形式的财务资助。

(三)财务顾问

收购人进行公众公司收购的,应当聘请具有财务顾问业务资格的专业机构担任财务顾问,但通过国有股行政划转或者变更、因继承取得股份、股份在同一实际控制人控制的不同主体之间进行转让、取得公众公司向其发行的新股、司法判决导致收购人成为或拟成为公众公司第一大股东或者实际控制人的情形除外。

收购人聘请的财务顾问应当勤勉尽责,遵守行业规范和职业道德,保持独立性,对收购人进行辅导,帮助收购人全面评估被收购公司的财务和经营状况;对收购人的相关情况进行尽职调查,对收购人披露的文件进行充分核查和验证;对收购事项客观、公正地发表专业意见,并保证其所制作、出具文件的真实性、准确性和完整性。在收购人公告被收购公司收购报告书至收购完成后12个月内,财务顾问应当持续督导收购人遵守法律、行政法规、中国证监会的规定、全国股份转让系统相关规则以及公司章程,依法行使股东权利,切实履行承诺或者相关约定。

财务顾问认为收购人利用收购损害被收购公司及其股东合法权益的,应当拒绝为收购人提供财务顾问服务。

(四)信息披露义务

1. 权益变动披露

投资者在公众公司中拥有的权益,包括登记在其名下的股份和虽未登记在其名下但该投资者可以实际支配表决权的股份。投资者及其一致行动人在公众公司中拥有的权益应当合并计算。

投资者及其一致行动人通过做市或竞价两种转让方式转让股票，达到权益变动披露标准，应当履行权益变动相关义务。投资者及其一致行动人申报的股份数量超过权益变动披露标准，但超出的股份数量不足1000股的，可以一次性申报转让，在该笔转让完成后履行权益变动相关义务。

投资者及其一致行动人通过盘后协议转让方式转让股票，达到权益变动披露标准，应履行权益变动相关义务。投资者及其一致行动人拟转让的股份超过权益变动披露标准，但分拆转让又无法满足盘后协议转让方式对申报数量或转让金额的规定标准，可以一次性转让，在该笔转让完成后履行权益变动相关义务。

投资者及其一致行动人通过特定事项协议转让方式转让股票，拟达到或超过权益变动披露标准的，应当在向全国股转公司申请办理特定事项协议转让前及时履行权益变动相关义务。

权益变动披露标准是指，根据《公众公司收购办法》的规定，投资者及其一致行动人拥有权益的股份达到或超过挂牌公司总股本的10%，或者达到10%后股份变动导致其拥有权益的股份占比每达到5%的整数倍。在计算拥有权益的股份时，投资者直接持有、间接持有及其一致行动人持有的股份应当合并计算。间接持有的股份是指虽未登记在投资者名下，但该投资者可以实际支配表决权的股份。

权益变动相关义务是指，信息披露义务人根据《公众公司收购办法》的规定，及时编制并披露权益变动报告书，并自权益变动的事实发生之日起至披露权益变动报告书后的2个转让日内，不得再行买卖该挂牌公司的股票。

2. 控制权变动披露

通过全国股份转让系统的证券转让，投资者及其一致行动人拥有权益的股份变动导致其成为公众公司第一大股东或者实际控制人，或者通过投资关系、协议转让、行政划转或者变更、执行法院裁定、继承、赠与、其他安排等方式拥有权益的股份变动导致其成为或拟成为公众公司第一大股东或者实际控制人且拥有权益的股份超过公众公司已发行股份10%的，应当在该事实发生之日起2日内编制收购报告书，连同财务顾问专业意见和律师出具的法律意见书一并披露，报送全国股份转让系统，同时通知该公众公司。

收购公众公司股份需要取得国家相关部门批准的，收购人应当在收购报告书中进行明确说明，并持续披露批准程序进展情况。

以协议方式进行公众公司收购的，自签订收购协议起至相关股份完成过户的期间为公众公司收购过渡期（以下简称过渡期）。在过渡期内，收购人不得通过控股股东提议改选公众公司董事会,确有充分理由改选董事会的,来自收购人的董事不得超过董事会成员总数的1/3;被收购公司不得为收购人及其关联方提供担保;被收购公司不得发行股份募集资金。

在过渡期内,被收购公司除继续从事正常的经营活动或者执行股东大会已经作出的决议外,被收购公司董事会提出拟处置公司资产、调整公司主要业务、担保、贷款等议案,可能对公司的资产、负债、权益或者经营成果造成重大影响的,应当提交股东大会审议通过。

按照本办法进行公众公司收购后,收购人成为公司第一大股东或者实际控制人的,收购人持有的被收购公司股份,在收购完成后12个月内不得转让。

收购人在被收购公司中拥有权益的股份在同一实际控制人控制的不同主体之间进行转让不受前述12个月的限制。

3. 披露承诺

在公众公司收购中,收购人做出公开承诺事项的,应同时提出所承诺事项未能履行时的约束措施,并公开披露。

全国股份转让系统应当对收购人履行公开承诺行为进行监督和约束,对未能履行承诺的收购人及时采取自律监管措施。

公众公司控股股东、实际控制人向收购人协议转让其所持有的公众公司股份的,应当对收购人的主体资格、诚信情况及收购意图进行调查,并在其权益变动报告书中披露有关调查情况。

4. 其他

被收购公司控股股东、实际控制人及其关联方未清偿其对公司的负债,未解除公司为其负债提供的担保,或者存在损害公司利益的其他情形的,被收购公司董事会应当对前述情形及时披露,并采取有效措施维护公司利益。

二、其他收购业务要点

(一)“事实发生之日”时点

以协议方式进行挂牌公司收购的,相关协议签订之日为“事实发生之日”。收购人应当在相关协议签订之日起2个转让日内履行《公众公司收购办法》第16条规定的信息披露义务。

(二)“收购完成”时点

在投资者及其一致行动人通过投资关系等方式导致其拟成为挂牌公司第一大股东或者实际控制人的情形,收购人按照已披露的收购报告书完成所有相关股份过户或实际取得相关股份对应的权益，为收购完成。

投资者及其一致行动人在成为第一大股东或实际控制人后披露收购报告书的，挂牌公司第一大股东或实际控制人实际发生变动，为收购完成。

（三）是否构成收购判断

挂牌公司有实际控制人，且实际控制人未发生变化，仅第一大股东变化的情形，不构成收购，挂牌公司自事实发生之日起 2 个转让日内披露第一大股东变更的公告即可。但是，在挂牌公司没有实际控制人的情形下第一大股东发生变化的，构成收购，收购人应当履行披露收购报告书等义务。

挂牌公司第一大股东或实际控制人的人数减少，且未新增第一大股东或实际控制人的，挂牌公司自事实发生之日起 2 个转让日内披露第一大股东或实际控制人变更的公告即可，不构成收购。

挂牌公司第一大股东或实际控制人的一致行动人人数发生变化，但挂牌公司第一大股东或实际控制人未发生变化，构成收购，挂牌公司自事实发生之日起 2 个转让日内披露第一大股东或实际控制人的一致行动人变化情况公告即可。挂牌公司应当对新增的一致行动人所持有的股份办理限售手续；限售期为自其成为一致行动人之日起的 12 个月内。

投资者持有的股份未发生变化的情况下，仅因其他投资者持有的股份发生变化而被动成为挂牌公司第一大股东或实际控制人的，不构成收购，挂牌公司自事实发生之日起 2 个转让日内披露第一大股东或实际控制人变更的公告即可。

（四）挂牌公司股票发行导致投资者及其一致行动人达到权益变动披露标准，该投资者应当在挂牌公司披露股票发行情况报告书的同时披露权益变动报告书

如投资者及其一致行动人没有认购挂牌公司发行的股份，仅因其他认购人参与认购导致其持股比例被动变化达到权益变动披露标准的，无须披露权益变动报告书。

（五）投资者与挂牌公司签订股票发行的认购协议等合同，不构成协议收购，不适用协议收购过渡期的相关规定

第三节　要约收购

一、要约收购的分类

投资者可以向被收购公司所有股东发出收购其所持有的全部股份的要约（以下简称全面要约），也可以向被收购公司所有股东发出收购其所持有的部分股份的要约(以下简称部分要约)。

收购人自愿以要约方式收购公众公司股份的,其预定收购的股份比例不得低于该公众公司已发行股份的5%。公众公司应当在公司章程中约定在公司被收购时收购人是否需要向公司全体股东发出全面要约收购,并明确全面要约收购的触发条件以及相应制度安排。收购人根据被收购公司章程规定需要向公司全体股东发出全面要约收购的,对同一种类股票的要约价格,不得低于要约收购报告书披露日前6个月内取得该种股票所支付的最高价格。

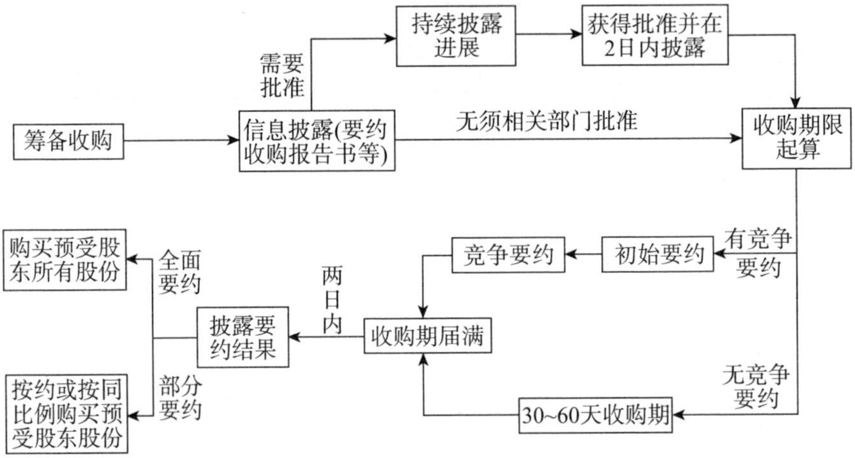

图8-3　要约收购流程

二、支付要求

收购人可以采用现金、证券、现金与证券相结合等合法方式支付收购公众公司的价款。收购人聘请的财务顾问应当说明收购人具备要约收购的能力。收购人应当在披露要约收购报告书的同时,提供以下至少一项安排保证其具备履约能力:

(1)将不少于收购价款总额的20%作为履约保证金存入中国证券登记结算有限责任公司指定的银行等金融机构;收购人以在中国证券登记结算有限责任公司登记的证券支付收购价款的,在披露要约收购报告书的同时,将用于支付的全部证券向中国证券登记结算有限责任公司申请办理权属变更或锁定。

(2)银行等金融机构对于要约收购所需价款出具的保函。

(3)财务顾问出具承担连带担保责任的书面承诺。如要约期满,收购人不支付收购价款,财务顾问应当承担连带责任,并进行支付。

收购人以证券支付收购价款的，应当披露该证券的发行人最近2年经审计的财务会计报表、证券估值报告，并配合被收购公司或其聘请的独立财务顾问的尽职调查工作。收购人以未在中国证券登记结算有限责任公司登记的证券支付收购价款的，必须同时提供现金方式供被收购公司的股东选择，并详细披露相关证券的保管、送达被收购公司股东的方式和程序安排。

三、收购期限

收购要约约定的收购期限不得少于30日，并不得超过60日；但是，出现竞争要约的除外。

收购期限自要约收购报告书披露之日起开始计算。要约收购需要取得国家相关部门批准的，收购人应将取得的本次收购的批准情况连同律师出具的专项核查意见一并在取得全部批准后2日内披露，收购期限自披露之日起开始计算。

1. 收购期限注意事项

在收购要约约定的承诺期限内，收购人不得撤销其收购要约。采取要约收购方式的，收购人披露后至收购期限届满前，不得卖出被收购公司的股票，也不得采取要约规定以外的形式和超出要约的条件买入被收购公司的股票。在要约收购期间，被收购公司董事不得辞职。同意接受收购要约的股东（以下简称预受股东），应当委托证券公司办理预受司的凤要约的相关手续。

变更收购要约，收购人需要变更收购要约的，应当重新编制并披露要约收购报告书，报送全国股份转让系统，同时通知被收购公司。变更后的要约收购价格不得低于变更前的要约收购价格。收购要约期限届满前15日内，收购人不得变更收购要约；但是出现竞争要约的除外。

2. 竞争要约

出现竞争要约时，发出初始要约的收购人变更收购要约距初始要约收购期限届满不足15日的，应当延长收购期限，延长后的要约期应当不少于15日，不得超过最后一个竞争要约的期满日，并按规定比例追加履约保证能力。

发出竞争要约的收购人最迟不得晚于初始要约收购期限届满前15日披露要约收购报告书，并应当根据本办法的规定履行披露义务。

3. 披露义务

在要约收购期限届满前2日内，预受股东不得撤回其对要约的接受。在要约收购期限内，收购人应当每日披露已预受收购要约的股份数量。在要约收购期限届满后2日内，收购人应当披露本次要约收购的结果。

收购期限届满,发出部分要约的收购人应当按照收购要约约定的条件购买被收购公司股东预受的股份,预受要约股份的数量超过预定收购数量时,收购人应当按照同等比例收购预受要约的股份;发出全面要约的收购人应当购买被收购公司股东预受的全部股份。

第四节　股份特定事项协议转让

一、适用范围

指转让双方因收购及股东权益变动、存在控制关系、引进战略投资者等特定事项达成转让协议,向全国股转公司和中国结算提出书面申请,经全国股转公司确认后由转让双方到中国结算办理过户登记的转让方式。

挂牌公司股份转让具有下列情形之一的,可以向全国股转公司和中国结算申请办理特定事项协议转让手续:

(1)与挂牌公司收购及股东权益变动相关,且单个受让方受让的股份数量不低于公司总股本5%的股份转让;

(2)转让双方存在实际控制关系,或均受同一控制人所控制的;

(3)外国投资者战略投资挂牌公司所涉及的股份转让;

(4)按照挂牌公司披露的通过备案或审查的《公开转让说明书》《股票发行情况报告书》《重大资产重组报告书》等文件中股东间业绩承诺及补偿等特殊条款,特定投资者之间以事先约定的价格进行的股份转让;

(5)行政划转挂牌公司股份;

(6)全国股转公司和中国结算认定的其他情形。

按照第(1)至(3)项所述情形的股份转让,转让价格应当不低于转让协议签署日该股票前收盘价的50%或当日最低成交价中的较低者。股票无收盘价的,转让价格应当符合全国股转系统的有关规定。法律、行政法规、部门规章、规范性文件及全国股转系统业务规则等另有规定的除外。若第(1)至(2)项转让价格低于最近一期经审计的每股净资产或协议签署日股票无收盘价的,挂牌公司持续督导券商对本次转定价方法、定价依据的合理性出具的专项意见;若第(2)项律师事务所就转让双方是否存在实际控制关系或均受同一控制人所控制出具的法律意见书;

拟转让股份应当为无限售条件流通股,法律、行政法规、部门规章、规范性文件及全国股转公司业务规则等另有规定的除外。

二、申请文件要求

股份持有人拟转让其持有的股份，应当向中国结算提出查询拟转让股份持有状况的申请，并提交以下文件：

(1)股份查询申请表；

(2)股份持有人有效身份证明文件及复印件；

(3)中国结算要求提交的其他文件。

中国结算对前述股份查询的申请材料进行形式审核，符合要求的，予以查询，并出具持有证明文件。

股份转让协议达成后，股份转让双方应向全国股转公司申请确认其股份转让合规性，并提交以下文件：

(1)股份转让确认申请表；

(2)股份转让协议正本；

(3)股份转让双方有效身份证明文件及复印件；

(4)中国结算出具的拟转让股份的持有证明文件；

(5)全国股转公司要求提交的其他文件。

全国股转公司对股份转让申请材料进行形式审核，自受理股份转让确认申请后的3个转让日内做出是否予以确认的决定。需要相关当事人补充文件的，补充文件的时间不计算在审核时限内。取得全国股转公司对股份转让的确认文件后，股份转让双方应向中国结算申请办理股份转让过户登记，并提交以下文件：

(1)股份转让过户登记申请表；

(2)股份转让协议正本；股份转让一方或双方涉及境外法人、境外自然人的，或涉及境内自然人且境内自然人委托他人提交申请的，股份转让协议需要经过公证；

(3)全国股转公司出具的股份转让确认书；

(4)股份转让双方的有效身份证明文件及复印件；

(5)中国结算要求提交的其他文件。

中国结算对过户登记申请材料进行形式审核，审核通过的，于收到过户税费后3个转让日内办理过户登记手续。

股份持有人转让其持有的股份，涉及以下情形的，在办理股份转让确认及过户登记时，还应当向全国股转公司和中国结算提交以下文件：

(1)涉及信息披露的,需提供本次股份转让的公告;

(2)拟转让股份由挂牌公司董事、监事、高级管理人员持有的,或者挂牌公司董事、监事、高级管理人员离职后拟转让股份的,需提供挂牌公司董事会说明本次股份转让不违反限售及公司章程相关规定的证明文件;

(3)转让双方存在实际控制关系,或者均受同一控制人所控制的,需提供可证明上述关系存在的法律文件;

(4)属于挂牌公司收购的,需提供已公告的收购报告书;触发挂牌公司全面要约收购条件的,还应当提供可免于要约收购的相关证明文件或者要约收购结果公告;

(5)涉及国有主体所持股份的,需提供国有资产监督管理机构的批准文件,或符合国有资产监督管理机构相关管理要求的证明文件;

(6)涉及外国投资者对挂牌公司战略投资的,需提供商务主管部门的批准文件,或符合商务主管部门相关管理要求的证明文件;

(7)涉及业绩承诺及补偿等特殊条款的,需提供未能实现特殊条款要求的相关证明文件及中介机构意见;

(8)银行业挂牌公司股东持股变动达到或者超过总股本5%的,需提供银行业监督管理机构的批准文件;

(9)证券业挂牌公司股东持股变动达到或者超过总股本5%的,需提供证券监督管理机构的批准文件;

(10)保险业挂牌公司股东持股变动达到或者超过总股本5%的,需提供保险监督管理机构的批准文件;

(11)其他须经行政审批方可进行的股份转让,需提供有关主管部门的批准文件,申请人为集体所有制的,申请人的权力机构就本次转让出具的证明文件;

(12)自然人转让属于夫妻共同财产的股份的,经公证的配偶同意本次转让的说明。

三、合规性确认

全国股转公司针对以下要求进行合规性确认,所申请的转让应符合以下要求:

(1)转让协议依法生效;

(2)协议双方为自然人或者依法设立并有效存续的法人、其他组织;

(3)受让方符合全国股转系统投资者适当性要求;

(4)协议双方自然人本人、法定代表人、负责人或者其合法授权的代表向全国股转公司提出转让股份的申请;

(5)拟转让股份为无限售条件流通股,法律、行政法规、部门规章、规范性文件及全国股转公司业务规则等另有规定的除外;

(6)依法须经行政审批或备案等方可进行的股份转让,已经取得有关部门的批准文件或其他证明文件;

(7)涉及信息披露的,信息披露义务人已经按照《非上市公众公司收购管理办法》等相关规定履行信息披露义务;

(8)属于《暂行办法》第4条第(1)至(3)项情形的,转让价格不低于协议签署日该股票前收盘价的50%或当日最低成交价中的较低者;转让协议签署日该股票无收盘价的,应当以最近一次发行价格、资产评估报告中的评估价格或最近一期经审计的每股净资产等为参考,合理确定转让价格;

法律、行政法规、部门规章、规范性文件及全国股转系统业务规则等另有规定的除外。

(9)所申请的转让属于以下情形之一:

①与挂牌公司收购及股东权益变动相关,且单个受让方受让的股份数量不低于公司总股本5%的股份转让;

②转让双方存在实际控制关系或均受同一控制人所控制的;

③外国投资者战略投资挂牌公司所涉及的股份转让;

④按照挂牌公司披露的通过备案或审查的《公开转让说明书》《股票发行情况报告书》《重大资产重组报告书》等文件中股东间业绩承诺及补偿等特殊条款,特定投资者之间以事先约定的价格进行的股份转让;

⑤行政划转挂牌公司股份;

⑥全国股转公司和中国结算认定的其他情形。

所申请的转让应不存在以下情形:

(1)拟转让的股份已被质押且质权人未出具书面同意函;

(2)拟转让的股份存在尚未了结的诉讼、仲裁、其他争议或者被司法冻结等权利受限情形;

(3)转让双方或其中一方处于被限制证券账户交易的状态;

(4)本次转让可能导致规避股份限售相关规定,或者存在其他违反法律、行政法规、部门规章、规范性文件或全国股转公司业务规则的情形;

(5)违反股份转让双方作出的关于增持、减持及限售等公开承诺;

(6)协议签署日与提交申请日间隔超过6个月且无行政批准等特殊情形的;

(7)全国股转公司认定的其他情形。

对于符合相关要求的,全国股转公司出具确认意见,并向申请人出具转让经手费收费通知书。

四、缴费与领取确认函

申请人应于全国股转公司出具转让经手费收费通知书后及时缴纳转让经手费,并向我司提供增值税纳税人信息(附件6)。

缴费账户信息如下:

开户名:全国中小企业股份转让系统有限责任公司

开户行:建设银行北京复兴支行

账户号:11001046500053013355

申请人完成缴费后,领取确认函。

确认函的有效期为两个月,申请人逾期未前往中国结算办理过户登记的,应当重新提交转让申请。

转让双方应当按照确认函中载明的转让股份数量一次性办理过户登记。涉及多个出让方或受让方的,全部出让方和受让方应当同时办理股份过户手续,并一次性完成过户登记。转让双方未完成过户登记前,任意一方受到限制证券账户交易的自律监管措施的,中国结算不再办理其过户登记手续。

股份过户登记完成后,全国股转公司公布特定事项协议转让公开信息,内容包括证券代码、证券简称、转让价格、转让数量、转让原因等。

附件1：

全国股转系统挂牌公司股份特定事项协议转让确认申请表

<table>
<tr><td colspan="3">申请股份转让情形</td><td colspan="3">□挂牌公司收购
□股东权益变动
□行政划转
□转让双方存在实际控制关系或均受同一控制人所控制
□外国投资者战略投资挂牌公司所涉及的股份转让
□业绩承诺及补偿等特殊条款的履行
□其他</td></tr>
<tr><td rowspan="5">申请转让股份情况</td><td colspan="2">证券简称</td><td></td><td>证券代码</td><td></td></tr>
<tr><td colspan="2">总股本</td><td></td><td>出让股份数量</td><td></td></tr>
<tr><td colspan="2">转让价格</td><td></td><td>占公司总股本比例</td><td></td></tr>
<tr><td colspan="2">协议签署日前收盘价</td><td></td><td>协议签署日最低成交价</td><td></td></tr>
<tr><td colspan="2">拟转让股份限售状态</td><td colspan="3">□无限售　□全部限售　□部分限售（限售股）</td></tr>
<tr><td rowspan="12">申请人基本情况</td><td rowspan="5">出让人（股份持有人）</td><td>名称</td><td colspan="3"></td></tr>
<tr><td>实体性质</td><td colspan="3">□国有或国有控股企业
□非国有或非国有控股企业
□挂牌公司（离职）董事、监事、高级管理人员
□其他</td></tr>
<tr><td>注册号码/身份证号码</td><td></td><td>证券账户号码</td><td></td></tr>
<tr><td>经办人及身份证号码</td><td></td><td>联系电话</td><td></td></tr>
<tr><td>本次变动前持股比例（直接/间接）</td><td></td><td>本次变动后持股比例（直接/间接）</td><td></td></tr>
<tr><td rowspan="7">受让人</td><td>名称</td><td colspan="3"></td></tr>
<tr><td>实体性质</td><td colspan="3">□境内国有或国有控股企业
□境内非国有或非国有控股企业
□外商（含境内的外商投资性公司、外商投资创业投资企业）
□其他</td></tr>
<tr><td colspan="2">是否可参与挂牌公司股票公开转让</td><td>□是</td><td>□否</td></tr>
<tr><td>注册号码/身份证号码</td><td></td><td>证券账户号码</td><td></td></tr>
<tr><td>经办人及身份证号码</td><td></td><td>联系电话</td><td></td></tr>
<tr><td>本次变动前持股比例（直接/间接）</td><td></td><td>本次变动后持股比例（直接/间接）</td><td></td></tr>
</table>

续表

申请人承诺与签章	申请人已充分知悉并将严格遵守法律、行政法规、部门规章、规范性文件、全国股转公司业务规则等相关规定,承诺所提交股份转让申请材料真实、准确、完整、合法合规,并确认及承诺以下事项: 1. 申请人是否已依法合规地就本次股份变动履行了应尽的信息披露义务 □是 □否 2. 拟转让股份是否存在尚未了结的诉讼、仲裁或者其他争议或者被司法冻结等权利受限情形 □是 □否 3. 本次转让是否存在违反法律法规的情形 □是 □否 4. 本次股份转让是否违背转让双方作出的承诺 □是 □否 5. 本次股份转让是否违反限售及挂牌公司章程相关规定 □是 □否 6. 本次股份转让是否存在办理股份过户登记时仍然不能够消除的法律障碍 □是 □否 7. 拟转让股份是否属于夫妻共同财产 □是 □否 若属于,配偶是否已同意本次转让 □是 □否 8. 拟转让股份是否为此前三个月内通过特定事项协议转让受让的股份 □是 □否 出让人(签章) 受让人(签章) 年 月 日 年 月 日

注:1. 本表格由转让双方填写,并保证所填写内容真实、准确、完整。

2. 自然人签章处应由申请人本人或其授权代表签字,不得使用名章代替;法人、其他组织签章应包含公章及法人代表签字。

3. 转让申请经全国股转公司受理后,相关协议内容发生重大变更的,申请人需撤销该转让申请,撤销一个月后方可再次向全国股转公司提交挂牌公司股份特定事项协议转让确认申请。

附件2:

身份证明文件要求

一、境内法人

1. 营业执照原件及复印件;

2. 法定代表人证明书;

3. 法定代表人身份证明文件复印件;

4. 法定代表人授权委托书;

5. 经办人有效身份证明文件原件及复印件。

二、境内自然人

1. 身份证明文件原件及复印件;

2. 经公证的授权委托书(如委托他人代办);

3. 经办人身份证明文件原件及复印件(如委托他人代办)。

三、境外法人

1. 所在国(地区)有权机关核发的证明境外法人主体资格的证明文件(如该证明文件未包含该法人合法存续内容,还需提供该法人合法存续证明);

2. 授权人签署的授权委托书(关于协议签署以及业务办理的授权);

3. 境外机构或有权机关出具的能够证明授权人有权签署授权委托书的证明文件;

4. 授权人身份证明文件复印件;

5. 经办人身份证明文件原件及复印件。

四、境外自然人

1. 身份证明文件原件及复印件;

境外自然人身份证明文件包括:外国(地区)公民身份证或者护照;有外国(地区)永久居留权的中国公民的永久居留证明及中国护照;台湾居民来往大陆通行证;香港永久性居民身份证、澳门永久性居民身份证。

2. 授权委托书(如委托他人代办);

3. 经办人身份证明文件原件及复印件(如委托他人代办)。

境外主体的身份证明文件、授权委托书以及授权人有权授权的证明文件需要符合以下要求:

外国(地区)申请人提交的文件,需要经过我国驻该国使、领馆认证,或者履行我国与该所在国订立的有关条约中规定的身份证明手续。如投资者所在国(地区)与我国无外交关系,其提供的文件,需要经该国(地区)外交机构或者其授权机构和我国有外交关系国家驻该国(地区)使、领馆认证后,再办理我国驻该第三国使、领馆认证。

香港地区申请人提交的文件,应当经我国司法部委托的相关公证人公证,并盖有中国法律服务(香港)有限公司转递香港公证文书专用章。

澳门地区申请人提交的文件,应当经澳门政府公证部门或我国司法部委托的公证人公证,并经中国法律服务(澳门)公司加盖核验章。

台湾地区申请人提交的文件,应当经台湾地区的公证部门公证,并由台湾海峡交流基金会按照 1993 年《海峡两岸公证书使用查证协议》寄送公证书副本。台湾申请人还应当提交接收台湾公证书的内地公证协会出具的公证书正本与台湾海峡交流基金会寄送该会的副本一致的核对证明。

境外主体提交的申请材料为外文文本的,需同时提供经过有资质的翻译机构的翻译和境内公证。

附件3:

法定代表人证明书
(参考格式)

兹证明,×××(身份证号:××××××××××××××××××)在本公司/×××公司担任×××职务,为本公司法定代表人。

特此证明。

×××公司(盖章)

年　月　日

附件:法定代表人身份证复印件

附件4:

法定代表人授权委托书
(参考格式)

兹授权×××(身份证号:××××××××××××××××××)代表×××公司前往全国中小企业股份转让系统有限责任公司,办理将本公司持有的×××公司(证券代码:××××××)的×××股股份以×元/股的价格转让给×××的确认手续。

授权期限:自　年　月　日至　年　月　日。

×××公司(盖章)

法定代表人(签字):

年　月　日

附件:被授权人身份证复印件

附件5：

××××股份有限公司董事会关于××股份转让的证明文件(参考格式)

全国中小企业股份转让系统有限责任公司：

我们对×××的转让进行了确认，现将相关情况说明如下：

一、本次转让基本情况说明

针对本次转让中具有(或曾具有)挂牌公司董事、监事、高级管理人员身份的转出方××，介绍其当前身份状态及转让的基本情况。

二、对本次转让的确认结果

确认转出方的本次转让行为是否违反《公司法》相关限售规定，是否违反挂牌公司章程中相关规定。

转出方的本次转让是否违反其公开承诺，或违反与挂牌公司实际控制人、董事会等的相关约定。

××××股份有限公司

董事会

年 月 日

附件6：

增值税纳税人信息采集表

是否需要增值税专用发票	□是　　　　□否
纳税人(转让申请人)名称	
纳税人识别号	
注册地址	
办公联系电话	
开户银行	
开户账号	

签章:

年 月 日

备注:

1. 请准确、真实填写上述信息;

2. 自然人无须填写本表;

3. 付款账户名称与纳税人名称不一致时,仅提供增值税普通发票;

4. 纳税人名称应与转让申请人名称一致。

附件一　常见公告模板附件

全国中小企业股份转让系统
临时公告格式模板

第 1 号　挂牌公司关联交易公告格式模板

第 2 号　挂牌公司股票解除限售公告格式模板

第 3 号　挂牌公司召开股东大会通知公告格式模板

第 4 号　挂牌公司股东大会决议公告格式模板

第 5 号　挂牌公司董事、监事及高级管理人员变动公告格式模板

第 6 号　挂牌公司会计政策、会计估计变更公告格式模板

第 7 号　挂牌公司涉及诉讼、仲裁及其进展公告格式模板

第 8 号　挂牌公司澄清公告格式模板

第 9 号　挂牌公司对外提供担保公告格式模板

第 10 号　挂牌公司收购、出售资产公告格式模板

第 11 号　挂牌公司对外(委托)投资公告格式模板

第 12 号　挂牌公司主营业务变更公告格式模板

第 13 号　挂牌公司股权质押、司法冻结公告格式模板

第 14 号　挂牌公司会计师事务所变更公告格式模板

第 15 号　挂牌公司业绩快报公告模板

第 16 号　挂牌公司业绩快报修正公告模板

第 17 号　挂牌公司业绩预告公告格式模板

第 18 号　挂牌公司业绩预告修正公告格式模板

第 19 号　挂牌公司前期会计差错更正公告

第20号　挂牌公司董事会决议公告格式模板
第21号　挂牌公司监事会决议公告格式模板
第22号　挂牌公司修订《公司章程》公告格式模板
第23号　挂牌公司治理制度模板
第24号　挂牌公司权益分派预案公告格式模板
第25号　挂牌公司权益分派实施公告格式模板
第26号　新增股份在全国股份转让系统挂牌并公开转让的公告格式模板
第27号　挂牌公司变更持续督导主办券商公告格式模板
第28号　挂牌公司关于变更股票转让方式的提示性公告格式模板
第29号　挂牌公司或关联方收到行政处罚或自律监管措施的公告格式模板
第30号　挂牌公司关于申请股票首次公开发行并上市及其进展公告格式模板
第31号　权益变动报告书公告格式模板
第32号　挂牌公司第一大股东、控股股东、实际控制人及其一致行动人变更公告模板
第33号　挂牌公司及其关联方被纳入失信联合惩戒对象的公告格式模板
第34号　关于承诺事项新增情形及其履行进展的公告格式模板

第1号 挂牌公司关联交易公告格式模板

证券代码： 证券简称： 主办券商： 公告编号：

××××股份有限公司关联交易公告

本公司及董事会全体成员保证公告内容不存在虚假记载、误导性陈述或者重大遗漏，并对其内容的真实、准确和完整承担个别及连带责任。 董事×××、×××因 （具体和明确的理由）不能保证公告内容真实、准确、完整。

一、关联交易概述

（一）挂牌公司应当扼要阐明本次关联交易（超出预计金额的日常性关联交易应特别说明）的主要内容，包括协议的签署时间、地点等，交易各方当事人的姓名或名称，交易方式，交易标的等情况。

（二）公司应当披露董事会审议关联交易的表决情况，关联董事回避表决的情况；对于需要提交股东大会审议的关联交易，应在公告中明确载明“此项交易尚须股东大会的批准”。

（三）公司还应明确说明本次关联交易是否需要经过有关部门批准。

二、关联方基本情况

（一）关联方的基本情况，包括姓名或名称、住所、注册地址、企业类型、法定代表人、实际控制人、主营业务等。

（二）构成何种具体关联关系。

（三）全国股转公司规定的其他内容。

三、交易的定价政策、定价依据及公允性

挂牌公司应披露定价依据、定价政策以及其他影响本次交易定价的特殊事项，说明本次交易定价的公允性。若成交价格与市场价格差异较大的，应说明原因及合理性。

四、交易协议的主要内容

交易协议的成交金额、支付方式、支付期限；协议的生效时间以及有效期限，交易协议生效存在附条件或期限等，应当予以特别说明。协议未签署的，可暂缓披露与协议有关的未定事项，在签署后补充披露，并明确说明本次交易协议尚未签署，待签署后将补充披露相关内容。

五、关联交易的目的以及对挂牌公司的影响

进行此次关联交易的目的和必要性;尽可能量化阐述本次关联交易对挂牌公司财务状况和经营成果所产生的影响。

对超出预计金额的日常性关联交易,还需披露超出的累计金额及超出预计金额的原因。

六、备查文件目录

(一)董事会决议;

(二)意向书、协议或合同(如有)。

(三)其他所需文件。

××××股份有限公司董事会

××××年××月××日

备注:

1. 挂牌公司关联交易达到《信息披露细则》规定的披露标准的,即超出预计金额的日常性关联交易及除日常性关联交易之外的其他关联交易,适用本模板。

2. 关联交易达到重大资产重组标准的,不适用本模板,应按照重大资产重组的规定进行披露。

3. 挂牌公司应当披露的关联交易事项同时为重大事件的,应当按照重大事件公告格式模板披露,无具体格式模板的,应当按照本模板披露。

公告编号：

证券代码：　　　　　　证券简称：　　　　　　主办券商：

（　　）股份有限公司关联交易公告

本公司及董事会全体成员保证公告内容的真实、准确和完整，没有虚假记载、误导性陈述或者重大遗漏，并对其内容的真实性、准确性和完整性承担个别及连带法律责任。 董事（　　）因（　　）不能保证公告内容真实、准确、完整（如适用）。

一、关联交易概述

（一）关联交易概述

本次关联交易是（超出预计金额的日常性关联交易/偶发性关联交易）。

挂牌公司应当扼要阐明本次关联交易的主要内容，包括协议的签署时间、地点等（如未签署可暂不披露），交易各方当事人的姓名或名称，交易方式（现金、股权等），交易标的情况等。

（二）表决和审议情况

董事会审议关联交易的表决情况、关联董事回避表决的情况；对于需要提交股东大会审议的关联交易，应在公告中明确载明“此项交易尚须股东大会的批准”。

（三）本次关联交易（存在/不存在）需经有关部门批准的情况

如存在，还需说明涉及的部门、所需批准的内容、进展等情况。

二、关联方基本情况

（一）关联方基本情况

1. 法人及其他经济组织

名称：（　　）

住所：（　　）

注册地址：（　　）

企业类型：（　　）

法定代表人（如适用）：（　　）

实际控制人：（　　）

注册资本：（　　）

主营业务：（　　）

2. 自然人

姓名:(　　)

住所:(　　)

(二)关联关系

构成何种具体关联关系。

三、交易的定价政策、定价依据及公允性

(一)定价政策和定价依据

定价依据、定价政策以及其他影响本次交易定价的特殊事项,说明本次交易定价的公允性。

(二)成交价格与市场价格差异较大的原因及合理性(如适用)

若成交价格与市场价格差异较大的,应说明原因及合理性。

四、交易协议的主要内容

交易协议的成交金额、支付方式(现金、股权等)、支付期限或分期付款的安排;协议的生效时间以及有效期限;交易协议生效存在附条件或期限等,应当予以特别说明。协议未签署的,可暂缓披露与协议有关的未定事项,在签署后补充披露,并在此处明确说明"本次交易协议尚未签署,待签署后将补充披露相关内容"。

五、关联交易的目的及对公司的影响

(一)目的和对公司的影响

说明此次关联交易的目的、必要性,并尽可能量化阐述本次关联交易对挂牌公司财务状况和经营成果所产生的影响。

(二)超出的累计金额及超出预计金额的原因(如适用)

对于超出预计金额的日常性关联交易,需披露超出的累计金额及超出预计金额的原因。

六、其他事项(如有)

公司自愿说明或全国股份转让系统公司规定的其他事项。

七、备查文件目录

(一)董事会决议;

（二）意向书、协议或合同（如有）；

（三）其他所需文件（如有）。

（　　）股份有限公司董事会

（年/月/日）

第2号　挂牌公司股票解除限售公告格式模板

证券代码：　证券简称：　主办券商：　公告编号：

××××股份有限公司股票解除限售公告

本公司及董事会全体成员保证公告内容不存在任何虚假记载、误导性陈述或者重大遗漏，并对其内容的真实、准确和完整承担个别及连带责任。 董事×××、×××因　（具体和明确的理由）不能保证公告内容真实、准确、完整。

一、本批次股票解除限售数量总额及占公司总股本的比例、可转让时间。如公司近期办理过新增股份登记的，公司总股本以新增股份登记后的总股本为准

二、本次股票解除限售的明细情况及原因

单位：股

序号	股东姓名或名称	是否为控股股东、实际控制人或其一致行动人	董事、监事、高级管理人员任职情况	本次解限售原因	本次解除限售登记股票数量	本次解除限售股数占公司总股本比例	尚未解除限售的股票数量
1				□A 挂牌前股份批次解除限售 □B 董事、监事、高级管理人员每年解除限售 □C 离职董事、监事、高级管理人员解除限售 □D 自愿限售解除限售			
2							
3							
合计							

如为自愿限售股份解除限售，应说明自愿限售约定内容，本次解除限售原因，是否提前解除限售，其他特别情况等。

三、本次股票解除限售后的股本情况

股份性质		数 量	百分比(%)
无限售条件的股份			
有限售条件的股份	1. 高管股份		
	2. 个人或基金		
	3. 其他法人		
	4. 其他		
	有限售条件股份合计		
总股本			

注:如公司近期办理过新增股份登记的,公司总股本以新增股份登记后的总股本为准。

四、其他情况

(一)申请解除限售的股东是否存在尚未履约的承诺。

(二)是否存在申请解除限售的股东对挂牌公司的非经营性资金占用情形。

(三)是否存在挂牌公司对申请解除限售的股东的违规担保等损害挂牌公司利益行为的情况。

(四)在本批次解除限售的股票中,是否存在挂牌公司、挂牌公司股东约定、承诺的限售股份;如存在,挂牌公司、相关股东应做出继续履行约定、承诺限售义务的声明。

××××股份有限公司董事会

××××年××月××日

公告编号:

证券代码:　　　　　　证券简称:　　　　　　主办券商:

(　　)股份有限公司股票解除限售公告

本公司及董事会全体成员保证公告内容的真实、准确和完整,没有虚假记载、误导性陈述或者重大遗漏,并对其内容的真实性、准确性和完整性承担个别及连带法律责任。 董事(　　)因(　　)不能保证公告内容真实、准确、完整(如适用)。

一、本次股票解除限售数量总额为(　　)股,占公司总股本(　　),可转让时间为(　　)

二、本次股票解除限售的明细情况及原因

单位:股

序号	股东姓名或名称	是否为控股股东、实际控制人或其一致行动人	董事、监事、高级管理人员任职情况	本次解限售原因	本次解除限售登记股票数量	本次解除限售股数占公司总股本比例	尚未解除限售的股票数量
1				□A 挂牌前股份批次解除限售 □B 董事、监事、高级管理人员每年解除限售 □C 离职董事、监事、高级管理人员解除限售 □D 自愿限售解除限售			
2							
3							
合计							

如为自愿限售股份解除限售,应说明自愿限售约定内容,本次解除限售原因,是否提前解除限售,其他特别情况等。

三、本次股票解除限售后的股本情况

股份性质		数 量	百分比(%)
无限售条件的股份			
有限售条件的股份	1. 高管股份		
	2. 个人或基金		
	3. 其他法人		
	4. 其他		
	有限售条件股份合计		
总股本			

四、其他情况

(一)申请解除限售的股东(存在/不存在)尚未履约的承诺

若存在,请具体说明。

(二)(存在/不存在)申请解除限售的股东对挂牌公司的非经营性资金占用情形

若存在,请具体说明。

(三)(存在/不存在)挂牌公司对申请解除限售的股东的违规担保等损害挂牌公司利益行为的情况

若存在,请具体说明。

(四)在本次解除限售的股票中,(存在/不存在)挂牌公司、挂牌公司股东约定、承诺的限售股份

若存在,说明承诺事项,以及挂牌公司、相关股东应作出继续履行约定、承诺限售义务的声明。

(　　)股份有限公司董事会

(年/月/日)

第3号　挂牌公司召开股东大会通知公告格式模板

证券代码：　证券简称：　主办券商：　公告编号：

××××股份有限公司关于
召开×年第×次临时/年度股东大会通知公告

本公司及董事会全体成员保证公告内容不存在任何虚假记载、误导性陈述或者重大遗漏，并对其内容的真实、准确和完整承担个别及连带责任。 董事×××、×××因　　(具体和明确的理由)不能保证公告内容真实、准确、完整。

一、召开会议基本情况

(一)股东大会届次。说明本次股东大会是年度股东大会或临时股东大会。召开临时股东大会的，还应说明本次股东大会为年度内第几次临时股东大会。

(二)召集人。说明本次股东大会的召集人。

(三)说明会议召开的合法、合规性。召集人就本次股东大会会议召开是否符合有关法律、行政法规、部门规章、规范性文件和公司章程的说明。说明会议召开是否还需相关部门批准或履行必要程序(如有)。

(四)会议召开日期和时间。列明现场会议召开日期和时间。涉及其他方式投票的，应详细说明投票的具体时间。

(五)会议召开方式。列明现场、通信等方式。采取多种会议召开方式的，需明确公司股东应选择现场投票或其他表决方式的一种方式，如果同一表决权出现重复投票表决的，以第一次投票表决结果为准。

(六)出席对象。

1. 在股权登记日持有公司股份的股东。应当明确股东大会的股权登记日，并说明于股权登记日下午收市时在中国结算登记在册的公司全体股东均有权出席股东大会(同时说明在股权登记日买入证券的投资者享有此权利，在股权登记日卖出证券的投资者不享有此权利)，并可以书面形式委托代理人出席会议、参加表决，该股东代理人不必是本公司股东。

2. 本公司董事、监事、高级管理人员及信息披露事务负责人。

3. 本公司聘请的律师(如有)。

（七）会议地点。召开方式为现场形式的，应当列明现场会议的地点。

二、会议审议事项

（一）逐一列明需提交股东大会审议的议案，涉及特别议案的，应当注明。

（二）介绍所有议案的具体内容。如果有关内容已经披露的，应说明披露时间、披露媒体和公告名称。

三、会议登记方法

（一）说明登记方式、登记时间和登记地点。

（二）对受委托行使表决权人需登记，并明确表决时需要提交的文件要求。

四、其他

主要说明会议联系方式和会议费用情况。

五、备查文件目录

（一）提议召开本次股东大会的董事会决议或股东提案证明等；

（二）有助于股东决策的其他资料；

（三）其他所需文件。

××××股份有限公司董事会（或其他召集人）

××××年××月××日

附件：

授权委托书

授权委托书应当包括委托人基本信息，包括但不限于委托人姓名（或法人股东单位名称）、身份证号码（或法人股东营业执照号码）、法人股东的法定代表人、股东账户、持股数量；受托人基本信息，包括但不限于受托人姓名、身份证号码；委托权限和委托日期。授权委托书需由委托人签字（法人股东加盖公章，法定代表人签字）。

公告编号:

证券代码:　　　　证券简称:　　　　主办券商:

(　　)股份有限公司关于召开(　　)年第(　　)次临时/年度股东大会通知公告

本公司及董事会全体成员保证公告内容的真实、准确和完整,没有虚假记载、误导性陈述或者重大遗漏,并对其内容的真实性、准确性和完整性承担个别及连带法律责任。 董事(　　)因(　　)不能保证公告内容真实、准确、完整(如适用)。

一、会议召开基本情况

(一)股东大会届次

本次会议为(　　)年第(　　)次临时股东大会/本次会议为(　　)年年度股东大会。

(二)召集人

本次股东大会的召集人为(　　)。

(三)会议召开的合法性、合规性

召集人就本次股东大会会议召开是否符合有关法律、行政法规、部门规章、规范性文件和公司章程的说明。说明会议召开是否还需相关部门批准或履行必要程序。

(四)会议召开日期和时间

本次会议召开时间:(　　)年(　　)月(　　)日(具体到时分)。

预计会期(　　)天。

如果涉及以其他方式投票的,详细说明投票的具体时间(如适用)。

(五)会议召开方式

本次会议采用(现场/网络/通信等)方式召开。

采取多种会议召开方式的,需明确公司股东应选择现场投票或其他表决方式的一种方式,如果同一表决权出现重复投票表决的,以第一次投票表决结果为准(如适用)。

(六)出席对象

1.股权登记日持有公司股份的股东。

本次股东大会的股权登记日为(　　)年(　　)月(　　)日,股权登记日下午收市时在中国结算登记在册的公司全体股东均有权出席股东大会(在股权登记日买入证券的投资者享有此权利,在股权登记日卖出证券的投资者不享有此权利),股东可以书面形式委托代理人出席会议、参加表决,该股东代理人不必是本公司股东。

2. 本公司董事、监事、高级管理人员及信息披露事务负责人。

3. 本公司聘请的(　　)律师事务所(　　)律师(如有)。

(七)会议地点

二、会议审议事项

(一)审议(　　)议案

介绍议案(涉及特别议案应注明)的具体内容,如果有关内容已经披露的,应说明披露时间、披露媒体和公告名称及相关链接。

(二)审议(　　)议案

介绍议案(涉及特别议案应注明)的具体内容,如果有关内容已经披露的,应说明披露时间、披露媒体和公告名称及相关链接。

……

三、会议登记方法

(一)登记方式

(二)登记时间(年/月/日/具体时分):(　　)

(三)登记地点:(　　)

四、其他

(一)会议联系方式:(　　)

(二)会议费用:(　　)

(三)临时提案(如有):(　　)

五、备查文件目录

(一)提议召开本次股东大会的董事会决议或股东提案证明(如有)等。

(二)有助于股东决策的其他资料(如有)。

(三)其他所需文件(如有)。

(　　)股份有限公司董事会

(年/月/日)

第4号　挂牌公司股东大会决议公告格式模板

证券代码：　　证券简称：　　主办券商：　　公告编号：

××××股份有限公司×年第×次临时/年度股东大会决议公告

本公司及董事会全体成员保证公告内容不存在任何虚假记载、误导性陈述或者重大遗漏，并对其内容的真实、准确和完整承担个别及连带责任。 董事×××、×××因　　（具体和明确的理由）不能保证公告内容真实、准确、完整。

一、会议召开和出席情况

（一）会议召开的时间、地点、方式、召集人和主持人是否符合有关法律、行政法规、部门规章、规范性文件和公司章程的说明。

（二）出席会议的股东及股东授权委托代表人数，代表公司股份数量，占公司有表决权股份总数的比例。

二、议案审议情况

逐一披露每项议案的表决结果。披露每项议案同意、反对、弃权的股份数占出席本次股东大会有效表决权股份总数的比例以及议案是否获得通过。涉及逐项表决的议案，披露逐项表决的结果；涉及特别议案的，应予以强调；涉及关联交易事项的，应当说明根据公司章程执行的回避表决情况。

三、律师见证情况（如有）

说明见证股东大会的律师事务所名称和律师姓名，出具的结论性意见。

若股东大会出现否决议案的，应全文披露法律意见书的内容。法律意见书的具体内容应包括就本次股东大会的召集、召开程序的合法性、出席会议人员和召集人资格的合法有效性以及表决程序和表决结果的合法有效性。

四、备查文件目录

（一）经与会董事和记录人签字确认的股东大会决议；

（二）法律意见书（如有）；

（三）其他所需文件。

××××股份有限公司董事会

××××年××月××日

公告编号:

证券代码:　　　　证券简称:　　　　主办券商:

(　　)股份有限公司(　　)年第(　　)次临时/年度股东大会决议公告

> 本公司及董事会全体成员保证公告内容的真实、准确和完整,没有虚假记载、误导性陈述或者重大遗漏,并对其内容的真实性、准确性和完整性承担个别及连带法律责任。
>
> 董事(　　)因(　　)不能保证公告内容真实、准确、完整(如适用)。

一、会议召开和出席情况

(一)会议召开情况

1. 会议召开时间(年/月/日):(　　)

2. 会议召开地点:(　　)

3. 会议召开方式:(　　)

4. 会议召集人:(　　)

5. 会议主持人:(　　)

6. 召开情况合法、合规、合章程性说明:

> 从会议召集、召开、议案审议程序等方面是否符合有关法律、行政法规、部门规章、规范性文件和《公司章程》的规定进行说明。

(二)会议出席情况

出席和授权出席本次股东大会的股东共(　　)人,持有表决权的股份总数(　　)股,占公司有表决权股份总数的(　%)。

二、议案审议情况

(一)(审议通过/否决)(　　)议案

1. 议案内容

> 议案内容,如果有关内容已经披露的,应说明披露时间、披露媒体和公告名称及相关链接等;涉及特别议案的,应予以强调。

2. 议案表决结果

同意股数(　　)股,占本次股东大会有表决权股份总数的(　　);反对股数(　　)股,占本次股东大会有表决权股份总数的(　　);弃权股数(　　)股,占本次股东大会有表决权股份总数的(　　)。

3. 回避表决情况

涉及关联交易事项的,应当说明根据公司章程执行的回避表决情况。不涉及关联交易事项的也应明确说明不涉及关联交易事项。

(二)(审议通过/否决)(　　)议案

1. 议案内容

议案内容,如果有关内容已经披露的,应说明披露时间、披露媒体和公告名称及相关链接等;涉及特别议案的,应予以强调。

2. 议案表决结果

同意股数(　　)股,占本次股东大会有表决权股份总数的(　　);反对股数(　　)股,占本次股东大会有表决权股份总数的(　　);弃权股数(　　)股,占本次股东大会有表决权股份总数的(　　)。

3. 回避表决情况

涉及关联交易事项的,应当说明根据公司章程执行的回避表决情况。不涉及关联交易事项的也应明确说明不涉及关联交易事项。

……

三、律师见证情况(如有)

(一)律师事务所名称:(　　)

(二)律师姓名:(　　)

(三)结论性意见:

四、备查文件目录

(一)经与会董事和记录人签字确认的股东大会决议;

(二)法律意见书(如有);

(三)其他所需文件(如有)。

(　　)股份有限公司董事会

(年/月/日)

第5号　挂牌公司董事、监事及高级管理人员变动公告格式模板

证券代码：　　证券简称：　　主办券商：　　公告编号：

××××股份有限公司董事、监事及高级管理人员变动①公告

本公司及董事会全体成员保证公告内容不存在任何虚假记载、误导性陈述或者重大遗漏，并对其内容的真实、准确和完整承担个别及连带责任。 董事×××、×××因　　(具体和明确的理由)不能保证公告内容真实、准确、完整。

一、任免情形

说明公司董事会、监事会等关于任免公司董事、监事及高级管理人员的表决情况；被任免当事人的基本情况及持股情况，分管财务工作或核心业务的高级管理人员还需特别说明；任免原因；新任董事、监事、高级管理人员履历，是否为失信联合惩戒对象；董事、监事被免职后是否存在导致董事会、监事会低于法定人数的情况、公司对岗位空缺后的后续安排，以及上述人员的任免对公司产生的影响等。

二、辞职或离职情形

说明公司或公司董事会、监事会收到董事、监事、高级管理人员辞职申请的时间和方式、辞职原因；辞职或离职人员的基本情况和持股情况，以及辞职或离职后在公司任职的情况，分管财务工作或核心业务的高级管理人员还需特别说明；董事、监事辞职或离职后是否存在导致董事会、监事会低于法定人数的情况、公司对岗位空缺后的后续安排，以及辞职或离职对公司产生的影响等。

三、换届情形

说明公司董事会、监事会等关于公司董事、监事及高级管理人员的换届表决情况；换届当事人的基本情况及持股情况，分管财务工作或核心业务的高级管理人员还需特别说明；首次任命的董监高履历；换届后董事、监事、高级管理人员是否为失信联合惩戒对象以及换届对公司产生的影响等。

四、备查文件目录

(一)董事会关于任免董事长/高级管理人员的决议(如有)；

① 挂牌公司董事、监事及高级管理人员的变动包括任免与辞职情形。

(二)监事会关于任免监事会主席的决议(如有);

(三)职工代表大会关于任免职工代表董事/职工代表监事的决议(如有);

(四)股东大会关于任免董事、监事的决议(如有)。

××××股份有限公司董事会

××××年××月××日

公告编号:

证券代码:　　　　　　证券简称:　　　　　　主办券商:

(　　)股份有限公司(董事/监事/高级管理人员)(辞职/离职)公告

(董监高辞职/离职情况下适用本模板)

本公司及董事会全体成员保证公告内容的真实、准确和完整,没有虚假记载、误导性陈述或者重大遗漏,并对其内容的真实性、准确性和完整性承担个别及连带法律责任。 董事(　　)因(　　)不能保证公告内容真实、准确、完整(如适用)。

一、辞职/离职董监高的基本情况

(一)基本情况

(适用于辞职情形)

本公司董事会/监事会于(年/月/日)收到董事/独立董事/职工代表董事/董事长/监事/职工代表监事/监事会主席/总经理/分管×××的副总经理①/财务负责人/董事会秘书/其他职务(姓名)递交的辞职报告,[(年/月/日)/其他情形]起辞职生效。上述辞职人员持有公司股份(　　)股,占公司股本的(　　)。(姓名)辞职后不再担任公司其他职务/继续担任(职务名称)职务。

(适用于离职情形)

本公司董事/独立董事/职工代表董事/董事长/监事/职工代表监事/监事会主席/总经理/分管×××的副总经理/财务负责人/董事会秘书/其他职务(姓名)因(　　),自(年/月/日)起不再担任董事/独立董事/职工代表董事/董事长/监事/职工代表监事/监事会主席/总经理/分管×××的副总经理/财务负责人/董事会秘书/其他职务。上述离职人员持有公司股份(　　)股,占公司股本的(　　)。(姓名)离职后不再担任公司其他职务/继续担任(职务名称)职务。

本次辞职/离职董监高是否涉及董秘变动:□是　□否

(二)辞职/离职原因

二、上述人员的辞职/离职对公司产生的影响

(姓名)的(辞职/离职)(导致/未导致)公司董事会/监事会成员人数低于法

① 如果该副总经理分管财务或者核心业务的,应特别说明。

定最低人数。

如导致低于法定人数,还应说明按照《公司法》及《公司章程》规定的后续安排。

对公司生产、经营上的影响

在职期间分管的部门/事项或职责,对公司生产、经营上的影响,新任上任前的安排等。

三、备查文件

公司董事、监事及高级管理人员辞呈。

(　　)股份有限公司董事会

(年/月/日)

公告编号:

证券代码:　　　　证券简称:　　　　主办券商:

(　　)股份有限公司(董事/监事/高级管理人员)(任命/免职/任免)公告

(董监高任免情况下适用本模板)

本公司及董事会全体成员保证公告内容的真实、准确和完整,没有虚假记载、误导性陈述或者重大遗漏,并对其内容的真实性、准确性和完整性承担个别及连带法律责任。 董事(　　)因(　　)不能保证公告内容真实、准确、完整(如适用)。

一、任免基本情况

(一)任免的基本情况

根据《公司法》及公司章程的有关规定,公司[第(　　)届/(　　)年]董事会/监事会/职工代表大会第(　　)次会议于(年/月/日)审议并通过:

任命/提名/选举(姓名)为公司董事/独立董事/职工代表董事/董事长/监事/职工代表监事/监事会主席/总经理/分管×××的副总经理/财务负责人/董事会秘书/其他职务,任职期限(　　)年,自(年/月/日)起至(年/月/日)/自(　　)股东大会决议之日起生效/其他情形。

免去(姓名)的董事/独立董事/职工代表董事/董事长/监事/职工代表监事/监事会主席/总经理/分管×××的副总经理/财务负责人/董事会秘书/其他职务,自(年/月/日)起生效/自(　　)股东大会决议之日起生效/其他情形。

本次会议召开(　　)日前以(　　)方式通知全体董事/监事/职工代表,实际到会董事/监事/职工代表(　　)人,会议由(　　)主持。

本次任免(尚需/不需)提交股东大会审议。

本次任免是否涉及董秘变动:□是　□否

(二)被任免董监高人员情况

被(任命/提名/选举/免职)董事/独立董事/职工代表董事/董事长/监事/职工代表监事/监事会主席/总经理/分管×××的副总经理/财务负责人/董事会秘书/其他职务(姓名)持有公司股份(　　)股,占公司股本的(　%)。(是/不是)失信联合惩戒对象。

(三)任命/免职原因

（四）新任董监高人员履历

二、任免对公司产生的影响

（姓名）的免职（导致/未导致）公司董事会/监事会成员人数低于法定最低人数（如适用）。

如导致低于法定人数，还应说明按照《公司法》及《公司章程》规定的后续安排。

任免对公司生产、经营的影响：

被免职人员在职期间分管的部门/事项，或职责；对公司生产、经营上的影响；新任上任前的安排等。

三、备查文件

（一）董事会关于任免董事长/高级管理人员的决议（如有）；

（二）监事会关于任免监事会主席的决议（如有）；

（三）职工代表大会关于任免职工代表董事/职工代表监事的决议（如有）；

（四）股东大会关于任免董事、监事的决议（如有）。

（　　）股份有限公司董事会

（年/月/日）

公告编号:

证券代码:　　　　　　证券简称:　　　　　　主办券商:

(　　)股份有限公司(董事/监事/高级管理人员)换届公告

(董监高换届情况下适用本模板)

本公司及董事会全体成员保证公告内容的真实、准确和完整,没有虚假记载、误导性陈述或者重大遗漏,并对其内容的真实性、准确性和完整性承担个别及连带法律责任。 董事(　　)因(　　)不能保证公告内容真实、准确、完整(如适用)。

一、换届基本情况

(一)换届的基本情况

根据《公司法》及公司章程的有关规定,公司[第(　　)届/(　　)年]董事会/监事会/职工代表大会第(　　)次会议于(年/月/日)审议并通过:任命/提名/选举(姓名)为公司董事/独立董事/职工代表董事/董事长/监事/职工代表监事/监事会主席/总经理/分管×××的副总经理/财务负责人/董事会秘书/其他职务,任职期限(　　)年,自(年/月/日)起至(年/月/日)/自(　　)股东大会决议之日起生效/其他情形。

本次会议召开(　　)日前以(　　)方式通知全体董事/监事/职工代表,实际到会董事/监事/职工代表(　　)人,会议由(　　)主持。

本次换届(尚需/不需)提交股东大会审议。

本次换届是否涉及董秘变动:□是　□否

(二)换届后董监高人员情况

董事/独立董事/职工代表董事/董事长/监事/职工代表监事/监事会主席/总经理/分管×××的副总经理/财务负责人/董事会秘书/其他职务(姓名)持有公司股份(　　)股,占公司股本的(　%)。(是/不是)失信联合惩戒对象。

(三)首次任命董监高人员履历

二、换届对公司产生的影响

换届对公司生产、经营的影响:

三、备查文件

(一)董事会关于任免董事长/高级管理人员的决议(如有);

(二)监事会关于任免监事会主席的决议(如有);

(三)职工代表大会关于任免职工代表董事/职工代表监事的决议(如有);

(四)股东大会关于任免董事、监事的决议(如有)。

(　　)股份有限公司董事会

(年/月/日)

第6号　挂牌公司会计政策、会计估计变更公告格式模板

证券代码：　证券简称：　主办券商：　公告编号：

××××股份有限公司会计政策/会计估计变更公告

本公司及董事会全体成员保证公告内容不存在虚假记载、误导性陈述或者重大遗漏，并对其内容的真实、准确和完整承担个别及连带责任。 董事×××、×××因　　（具体和明确的理由）不能保证公告内容真实、准确、完整。

一、变更概述

简单说明本次会计政策/会计估计变更的时间、变更前后采用会计政策/会计估计的对比及本次变更的原因，原会计政策使用合理性及变更会计政策是否符合企业会计准则的相关规定。

二、表决和审议情况

公司应说明董事会等机构审议会计政策/会计估计变更的表决情况，并说明是否需要经过股东大会审议通过。

三、董事会关于本次会计政策/会计估计变更合理性的说明

若为会计政策变更，公司应说明董事会关于本次会计政策变更合理性的意见，就本次会计政策变更对涉及报告期财务数据的影响进行分析，并说明是否涉及业绩承诺、超额分配利润等事项。

若为会计估计变更，公司应说明董事会关于本次会计估计变更合理性的意见，包括但不限于对当期和未来期间的影响数进行分析，变更内容依据是否充分，是否有利于提高公司会计信息质量。

四、监事会对于本次会计政策/会计估计变更的意见

公司应说明监事会对于本次会计政策/会计估计变更的意见，包括但不限于变更的审议程序是否符合法律、行政法规、中国证监会的规定和公司章程，变更依据是否充分。

五、独立董事对于本次会计政策/会计估计变更的意见(如适用)

公司应说明独立董事(如有)对于本次会计政策/会计估计变更的意见，包括但不限于变更的审议程序是否符合法律、行政法规、中国证监会的规定和公司章程，变更依据是否充分。

六、本次会计政策/会计估计变更对公司的影响

（一）若为会计政策变更，应说明当期和各个列报前期财务报表中受影响的项目名称和调整金额、调整比例。包括：1. 采用追溯调整法时，计算出的会计政策变更的累积影响数；当期和各个列报前期财务报表中需要调整的净损益、净资产等项目及其影响金额和影响比例。

2. 无法进行追溯调整的，说明事实和原因以及开始应用变更后的会计政策的时点、具体应用情况。

（二）若为会计估计变更的，应说明会计估计变更对当期和未来期间的影响数。包括会计估计变更对当期和未来期间损益的影响金额，以及对其他各项目的影响金额。若不能确定的，披露这一事实和原因。

七、备查文件目录

（一）董事会决议；

（二）监事会意见；

（三）其他文件。

××××股份有限公司董事会

××××年××月××日

公告编号:

证券代码:　　　　　证券简称:　　　　　主办券商:

(　　)股份有限公司会计政策变更公告

(适用于会计政策变更)

本公司及董事会全体成员保证公告内容的真实、准确和完整,没有虚假记载、误导性陈述或者重大遗漏,并对其内容的真实性、准确性和完整性承担个别及连带法律责任。 董事(　　)因(　　)不能保证公告内容真实、准确、完整(如适用)。

一、变更概述

(一)变更日期

变更日期为变更后的会计政策的生效日期,如有多个变更日期的,请列示每一项会计政策变更对应的变更日期。

(二)变更前后会计政策的介绍

1. 变更前采取的会计政策

2. 变更后采取的会计政策

(三)变更原因及合理性

详细描述会计政策变更的原因,原会计政策使用合理性及变更会计政策是否符合企业会计准则的相关规定。

二、表决和审议情况

董事会等机构审议通过情况,以及是否需要提交股东大会审议。

三、董事会关于本次会计政策变更合理性的说明

公司应说明董事会关于本次会计政策变更合理性的意见,就本次会计政策变更对涉及报告期财务数据的影响进行分析,并说明是否涉及业绩承诺、超额分配利润等事项。

四、监事会对于本次会计政策变更的意见

公司应说明监事会关于本次会计政策变更的意见，包括但不限于变更审议程序是否符合法律、行政法规、中国证监会的规定和公司章程，依据是否充分。

五、独立董事对于本次会计政策变更的意见（如适用）

公司应说明独立董事关于本次会计政策变更的意见，包括但不限于变更审议程序是否符合法律、行政法规、中国证监会的规定和公司章程，依据是否充分。

六、本次会计政策变更对公司的影响

是否采用追溯调整法：□是　　□否

（一）采用追溯调整法（如适用）

公司应说明当期和各个列报前期财务报表中受影响的项目名称和调整金额、调整比例。包括：采用追溯调整法时，计算出的会计政策变更的累积影响数；当期和各个列报前期财务报表中需要调整的净资产、净损益等项目及其影响金额和影响比例。

本次会计政策变更对比较期间财务报表主要数据的影响如下：

项　目	（　　）年（　　）月（　　）日和（　　）年度			
	调整前	影响数	调整后	影响比例
资产总计				
负债合计				
未分配利润				
归属于母公司所有者权益合计				
少数股东权益				
所有者权益合计				
营业收入				
净利润				
其中：归属于母公司所有者的净利润				
少数股东损益				

（二）无法追溯调整的/不采用追溯调整的（如适用）

无法进行追溯调整/不采用追溯调整的，说明事实和原因以及开始应用变更后的会计政策的时点、具体应用情况。

七、备查文件目录

(一)董事会决议;

(二)监事会意见;

(三)其他文件(如有)。

(　　)股份有限公司董事会

(年/月/日)

公告编号：

证券代码：　　　　　证券简称：　　　　　主办券商：

(　　)股份有限公司会计估计变更公告

(适用于会计估计变更)

本公司及董事会全体成员保证公告内容的真实、准确和完整，没有虚假记载、误导性陈述或者重大遗漏，并对其内容的真实性、准确性和完整性承担个别及连带法律责任。 董事(　　)因(　　)不能保证公告内容真实、准确、完整(如适用)。

一、变更概述

(一)变更日期

变更日期为变更后的会计估计的生效日期，如有多个变更日期的，列示每一项会计估计变更对应的变更日期。

(二)变更前后会计估计的介绍

1. 变更前采取的会计估计

2. 变更后采取的会计估计

(三)变更原因及合理性

详细描述会计估计变更的原因。

二、表决和审议情况

董事会等机构审议通过情况，以及是否需要提交股东大会审议。

三、董事会关于本次会计估计变更合理性的说明

公司应说明董事会关于本次会计估计变更合理性的意见，包括但不限于对当期和未来期间的影响数进行分析，变更内容依据是否充分，是否有利于提高公司会计信息质量。

四、监事会对于本次会计估计变更的意见

公司应说明监事会关于本次会计估计变更的意见,包括但不限于变更审议程序是否符合法律、行政法规、中国证监会的规定和公司章程,依据是否充分。

五、独立董事对于本次会计估计变更的意见(如适用)

公司应说明独立董事关于本次会计估计变更的意见,包括但不限于变更审议程序是否符合法律、行政法规、中国证监会的规定和公司章程,依据是否充分。

六、本次会计估计变更对公司的影响

公司应说明会计估计变更对当期和未来期间的影响数。包括会计估计变更对当期和未来期间损益的影响金额,以及对其他各项目的影响金额。若不能确定的,请具体说明原因。

七、备查文件目录

(一)董事会决议;

(二)监事会意见;

(三)其他文件(如有)。

(　　)股份有限公司董事会

(年/月/日)

第7号　挂牌公司涉及诉讼、仲裁及其进展公告格式模板

证券代码：　　证券简称：　　主办券商：　　公告编号：

××××股份有限公司涉及诉讼、仲裁及其进展公告

本公司及董事会全体成员保证公告内容不存在任何虚假记载、误导性陈述或者重大遗漏，并对其内容的真实、准确和完整承担个别及连带责任。 董事×××、×××因　　(具体和明确的理由)不能保证公告内容真实、准确、完整。

一、简要介绍本次重大诉讼或仲裁事项受理的基本情况

应明确收到应诉通知书或受理通知书的时间，说明本次诉讼或仲裁受理日期、法院或仲裁机构的名称及所在地，说明本案的反诉情况。

二、有关重大诉讼或仲裁事项的基本情况及进展情况

简要介绍重大诉讼或仲裁事项的基本情况，包括但不限于诉讼或仲裁各方当事人、代理人及其单位的姓名或名称、有关纠纷的起因、诉讼或仲裁的请求、依据等事项。

三、判决或裁决情况(适用于判决或裁决阶段)

说明诉讼结果的作出日期和结果等内容。

四、本次公告的诉讼、仲裁对公司经营及财务方面的影响

明确说明本次诉讼、仲裁是否应计提预计负债，以及计提的金额和依据。

五、其他应说明的事项

简要说明公司(包括控股子公司在内)在本案中其他应当披露而未披露的事项。

六、备查文件目录

(一)全套诉讼或者仲裁文书，如起诉/上诉状、仲裁申请书、受理/应诉通知书、裁判文书等；

(二)与案件起因有关的材料，如协议等；

(三)其他文件。

××××股份有限公司董事会

××××年××月××日

公告编号:

证券代码: 证券简称: 主办券商:

( )股份有限公司涉及诉讼(进展)公告

(适用诉讼情形)

本公司及董事会全体成员保证公告内容的真实、准确和完整,没有虚假记载、误导性陈述或者重大遗漏,并对其内容的真实性、准确性和完整性承担个别及连带法律责任。 董事( )因( )不能保证公告内容真实、准确、完整(如适用)。

一、本次重大诉讼事项受理的基本情况

收到(应诉通知书/受理通知书)的日期(年/月/日):( )

诉讼受理日期(年/月/日):( )

受理法院的名称:( )

反诉情况(如适用):( )

二、有关重大诉讼事项的基本情况和进展情况

(一)(原告/上诉人)基本信息

姓名或名称:( )

法定代表人/法定代理人/其他负责人:( )

诉讼代理人及所属律所:( )( )

其他信息(如有)

(二)(被告/被上诉人)基本信息

姓名或名称:( )

法定代表人/法定代理人/其他负责人:( )

诉讼代理人及所属律所:( )( )

其他信息(如有)

(三)第三人或其他利害相关人基本信息(如适用)

姓名或名称:( )

法定代表人/法定代理人/其他负责人:( )

诉讼代理人及所属律所:( )

其他信息(如有)

(四)纠纷起因及基本案情

（五）诉讼的请求及依据

（六）被告答辩状的基本内容（如有）

（七）案件进展情况

> 请说明案件的开庭情况及其他进展情况。
>
> 若此事项已进行过和解、仲裁、一审或二审等程序，请逐一说明之前每一程序的起止时间、审判事实及结果、执行情况等。

三、判决情况（适用于判决或裁决阶段）

（年/月/日）（　　）人民法院作出的（文号），裁判结果如下：

针对本案诉讼结果，公司拟采取的措施如下：

> 请说明公司拟采取的措施，包括履行判决义务、提起上诉、申请再申等。

四、本次公告的诉讼对公司经营及财务方面的影响

（一）本次诉讼对公司经营方面产生的影响

> 若无，则说明原因；若有，则说明具体影响的情况以及公司的已采取和拟采取的应对措施。

（二）本次诉讼对公司财务方面产生的影响

> 若无，则说明原因；若有，则说明具体影响的情况以及公司的已采取和拟采取的应对措施，明确说明本次诉讼是否应计提预计负债，以及计提的金额和依据。

五、其他应说明的事项

> 简要说明公司（包括控股子公司在内）在本案中其他应当披露而未披露的事项。

六、备查文件目录

（一）全套诉讼文书，如起诉/上诉状，受理/应诉通知书，判决/裁定书等；

(二)与案件起因有关的材料,如协议等;

(三)其他材料(如有)。

(　　)股份有限公司董事会

(年/月/日)

公告编号：

证券代码：　　　　证券简称：　　　　主办券商：

（　　）股份有限公司涉及仲裁（进展）公告

（适用仲裁情形）

本公司及董事会全体成员保证公告内容的真实、准确和完整，没有虚假记载、误导性陈述或者重大遗漏，并对其内容的真实性、准确性和完整性承担个别及连带法律责任。 董事（　　）因（　　）不能保证公告内容真实、准确、完整（如适用）。

一、本次重大仲裁事项受理的基本情况

收到受理通知书的日期：（年/月/日）

仲裁受理日期：（年/月/日）

仲裁机构的名称：（　　）

仲裁机构的所在地：（　　）

二、有关重大仲裁事项的基本情况

（一）申请人基本信息

姓名或名称：（　　）

法定代表人/法定代理人/其他负责人：（　　）

代理人及所属律所：（　　）（　　）

其他信息（如有）

（二）被申请人基本信息

姓名或名称：（　　）

法定代表人/法定代理人/其他负责人：（　　）

代理人及所属律所：（　　）（　　）

其他信息（如有）

（三）第三人或其他利害相关人基本信息（如适用）

姓名或名称：（　　）

法定代表人/法定代理人/其他负责人：（　　）

代理人及所属律所：（　　）

其他信息（如有）

（四）纠纷起因及基本案情

(五)仲裁的请求及依据

(六)案件进展情况(如适用)

若此事项已进行过和解、调解等程序,请逐一说明之前每一程序的起止时间、和解/调解结果、执行情况等。

三、仲裁裁决的情况(涉及于裁决阶段)

(年/月/日)(　　)仲裁委员会作出的(文号)仲裁决定书,仲裁如下:

针对上述仲裁决定,公司拟采取的措施:

请说明公司拟采取的措施,包括履行义务、向人民法院申请执行、不予执行、撤销仲裁裁决等。

四、本次公告的仲裁对公司经营及财务方面的影响

(一)本次仲裁对公司经营方面产生的影响

若无,则说明原因;若有,则说明具体影响的情况以及公司的已采取和拟采取的应对措施。

(二)本次仲裁对公司财务方面产生的影响

若无,则说明原因;若有,则说明具体影响的情况以及公司的已采取和拟采取的应对措施,明确说明本次仲裁是否应计提预计负债,以及计提的金额和依据。

五、其他应说明的事项

简要说明公司(包括控股子公司在内)在本案中其他应当披露而未披露的事项。

六、备查文件目录

(一)全套仲裁文件,如仲裁协议、仲裁申请书、受理通知书、仲裁决定书等;

(二)与案件起因有关的材料,如协议等;

(三)其他材料(如有)。

(　　)股份有限公司董事会

(年/月/日)

第8号　挂牌公司澄清公告格式模板

证券代码：　　证券简称：　　主办券商：　　公告编号：

××××股份有限公司澄清公告

本公司及董事会全体成员保证公告内容不存在任何虚假记载、误导性陈述或者重大遗漏，并对其内容的真实、准确和完整承担个别及连带责任。 董事×××、×××因　　(具体和明确的理由)不能保证公告内容真实、准确、完整。

一、传闻简述

简要说明报道传闻的媒体、传播方式与时间、传闻内容(传闻涉及事项应分条说明，传闻较多或传闻篇幅较大的，应经归纳、提炼后说明要点)。

二、澄清声明

针对传闻事项逐条说明是否属实及其真实情况。

针对报道传闻中与挂牌公司实际情况不完全相符的，应同时说明相关事项当前状态、未来可能的发展、对公司影响及其他可能影响投资者判断信息；对于不实的传闻，公司应予以澄清。

无法判断报道传闻真实性的，公司应说明前期核实的情况，公司无法判断的理由，以及公司是否有采取相应措施进一步核实的计划。

简要说明董事会针对报道传闻的起因、报道传闻内容是否属实、结论是否成立、报道传闻的影响、对相关责任人等进行调查、核实的情况。

针对传闻涉及控制权变更或重大资产重组等事项，公司应在书面征询控股股东或其他相关关联方之后，根据控股股东或其他相关关联方回函情况做出声明。声明中应明确表述："经公司书面函证控股股东或其他相关关联方，控股股东或其他相关关联方回函明确表示，……"

最后，应在公告中郑重提醒广大投资者：网站 www. neeq. com. cn 为公司的信息披露平台，本公司发布的信息以在上述指定平台的公告为准，请广大投资者理性投资，注意风险。

三、其他说明

(一)(如适用)因挂牌公司或其他信息披露义务人违反《全国中小企业股份转让系统业务规则》《全国中小企业股份转让系统挂牌公司信息披露细则》等信息披露相

关业务规则而产生传闻的,说明违反相关业务规则的具体情形及责任追究情况。

(二)(如适用)因媒体误解而产生传闻的,挂牌公司应在澄清公告中对媒体纠正情况进行说明,并提请投资者予以关注。

(三)(如适用)挂牌公司可以谴责相关当事人散布谣言、报道误导性消息等不负责任的行为,并声明保留追究法律责任的权利。

(四)(如适用)其他需要补充说明的情况。

四、备查文件目录

(一)报道传闻的书面材料;

(二)公司董事会的相关说明;

(三)公司向控股股东或其他相关关联方的书面征询函(如适用);

(四)公司控股股东或其他相关关联方的书面回函(如适用);

(五)其他文件(如有)。

××××股份有限公司董事会

××××年××月××日

公告编号：

证券代码：　　　　证券简称：　　　　主办券商：

(　　)股份有限公司澄清公告

本公司及董事会全体成员保证公告内容的真实、准确和完整，没有虚假记载、误导性陈述或者重大遗漏，并对其内容的真实性、准确性和完整性承担个别及连带法律责任。 董事(　　)因(　　)不能保证公告内容真实、准确、完整(如适用)。

一、传闻简述

(一)传播情况

传播时间：(　　)

传播方式：(　　)

报道传闻主要媒体(如适用)：(　　)

(二)传闻内容

传闻涉及事项应分条说明，传闻较多或传闻篇幅较大的，应经归纳、提炼后说明要点。

二、澄清声明

(一)传闻事项属实情况

针对传闻事项逐条说明是否属实及其真实情况。 针对报道传闻中与挂牌公司实际情况不完全相符的，应同时说明相关事项当前状态、未来可能的发展、对公司影响及其他可能影响投资者判断信息；对于不实的传闻，公司应予以澄清；无法判断报道传闻真实性的，公司应说明前期核实的情况，公司无法判断的理由，以及公司是否有采取相应措施进一步核实的计划。

(二)董事会核查情况

简要说明董事会针对报道传闻的起因、报道传闻内容是否属实、结论是否成立、报道传闻的影响、对相关责任人等进行调查、核实的情况。

(三)传闻涉及控制权变更或重大资产重组等事项的说明(如适用)

针对传闻涉及控制权变更或重大资产重组等事项，公司应在书面征询控股股东或其他相关关联方之后，根据控股股东或其他相关关联方回函情况做出声明。声明中应明确表述："经公司书面函证控股股东或其他相关关联方，控股股东或其他相关关联方回函明确表示，……"

(四)郑重提醒

网站 www. neeq. com. cn 为公司的信息披露平台,本公司发布的信息以在上述指定平台的公告为准,请广大投资者理性投资,注意风险。

三、其他说明(如适用)

(一)因违反信息披露相关业务规则产生传闻的说明(如适用)

因挂牌公司或其他信息披露义务人违反《全国中小企业股份转让系统业务规则》《全国中小企业股份转让系统挂牌公司信息披露细则》等信息披露相关业务规则而产生传闻的,说明违反相关业务规则的情形及责任追究情况。

(二)媒体误解而产生传闻的说明(如适用)

因媒体误解而产生传闻的,挂牌公司应在澄清公告中对媒体纠正情况进行说明,并提请投资者予以关注。

(三)对相关当事人的追责声明(如适用)

挂牌公司可以谴责相关当事人散布谣言、报道误导性消息等不负责任的行为,并声明保留追究法律责任的权利。

(四)其他说明(如适用)

其他需要补充说明的情况。

四、备查文件目录

(一)报道传闻的书面材料;

(二)公司董事会的相关说明;

(三)公司向控股股东或其他相关关联方的书面征询函(如有);

(四)公司控股股东或其他相关关联方的书面回函(如有);

(五)其他文件(如有)。

(　　)股份有限公司董事会

(年/月/日)

第9号　挂牌公司对外提供担保公告格式模板

证券代码：　　证券简称：　　主办券商：　　公告编号：

××××股份有限公司对外提供担保的公告

> 本公司及董事会全体成员保证公告内容不存在任何虚假记载、误导性陈述或者重大遗漏，并对其内容的真实、准确和完整承担个别及连带责任。
>
> 董事×××、×××因　　（具体和明确的理由）不能保证公告内容真实、准确、完整。

一、担保情况概述

简要介绍担保的基本情况，包括协议签署日期、地点，被担保人和债权人的名称，担保金额等。

简要说明董事会审议担保议案的表决情况。

简要说明交易生效所必需的审批程序，如是否需经过股东大会批准或政府有关部门批准等。

二、被担保人基本情况

主要介绍被担保人的名称、住所、法定代表人、注册资本、主营业务、成立日期、注册地点、与挂牌公司的关联关系或其他关系、信用等级、最近一期财务报表的资产总额、负债总额（其中包括银行贷款总额、一年内到期的负债总额）、或有事项涉及的总额（包括担保、抵押、诉讼与仲裁事项）、净资产、营业收入、利润总额、净利润等主要财务指标等。

三、担保协议的主要内容

简要说明担保协议的主要内容，主要介绍担保的方式、期限、金额和担保协议中的其他重要条款。如以资产等标的提供担保的，应介绍资产等标的的基本情况。如有反担保的，说明反担保的具体内容。

四、董事会意见

首先介绍担保的原因，其次披露该担保事项的利益和风险，包括董事会对被担保方偿还债务能力的判断。如有反担保的，说明反担保是否足以保障挂牌公司的利益。

五、对外担保累计金额及逾期担保的累计金额

说明挂牌公司及其控股子公司的对外担保的累计金额及占公司最近一期经

审计净资产的比例、逾期担保累计金额、超过本身最近一期经审计净资产 50%的担保余额,以及为资产负债率超过 70%担保对象提供的担保余额。

额外注明涉及诉讼的担保金额及因担保被判决败诉可能承担的损失金额。

<table>
<tr><th colspan="2">项　目</th><th>余额</th><th>比例(%)</th></tr>
<tr><td colspan="2">对外担保累计余额</td><td></td><td></td></tr>
<tr><td rowspan="3">其　中</td><td>逾期担保累计余额</td><td></td><td></td></tr>
<tr><td>超过本身最近一期经审计净资产 50%的担保余额</td><td></td><td></td></tr>
<tr><td>为资产负债率超过 70%担保对象提供的担保余额</td><td></td><td></td></tr>
</table>

六、备查文件目录

(一)担保协议;

(二)董事会决议;

(三)被担保人营业执照复印件;

(四)其他文件。

××××股份有限公司董事会

××××年××月××日

公告编号：

证券代码：　　　　　　证券简称：　　　　　　主办券商：

（　　）股份有限公司对外提供担保（暨关联交易）的公告

本公司及董事会全体成员保证公告内容的真实、准确和完整，没有虚假记载、误导性陈述或者重大遗漏，并对其内容的真实性、准确性和完整性承担个别及连带法律责任。 董事（　　）因（　　）不能保证公告内容真实、准确、完整（如适用）。

一、担保情况概述

（一）担保基本情况

简要介绍担保的基本情况，包括对外担保主体（挂牌公司或纳入合并报表范围内的其他主体）、协议签署日期、地点，被担保人和债权人的名称，担保金额等。

（二）是否构成关联交易

本次交易（构成/不构成）关联交易。

（三）审议和表决情况

董事会审议担保议案的表决情况、关联董事回避表决的情况，对于需要提交股东大会审议的对外担保，应在公告中明确载明"此项交易尚须股东大会的批准"。

（四）部门审批情况（如适用）

明确说明本次对外担保是否需要经有关部门批准，是否已经过相关部门或者机关等批准或审批。

二、被担保人基本情况

（一）法人及其他经济组织适用

1. 被担保人基本情况

被担保人名称：（　　）

住所：（　　）

注册地址：（　　）

企业类型：（　　）

法定代表人（如适用）：（　　）

主营业务：（　　）

成立日期：（　　）

2. 被担保人信用状况

信用等级(如适用)

(　　)年(　　)月(　　)日资产总额:(最近一期财务报表)

(　　)年(　　)月(　　)日负债总额:(其中包括银行贷款总额、一年内到期的负债总额)

(　　)年(　　)月(　　)日净资产:(　　)

(具体报告期)营业收入:(　　)

(具体报告期)税前利润:(　　)

(具体报告期)净利润:(　　)

关联关系(如适用,说明构成何种具体关联关系)

其他情况(如有)

(二)自然人适用

被担保人姓名:(　　)

住所:(　　)

关联关系(如适用,说明构成何种具体关联关系)

三、担保协议的主要内容

主要介绍担保的方式、期限、金额和担保协议中的其他重要条款。如以资产等标的提供担保的,应介绍资产等标的的基本情况。如有反担保的,说明反担保的具体内容。

四、董事会意见

(一)担保原因

介绍公司对被担保人提供担保的原因。若为关联交易,请披露此次关联交易的必要性和真实意图。

(二)担保事项的利益与风险

披露该担保事项的利益和风险,包括董事会对被担保方偿还债务能力的判断。如有反担保的,说明反担保是否足以保障挂牌公司的利益。

(三)对公司的影响

披露该担保事项对公司的影响。若为关联交易,尽可能量化阐述本次关联交易对挂牌公司财务状况和经营成果所产生的影响

（四）其他意见（如有）

五、对外担保累计金额及逾期担保的累计金额

项　目		金额/万元	比　例
对外担保累计金额			100%
其中	逾期担保累计金额		
	超过本身最近一期经审计净资产 50% 的担保金额		
	为资产负债率超过 70% 担保对象提供的担保金额		

其中，对外担保累计金额占公司最近一期审计净资产的比例为（　　）。

涉及诉讼的担保金额为（　　），因担保被判决败诉可能承担的损失金额为（　　）（如适用）。

六、备查文件目录

（一）担保协议；

（二）董事会决议；

（三）被担保人营业执照复印件；

（四）其他文件（如有）。

（　　）股份有限公司董事会

（年/月/日）

第10号　挂牌公司收购、出售资产公告格式模板

证券代码：　证券简称：　主办券商：　公告编号：

××××股份有限公司收购、出售资产公告

本公司及董事会全体成员保证公告内容不存在虚假记载、误导性陈述或者重大遗漏，并对其内容的真实、准确和完整承担个别及连带责任。 董事×××、×××因　（具体和明确的理由）不能保证公告内容真实、准确、完整。

一、交易概述

（一）简要介绍本次交易的基本情况，包括交易各方当事人名称、交易标的名称（股权类资产的，须说明股权比例）、交易事项（收购/出售）、交易价格、协议签署地点、日期（如适用）等。

（二）说明本次交易是否构成重大资产重组，并列明计算过程及判断依据。

（三）说明本次交易是否构成关联交易。

（四）说明董事会审议关联交易的表决情况、关联董事回避表决的情况；对于需要提交股东大会审议的关联交易，应在公告中明确载明“此项交易尚须股东大会的批准”。

（五）说明是否需要经过政府有关部门批准，是否需征得债权人同意、是否需征得第三方同意等，相关审批程序和情况如何。

二、交易对方的基本情况

（一）交易对方为法人的，应当披露其名称、住所、注册地址、企业类型、法定代表人、实际控制人、注册资本、主营业务；交易对方为自然人的，应当披露其姓名、住所，并应说明交易对方是否与公司具有关联关系。

（二）全国股份转让系统要求的其他内容。

三、交易标的情况

（一）逐项列明收购、出售资产的名称、类别（固定资产、无形资产、股权类资产等）及所在地。股权类资产的，应说明标的公司的主要股东，各自持股比例，主营业务，注册资本，设立时间，住所；有优先受让权的其他股东是否放弃优先受让权；标的公司最近一期资产总额、负债总额、应收账款总额、或有事项涉及的总额（包括担保、诉讼与仲裁）、净资产、营业收入和净利润等基本情况（注明是否

经审计);标的公司最近12个月曾进行过资产评估、增资、减资、改制的,披露相关评估、增资、减资、改制的基本情况。

(二)说明交易标的资产权属情况,说明交易标的产权是否清晰,是否存在抵押、质押及其他任何限制转让的情况,是否涉及诉讼、仲裁事项或查封、冻结等司法措施,以及是否存在妨碍权属转移的其他情况。如存在上述情形,还需说明相关情况。

(三)说明交易标的审计、评估情况,如交易标的财务会计报告经过审计,应披露为其提供审计服务的会计师事务所名称,并说明是否具有从事证券、期货业务资格。审计报告为非标准审计意见的,应在公告中详细披露所涉事项的具体影响。如交易标的经过评估,且定价参考评估结果的,应披露为其提供评估服务的评估事务所名称、该事务所是否具有从事证券、期货业务资格,并说明评估基准日、采取的评估方法、评估假设、主要评估过程、评估结果。

(四)如挂牌公司出售、收购资产涉及债权债务转移,应详细介绍该项债权债务的基本情况,包括债权债务人名称、债权债务金额、期限、发生日期、发生原因等。对转移的债务,还应当说明已取得债权人的书面认可情况,以及交易完成后挂牌公司是否存在偿债风险和其他或有风险等。

(五)如挂牌公司出售子公司股权导致合并报表范围变更的,说明挂牌公司是否存在为该子公司提供担保、委托该子公司理财,以及该子公司是否存在占用挂牌公司资金或其他资源的情形;如存在,说明前述事项涉及的金额、对挂牌公司的影响及后续处理措施。

四、定价情况

说明本次交易的定价依据。交易标的账面原值、(折旧/摊销)金额、已计提的减值的金额、净值等。若成交价格与账面值、评估值差异较大的,应说明原因及合理性;构成关联交易的,说明定价政策以及其他影响本次交易定价的特殊事项,说明本次交易定价的公允性。

五、交易协议的主要内容

(一)交易协议主要内容:成交金额、支付方式(如现金、股权、资产置换等)、支付期限或分期付款的安排、协议的生效条件、生效时间以及有效期限等;交易协议生效附条件或附期限的,应当予以特别说明。协议未签署的,可暂缓披露与协议有关的未定事项,在签署后补充披露,并在此处明确说明"本次投资协议尚未签署,待签署后将补充披露相关内容"。

(二)交易协议的其他情况:交易标的的交付状态、交付和过户时间;存在过渡期安排的,对过渡期相关标的资产产生的损益归属作出明确说明;以及其他交易协议需说明的事项。

六、交易目的及对公司的影响

本次交易的目的及对挂牌公司的影响,若为关联交易,尽可能量化阐述本次关联交易对挂牌公司财务状况和经营成果所产生的影响。

七、其他

公司董事会认为有助于说明交易实质的其他内容。

八、备查文件目录

(一)董事会决议;

(二)交易意向书、交易协议等;

(三)收购或出售的资产的财务报表或审计报告、评估报告、估值报告(如有);

(四)法律意见书(如有);

(五)其他文件。

××××股份有限公司董事会

××××年××月××日

公告编号：

证券代码：　　　　证券简称：　　　　主办券商：

(　　)股份有限公司(收购/出售)资产(暨关联交易)的公告

本公司及董事会全体成员保证公告内容的真实、准确和完整,没有虚假记载、误导性陈述或者重大遗漏,并对其内容的真实性、准确性和完整性承担个别及连带法律责任。 董事(　　)因(　　)不能保证公告内容真实、准确、完整(如适用)。

一、交易概况

(一)基本情况

简要介绍本次交易的基本情况,包括交易各方当事人名称、交易标的名称(股权类资产的,须说明股权比例)、交易事项(收购/出售)、交易价格、协议签署地点、日期(如适用)等。

(二)是否构成重大资产重组

本次交易(构成/不构成)重大资产重组。

列明计算过程及判断依据。

(三)是否构成关联交易

本次交易(构成/不构成)关联交易。

(四)审议和表决情况

董事会审议关联交易的表决情况、关联董事回避表决的情况;对于需要提交股东大会审议的关联交易,应在公告中明确载明"此项交易尚须股东大会的批准"。

(五)交易生效需要的其他审批及有关程序(如适用)

是否需要经过政府有关部门批准,是否需征得债权人同意、是否需征得第三方同意等,相关审批程序和情况如何(如适用)。

二、交易对方的情况

1.法人及其他经济组织

名称:(　　)

住所:(　　)

注册地址:(　　)

企业类型:(　　)

法定代表人(如适用):(　　)

实际控制人:(　　)

主营业务:(　　)

注册资本:(　　)

关联关系(如适用,说明构成何种具体关联关系)

2. 自然人

姓名:(　　)

住所:(　　)

关联关系(如适用,说明构成何种具体关联关系)

三、交易标的情况

(一)交易标的基本情况

1. 交易标的名称:(　　)

2. 交易标的类别(固定资产、无形资产、股权类资产等):(　　)

3. 交易标的所在地:(　　)

股权类资产特殊披露(如适用)

1. 标的公司的主要股东,各自持股比例,主营业务,注册资本,设立时间,住所; 2. 有优先受让权的其他股东是否放弃优先受让权; 3. 标的公司最近一期资产总额、负债总额、应收账款总额、或有事项涉及的总额(包括担保、诉讼与仲裁)、净资产、营业收入和净利润等基本情况(注明是否经审计); 4. 标的公司最近12个月曾进行过资产评估、增资、减资、改制的,披露相关评估、增资、减资、改制的基本情况。

(二)交易标的资产权属情况

说明交易标的产权是否清晰,是否存在抵押、质押及其他任何限制转让的情况,是否涉及诉讼、仲裁事项或查封、冻结等司法措施,以及是否存在妨碍权属转移的其他情况。如存在上述情形,还需说明相关情况。

(三)交易标的审计、评估情况(如适用)

1. 如交易标的财务会计报告经过审计,应披露为其提供审计服务的会计师事务所名称,并说明是否具有从事证券、期货业务资格。审计报告为非标准审计意见的,应在公告中详细披露所涉事项的具体影响。 2. 如交易标的经过评估,且定价参考评估结果的,应披露为其提供评估服务的评估事务所名称、该事务所是否具有从事证券、期货业务资格,并说明评估基准日、采取的评估方法、评估假设、主要评估过程、评估结果。

（四）涉及债权债务转移的（如适用）

如挂牌公司出售、收购资产涉及债权债务转移，应详细介绍该项债权债务的基本情况，包括债权债务人名称、债权债务金额、期限、发生日期、发生原因等。对转移的债务，还应当说明已取得债权人的书面认可情况，以及交易完成后挂牌公司是否存在偿债风险和其他或有风险等。

（五）出售子公司股权导致挂牌公司合并报表范围变更的（如适用）

如挂牌公司出售子公司股权导致合并报表范围变更的，说明挂牌公司是否存在为该子公司提供担保、委托该子公司理财，以及该子公司是否存在占用挂牌公司资金或其他资源的情形；如存在，说明前述事项涉及的金额、对挂牌公司的影响及后续处理措施。

四、定价情况

本次交易的定价依据为（　　）。 1. 交易标的账面原值、（折旧/摊销）金额、已计提的减值的金额、净值等。 2. 若成交价格与账面值、评估值差异较大的，应说明原因及合理性； 3. 构成关联交易的，说明定价政策以及其他影响本次交易定价的特殊事项，说明本次交易定价的公允性。

五、交易协议的主要内容

（一）交易协议主要内容

成交金额、支付方式（如现金、股权、资产置换等）、支付期限或分期付款的安排、协议的生效条件、生效时间以及有效期限等；交易协议生效附条件或附期限的，应当予以特别说明。协议未签署的，可暂缓披露与协议有关的未定事项，在签署后补充披露，并在此处明确说明“本次投资协议尚未签署，待签署后将补充披露相关内容”。

（二）交易协议的其他情况

交易标的的交付状态、交付和过户时间；存在过渡期安排的，对过渡期相关标的资产产生的损益归属作出明确说明；以及其他交易协议需说明的事项。

六、交易目的及对公司的影响

本次交易的目的及对挂牌公司的影响，若为关联交易，尽可能量化阐述本次关联交易对挂牌公司财务状况和经营成果所产生的影响。

七、其他内容(如适用)

其他有助于说明交易实质的其他内容。

八、备查文件目录

(一)董事会决议;

(二)交易意向书、交易协议等;

(三)收购或出售的资产的财务报表或审计报告、评估报告、估值报告(如有);

(四)法律意见书(如有);

(五)其他文件(如有)。

(　　)股份有限公司董事会

(年/月/日)

第11号 挂牌公司对外(委托)投资公告格式模板

证券代码： 证券简称： 主办券商： 公告编号：

××××股份有限公司对外(委托)投资公告

本公司及董事会全体成员保证公告内容不存在任何虚假记载、误导性陈述或者重大遗漏，并对其内容的真实、准确和完整承担个别及连带责任。 董事×××、×××因 (具体和明确的理由)不能保证公告内容真实、准确、完整。

一、对外投资概述

(一)对外投资的基本情况，包括协议签署日期、协议主体名称、投资标的以及涉及金额等。

(二)董事会审议投资议案的表决情况；交易生效所必需的审批程序，诸如是否需经过股东大会批准或政府有关部门批准等。

二、交易对手方介绍(如适用)

主要介绍除挂牌公司本身以外的投资协议主体的基本情况，包括姓名或名称、企业类型、法定代表人、注册资本、主营业务和相互关系等。交易对手方为法人的，需披露相关的产权及控制关系和实际控制人情况。

三、投资标的基本情况

(一)如果是成立有限责任公司或股份有限公司

1. 出资方式：介绍主要投资人或股东出资的方式：①如现金出资的，说明资金来源；②如涉及用实物资产或无形资产出资的，应当介绍资产的名称、账面价值、评估价值或本次交易价格、资产运营情况、设定担保等其他财产权利的情况、涉及该资产的诉讼、仲裁事项；③如涉及用公司股权出资的，应当介绍该公司的名称，股权结构，主营业务，最近一期资产总额、负债总额、净资产、营业收入和净利润等财务数据。

2. 标的公司基本情况：如是成立有限责任公司，需说明公司的经营范围、各主要投资人的投资规模和持股比例；如是成立股份有限公司，需说明经营范围、主要股东的投资规模和持股比例等。

(二)如果涉及投资具体项目

披露项目的具体内容、投资进度、对公司的影响。

如果公司投资进入新的领域,还需披露新进入领域的基本情况,行业的竞争情况及本公司面临的风险因素。

(三)如果是对现有公司增资

应按照前述"出资方式"的要求披露增资价格及依据,增资方式,并说明原股东是否同比例增资,如果采取单方面增资或者不同比例增资,应当说明原因,同时披露被增资公司经营情况、增资前后的股权结构。

(四)如果是涉及收购股权的,应当参照临时公告格式模板10号披露。

(五)如果是金融资产投资的

应披露金融资产的具体内容、投资进度、对公司的影响,是否将股票发行募集资金用于持有交易性金融资产和可供出售的金融资产,或者用于股票及其他衍生品种、可转换公司债券等的交易。

四、定价情况(如适用)

涉及对现有公司增资的,说明增资定价情况;如果构成关联交易的,还应说明定价的依据及其公允性。

五、对外投资的目的、存在的风险和对公司的影响

主要披露对外投资的意图;投资可能产生的风险;以及对挂牌公司未来财务状况和经营成果的影响。

六、是否构成关联交易

说明是否构成关联交易;若构成,依照关联交易公告模板格式披露此板块。

七、备查文件目录

(一)董事会决议;

(二)出资协议(如有);

(三)投资协议(如有);

(四)增资协议(如有);

(五)其他文件。

××××股份有限公司董事会

××××年××月××日

适用范围:挂牌公司合并报表范围的主体对外(委托)投资适用本模板。

公告编号：

证券代码： 证券简称： 主办券商：

( )股份有限公司对外(委托)投资(暨关联交易)的公告

本公司及董事会全体成员保证公告内容的真实、准确和完整，没有虚假记载、误导性陈述或者重大遗漏，并对其内容的真实性、准确性和完整性承担个别及连带法律责任。 董事( )因( )不能保证公告内容真实、准确、完整(如适用)。

一、对外投资概述

(一)基本情况

对外投资的基本情况，包括对外投资主体(挂牌公司、全资子公司、控股子公司及其他合并报表范围的主体)、协议签署日期、地点等，协议主体名称，投资标的及涉及金额等。

(二)是否构成重大资产重组

本次交易(构成/不构成)重大资产重组。

列明计算过程及判断依据。

(三)是否构成关联交易

本次交易(构成/不构成)关联交易。

(四)审议和表决情况

董事会审议关联交易的表决情况、关联董事回避表决的情况；对于需要提交股东大会审议的关联交易，应在公告中明确载明“此项交易尚须股东大会的批准”。

(五)交易生效需要的其他审批及有关程序(如适用)

是否需要经过政府有关部门批准，如需要，说明相关审批主体、要求及进展情况。

(六)本次对外投资(涉及/不涉及)进入新的领域。

若公司投资进入新的领域，还需披露新进入领域的基本情况、拟投资的项目情况、人员、技术、管理要求，可行性分析和市场前景。

二、投资协议其他主体的基本情况(如适用)(指除挂牌公司以外的各方主体)

1. 法人及其他经济组织

名称:(　　)

住所:(　　)

注册地址:(　　)

企业类型:(　　)

法定代表人(如适用):(　　)

实际控制人:(　　)

主营业务:(　　)

注册资本:(　　)

关联关系:(如适用,说明构成何种具体关联关系)

2. 自然人

姓名:(　　)

住所:(　　)

关联关系:(如适用,说明构成何种具体关联关系)

三、投资标的基本情况

(若是设立有限责任公司或股份有限公司)

(一)出资方式

本次对外投资的出资方式为(现金/资产/股权/其他具体方式)

本次对外投资的出资说明

①如现金出资的,说明资金来源;②如涉及用实物资产或无形资产出资的,应当介绍资产的名称、账面价值、评估价值或本次交易价格、资产运营情况、设定担保等其他财产权利的情况、涉及该资产的诉讼、仲裁事项;③如涉及用公司股权出资的,应当介绍该公司的名称,股权结构,主营业务,最近一期经审计的资产总额、负债总额、净资产、营业收入和净利润等财务数据,以及其他股东是否放弃优先受让权(股权公司为有限责任公司时适用)。

(二)投资标的基本情况

名称:(　　)

注册地址:(　　)

经营范围:(　　)

公司及各投资人、股东的投资规模、方式和持股比例:

投资人名称	出资额或投资金额	出资方式	认缴/实缴	出资比例或持股比例
…				

(若是对现有公司增资)

(一)出资方式

本次增资的出资方式为(　　　)。

本次增资的出资说明

①如现金出资的,说明资金来源;②如涉及用实物资产或无形资产出资的,应当介绍资产的名称、账面价值、评估价值或本次交易价格、资产运营情况、设定担保等其他财产权利的情况、涉及该资产的诉讼、仲裁事项;③如涉及用公司股权出资的,应当介绍该公司的名称,股权结构,主营业务,最近一期经审计的资产总额、负债总额、净资产、营业收入和净利润等财务数据,以及其他股东是否放弃优先受让权(股权公司为有限责任公司时适用)。

(二)增资情况说明

说明原股东是否同比例增资,如果采取单方面增资或者不同比例增资,应当说明原因,同时披露被增资公司经营情况、增资前后的股权结构。

(若投资具体项目)

投资项目的具体内容

披露项目的具体内容、各主要投资方的出资及其他义务、投资进度、项目建设期等。

(若涉及金融资产投资)

金融资产的具体内容

说明金融资产的具体内容、投资进度,同时说明是否将股票发行募集资金用于持有交易性金融资产和可供出售的金融资产,或者用于股票及其他衍生品种、可转换公司债券等的交易。

四、定价情况(如适用)

1. 对现有公司增资的,说明增资定价情况;

2. 涉及非现金方式出资的,说明制定成交价格的依据。

3. 构成关联交易的,定价依据、定价政策以及其他影响本次交易定价的特殊事项,说明本次交易定价的公允性。

五、对外投资协议的主要内容

主要介绍投资协议的成交金额、支付方式(现金、股权等)、支付期限或分期付款的安排;协议的生效时间以及有效期限;交易协议生效存在附条件或期限等,应当予以特别说明。协议未签署的,可暂缓披露与协议有关的未定事项,在签署后补充披露,并在此处明确说明"本次投资协议尚未签署,待签署后将补充披露相关内容"。

六、对外投资的目的、存在的风险和对公司的影响

(一)本次对外投资的目的

(二)本次对外投资可能存在的风险

(三)本次对外投资对公司的未来财务状况和经营成果影响

若为关联交易,尽可能量化阐述本次关联交易对挂牌公司财务状况和经营成果所产生的影响

七、备查文件目录

(一)董事会决议;

(二)出资协议(如有);

(三)投资协议(如有);

(四)增资协议(如有);

(五)其他文件(如有)。

(　　)股份有限公司董事会

(年/月/日)

第12号 挂牌公司主营业务变更公告格式模板

证券代码： 证券简称： 主办券商： 公告编号：

××××股份有限公司主营业务变更公告

本公司及董事会全体成员保证公告内容不存在虚假记载、误导性陈述或者重大遗漏，并对其内容的真实、准确和完整承担个别及连带责任。 董事×××、×××因 （具体和明确的理由）不能保证公告内容真实、准确、完整。

一、主营业务变更概述

请详细说明公司主营业务变更的原因及变更前后主营业务范围；本次主营业务变更是否会导致公司所属行业发生变化；公司是否已取得变更后业务的相关资质，是否具备从事相关业务的资源、场所及能力，是否符合现行的监管要求。

二、审议和表决情况

董事会审议通过情况，是否需要提交股东大会审议通过。

三、主营业务变更对公司经营的影响

说明公司主营业务变更对于公司商业模式、本期和未来财务状况和经营成果的影响；说明主营业务变更对公司持续经营能力的影响。

四、主营业务变更前的资本运作情况

说明公司主营业务变更前2年内，是否发生控制权变更，是否实施重大资产重组，是否有重要的购买、出售资产行为。

五、备查文件目录

（一）董事会决议（如有）；

（二）交易意向书、交易协议书（如有）；

（三）收购或出售的资产的财务报表或审计报告（如有）；

（四）法律意见书（如有）；

（五）其他文件。

××××股份有限公司董事会

××××年××月××日

公告编号:

证券代码:　　　　证券简称:　　　　主办券商:

(　　)股份有限公司主营业务变更的公告

本公司及董事会全体成员保证公告内容的真实、准确和完整,没有虚假记载、误导性陈述或者重大遗漏,并对其内容的真实性、准确性和完整性承担个别及连带法律责任。 董事(　　)因(　　)不能保证公告内容真实、准确、完整(如适用)。

一、变更原因

详细说明公司发生主营业务变更的原因。

二、变更前后详细情况

变更前本公司主营业务为(　　),变更后主营业务为(　　),本次主营业务变更(会/不会)导致公司所属行业发生变化。

说明公司是否已取得变更后主营业务的相关资质,是否已具备充分的运营能力,是否符合现行的监管要求。 公司应结合收入占比等变化情况说明主营业务变更的判断依据。

三、表决和审议情况

说明董事会审议通过情况,是否需要提交股东大会审议通过。

四、本次主营业务变更对公司经营的影响

说明公司主营业务变更对于公司商业模式、本期和未来财务状况和经营成果的影响; 说明主营业务变更对公司持续经营能力的影响。

五、主营业务变更与前期资本运作的关系

说明公司主营业务变更前2年内,是否发生控制权变更,是否实施重大资产重组,是否发生与主营业务变更相关的、重要的购买、出售资产或其他对外投资等行为。

六、备查文件目录

(一)董事会决议(如有);

(二)交易意向书、交易协议等(如有);

(三)收购或出售的资产的财务报表或审计报告、评估报告(如有);

（四）法律意见书（如有）；

（五）其他文件（如有）。

（　　）股份有限公司董事会

（年/月/日）

第13号 挂牌公司股权质押、司法冻结公告格式模板

证券代码： 证券简称： 主办券商： 公告编号：

××××股份有限公司股权质押、司法冻结公告

本公司及董事会全体成员保证公告内容不存在任何虚假记载、误导性陈述或者重大遗漏，并对其内容的真实、准确和完整承担个别及连带责任。 董事×××、×××因 (具体和明确的理由)不能保证公告内容真实、准确、完整。

一、股权质押、司法冻结概述

(一)股权质押。说明本次质押的股数及所占公司总股本的比例，质押股份的限售情况，质押的起止期限，质押发生的原因，质押权人名称或姓名，质押权人与质押股东是否存在关联关系，在中国结算办理质押登记的情况，并分析质押对公司的影响等情况，说明质押是否可能导致公司控股股东或者实际控制人发生变化。若用于融资，说明融资金额、是否存在结合其他资产抵押或质押等情况。

(二)股权司法冻结。说明本次司法冻结的股数及所占公司总股本的比例，冻结股份的限售情况，司法冻结的起止期限、发生原因、在中国结算办理司法冻结登记的情况，并分析司法冻结对公司的影响等情况，说明司法冻结是否可能导致公司控股股东或者实际控制人发生变化。

二、股权质押、司法冻结所涉股东情况

说明相关股东是否为控股股东，该股东持有公司股份的总数及所占公司总股本的比例，所持股份限售情况，股东是否在公司任职等。

披露该股东包括本次质押、司法冻结在内的全部已质押、司法冻结股数，以及所占公司总股本的比例。详细说明该股东曾经股权质押、司法冻结的情况(如有)。

三、备查文件目录

(一)质押协议；

(二)中国结算质押登记材料；

(三)司法冻结决定书等；

(四)其他文件。

××××股份有限公司董事会

××××年××月××日

公告编号：

证券代码：　　　　证券简称：　　　　主办券商：

(　　)股份有限公司股权质押的公告

(适用于股权质押)

本公司及董事会全体成员保证公告内容的真实、准确和完整，没有虚假记载、误导性陈述或者重大遗漏，并对其内容的真实性、准确性和完整性承担个别及连带法律责任。 董事(　　)因(　　)不能保证公告内容真实、准确、完整(如适用)。

一、股权质押概述

(一)基本情况

公司股东(　　)质押(　　)股，占公司总股本(　%)。在本次质押的股份中，(　　)股为有限售条件股份，(　　)股为无限售条件股份。质押期限为(年/月/日)起至(年/月/日)止。质押股份用于(　　)，质押权人为(　　)，质押权人与质押股东(存在/不存在)关联关系。质押股份(已在/将在)中国结算办理质押登记。

若用于融资，说明融资金额、是否存在结合其他资产抵押或质押等情况。

(二)本次股权质押对公司的影响

所涉及的股份(是/不是)实际控制人控制的股份。

包括本次质押股份在内，如果全部在质股份被行权(可能/不会)导致公司控股股东或者实际控制人发生变化。

分析本次股权质押对公司生产经营等产生的影响。

二、股权质押所涉股东情况

股东姓名(名称)：(　　)

是否为控股股东：(是/否)

公司任职(如有)：(　　)

所持股份总数及占比：(　　)(　　)

股份限售情况：(　　)

累计质押股数及占比(包括本次)：(　　)(　　)

曾经股权质押情况(如适用)

三、备查文件目录

(一)质押协议;

(二)中国结算质押登记材料;

(三)其他文件(如有)。

(　　)股份有限公司董事会

(年/月/日)

公告编号:

证券代码: 证券简称: 主办券商:

( )股份有限公司股权司法冻结的公告

(适用于股权司法冻结)

本公司及董事会全体成员保证公告内容的真实、准确和完整,没有虚假记载、误导性陈述或者重大遗漏,并对其内容的真实性、准确性和完整性承担个别及连带法律责任。 董事( )因( )不能保证公告内容真实、准确、完整(如适用)。

一、股权司法冻结概述

(一)基本情况

公司股东( )持有公司股份( )股被司法冻结,占公司总股本(百分比)。在本次被冻结的股份中,( )股为有限售条件股份,( )股为无限售条件股份。该司法冻结期限为(年/月/日)起至(年/月/日)止。冻结股份(已在/将在)中国结算办理司法冻结登记。

(二)发生本次股权司法冻结的原因

说明发生股权司法冻结的原因。

(三)本次股权司法冻结对公司的影响

所涉及的股份(是/不是)实际控制人控制的股份。

包括本次冻结股份在内,如果全部被冻结股份被行权(可能/不会)导致公司控股股东或者实际控制人发生变化。

分析本次股权司法冻结对公司生产经营等产生的影响。

二、股权司法冻结所涉股东情况

股东姓名(名称):( )

是否为控股股东:(是/否)

公司任职(如有):( )

所持股份总数及占比:( )( )

股份限售情况:( )

累计司法冻结股数及占比(包括本次):( )( )

曾经股权司法冻结情况(如适用)

三、备查文件目录

(一)质押协议;

(二)中国结算质押登记材料;

(三)司法冻结决定书等;

(四)其他文件(如有)。

(　　)股份有限公司董事会

(年/月/日)

第14号　挂牌公司会计师事务所变更公告格式模板

证券代码：　　证券简称：　　主办券商：　　公告编号：

××××股份有限公司会计师事务所变更公告

本公司及董事会全体成员保证公告内容不存在虚假记载、误导性陈述或者重大遗漏，并对其内容的真实、准确和完整承担个别及连带责任。 董事×××、×××因　　（具体和明确的理由）不能保证公告内容真实、准确、完整。

一、更换会计师事务所的情况说明

说明原会计师事务所名称，已提供审计服务年限，并说明更换会计师事务所的原因，包括公司不再续聘、会计师事务所主动请辞、因会计师事务所合并或者分立而变更等。

二、变更会计师事务所的审议情况

说明召开董事会等会议对变更会计师事务所的审议情况。

三、拟聘任会计师事务所基本情况

详细说明为公司提供服务的新会计师事务所的情况，包括统一社会信用代码、执行事务合伙人、住所，经营范围、规模，是否具备证券期货相关业务资格等资质。涉及会计师事务所合并或者分立而变更的，还应当说明会计师事务所合并或者分立的情况，包括合并或者分立的各方主体，合并或者分立后权利义务的承继主体等，并明确变更后为公司继续提供相关服务的主体。

四、备查文件

（一）董事会决议；

（二）审计业务约定书；

（三）其他文件。

××××股份有限公司董事会

××××年××月××日

公告编号:

证券代码:　　　　证券简称:　　　　主办券商:

(　　)股份有限公司会计师事务所变更公告

> 本公司及董事会全体成员保证公告内容的真实、准确和完整,没有虚假记载、误导性陈述或者重大遗漏,并对其内容的真实性、准确性和完整性承担个别及连带法律责任。
>
> 董事(　　)因(　　)不能保证公告内容真实、准确、完整(如适用)。

一、更换会计师事务所的情况说明

原会计师事务所名称:(　　)

原会计师事务所已提供审计服务年限:(　　)

公司更换会计师事务所的原因:

二、变更会计师事务所的审议情况

> 说明董事会的召开及对变更会计师事务所的审议情况,尚需提交股东大会审议。

三、拟聘任会计师事务所基本情况

事务所名称:(　　)

统一社会信用代码:(　　)

执行事务合伙人:(　　)

成立日期:(　　)

营业场所:(　　)

经营范围:(　　)

是否具有证券、期货相关业务资格:(是/否)

事务所简介:

> 对拟聘任事务所进行简单介绍。
>
> 涉及会计师事务所合并或者分立而变更的,还应当说明会计师事务所合并或者分立的情况,包括合并或者分立的各方主体,合并或者分立后权利义务的承继主体等,并明确变更后为公司继续提供相关服务的主体。

四、备查文件

(一)董事会决议;

（二）审计业务约定书；

（三）其他文件（如有）。

（　　）股份有限公司董事会

（年/月/日）

第15号　挂牌公司业绩快报公告模板

证券代码：　　证券简称：　　主办券商：　　公告编号：

××××股份有限公司××××年年度业绩快报公告

本公司及董事会全体成员保证本公告内容不存在任何虚假记载、误导性陈述或者重大遗漏，并对其内容的真实性、准确性和完整性承担个别及连带责任。 董事×××、×××因　　(具体和明确的理由)不能保证公告内容真实、准确、完整。

特别提示：本公告所载××××年度主要财务数据为初步核算数据，未经会计师事务所审计，具体数据以公司××××年年度报告中披露的数据为准，提请投资者注意投资风险。

一、××××年度主要财务数据和指标

单位：元

项目	本报告期	上年同期	变动比例(%)
营业总收入			
营业利润			
利润总额			
归属于挂牌公司股东的净利润			
归属于挂牌公司股东的扣除非经常性损益的净利润			
基本每股收益			
加权平均净资产收益率			
	本报告期末	本报告期初	变动比例(%)
总资产			
归属于挂牌公司股东的所有者权益			
股本			
归属于挂牌公司股东的每股净资产			

注：1. 本报告期初数同法定披露的上年年末数。

2. 编制合并报表的公司应当以合并报表数据填制；上年同期财务数据经过重述的，应同时披露重述后的相关数据。

二、经营业绩和财务状况情况说明

(一)应简要说明报告期的经营情况、财务状况及影响经营业绩的主要因素。

(二)上表中有关项目增减变动幅度达30%以上的，应说明增减变动的主要原因。

三、风险提示

(一)公司应当说明可能存在影响本次业绩快报内容准确性的不确定因素,例如不确定的重大交易、会计处理存在争议等。

(二)对上述不确定因素可能造成的影响进行合理、量化分析,同时披露剔除不确定因素后的业绩变动情况。

(三)根据本次业绩快报,预计定期报告公告后公司股票可能被实行风险警示的,应作出说明并提示风险。

(四)其他风险提示。

四、与前次业绩预计的差异说明(如适用)

公司应说明本次业绩快报披露的经营业绩是否与前次披露的业绩预告、业绩预告修正公告中预计的业绩存在差异。若存在,应说明前次业绩预告或业绩预告修正公告的披露时间、预计的业绩以及出现差异的原因。

五、备查文件目录

(一)经公司现任法定代表人、主管会计工作的负责人、总会计师(如有)、会计机构负责人(会计主管人员)签字并盖章的比较式资产负债表和利润表。

(二)其他材料(如有)。

××××股份有限公司董事会

××××年××月××日

公告编号:

证券代码:　　　　证券简称:　　　　主办券商:

(　　)股份有限公司(　　)年年度业绩快报公告

本公司及董事会全体成员保证公告内容的真实、准确和完整,没有虚假记载、误导性陈述或者重大遗漏,并对其内容的真实性、准确性和完整性承担个别及连带法律责任。 董事(　　)因(　　)不能保证公告内容真实、准确、完整(如适用)。

特别提示:本公告所载(　　)年度主要财务数据为初步核算数据,未经会计师事务所审计,具体数据以公司(　　)年度报告中披露的数据为准,提请投资者注意投资风险。

一、(　　)年度主要财务数据和指标

单位:元

项 目	本报告期	上年同期	变动比例(%)
营业总收入			
营业利润			
利润总额			
归属于挂牌公司股东的净利润			
归属于挂牌公司股东的扣除非经常性损益的净利润			
基本每股收益			
加权平均净资产收益率			
	本报告期末	本报告期初	变动比例(%)
总资产			
归属于挂牌公司股东的所有者权益			
股本			
归属于挂牌公司股东的每股净资产			

注:1. 本报告期初数同法定披露的上年年末数。

2. 编制合并报表的公司应当以合并报表数据填制;上年同期财务数据经过重述的,应同时披露重述后的相关数据。

二、经营业绩和财务状况情况说明

(一)报告期的经营情况、财务状况及影响经营业绩的主要因素

（二）业绩变动的主要原因

上表中有关项目增减变动幅度达 30% 以上的，应说明增减变动的主要原因。

三、风险提示

（一）公司应当说明可能存在影响本次业绩快报内容准确性的不确定因素，例如，不确定的重大交易、会计处理存在争议等。 （二）对上述不确定因素可能造成的影响进行合理、量化分析，同时披露剔除不确定因素后的业绩变动情况。 （三）根据本次业绩快报，预计定期报告公告后公司股票可能被实行风险警示的，应作出说明并提示风险。 （四）其他风险提示。

四、与前次业绩预计的差异说明（如适用）

公司应说明本次业绩快报披露的经营业绩是否与前次披露的业绩预告、业绩预告修正公告中预计的业绩存在差异。若存在，应说明前次业绩预告或业绩预告修正公告的披露时间、预计的业绩以及出现差异的原因。

五、备查文件目录

（一）经公司现任法定代表人、主管会计工作的负责人、总会计师（如有）、会计机构负责人（会计主管人员）签字并盖章的比较式资产负债表和利润表。

（二）其他材料（如有）。

（　　）股份有限公司董事会

（年/月/日）

第16号 挂牌公司业绩快报修正公告模板

证券代码： 证券简称： 主办券商： 公告编号：

××××股份有限公司××××年年度业绩快报修正公告及致歉说明(如适用)

本公司及董事会全体成员保证本公告内容不存在任何虚假记载、误导性陈述或者重大遗漏，并对其内容的真实性、准确性和完整性承担个别及连带责任。 董事×××、×××因 (具体和明确的理由)不能保证公告内容真实、准确、完整。

特别提示：本公司董事会于××××年×月××日在全国中小企业股份转让系统官网(www.neeq.com.cn)披露了公司××××年年度业绩快报，现对相关内容修正如下。本公告所载××××年度的财务数据为初步核算数据，未经会计师事务所审计，具体以公司××××年年度报告中披露的数据为准，提请投资者注意投资风险。

一、修正前后的主要财务数据和指标

单位：元

项 目	本报告期		上年同期	修正后数据与上年同期数据的变动比例(%)
	修正前	修正后		
营业总收入				
营业利润				
利润总额				
归属于挂牌公司股东的净利润				
归属于挂牌公司股东的扣除非经常性损益的净利润				
基本每股收益				
加权平均净资产收益率				
	本报告期末		本报告期初	修正后数据与期初数据的变动比例(%)
	修正前	修正后		
总资产				
归属于挂牌公司股东的所有者权益				

续表

项 目	本报告期		上年同期	修正后数据与上年同期数据的变动比例(%)
	修正前	修正后		
股 本				
归属于挂牌公司股东的每股净资产				

注:1. 本报告期初数同法定披露的上年年末数。

2. 编制合并报表的公司应当以合并报表数据填制;上年同期财务数据经过重述的,应同时披露重述后的相关数据。

二、业绩快报修正原因及致歉(如适用)说明

(一)应说明造成业绩快报差异的具体原因。例如计提减值准备、非经常性损益确认变动或其他导致业绩快报修正的具体情况及所涉及金额。

(二)根据注册会计师预审结果进行业绩快报修正的,还应当说明公司与注册会计师是否存在分歧及分歧所在(如适用)。

(三)公司应当结合原业绩快报公告,说明导致本次业绩快报修正的原因是否已在原业绩快报公告中进行了充分风险提示。

(四)业绩快报中的财务数据与实际数据差异幅度达到50%的,公司董事会应向投资者致歉(如适用)。

三、备查文件目录

(一)经公司现任法定代表人、主管会计工作的负责人、总会计师(如有)、会计机构负责人(会计主管人员)签字并盖章的比较式资产负债表和利润表。

(二)其他材料(如有)。

××××股份有限公司董事会

××××年××月××日

公告编号:

证券代码:　　　　证券简称:　　　　主办券商:

(　　)股份有限公司(　　)年度业绩快报修正公告及致歉说明(如适用)

本公司及董事会全体成员保证公告内容的真实、准确和完整,没有虚假记载、误导性陈述或者重大遗漏,并对其内容的真实性、准确性和完整性承担个别及连带法律责任。

董事(　　)因(　　)不能保证公告内容真实、准确、完整(如适用)。

特别提示:本公司董事会于(　　)年(　　)月(　　)日在全国中小企业股份转让系统官网(www. neeq. com. cn)披露了公司(　　)年度业绩快报,现对相关内容修正如下。本公告所载(　　)年度的财务数据为初步核算数据,未经会计师事务所审计,具体以公司(　　)年年度报告中披露的数据为准,提请投资者注意投资风险。

一、修正前后的主要财务数据和指标

单位:元

项 目	本报告期		上年同期	修正后数据与上年同期数据的变动比例(%)
	修正前	修正后		
营业总收入				
营业利润				
利润总额				
归属于挂牌公司股东的净利润				
归属于挂牌公司股东的扣除非经常性损益的净利润				
基本每股收益				
加权平均净资产收益率				
	本报告期末		本报告期初	修正后数据与期初数据的变动比例(%)
	修正前	修正后		
总资产				
归属于挂牌公司股东的所有者权益				
股 本				
归属于挂牌公司股东的每股净资产				

注:1. 本报告期初数同法定披露的上年年末数。

2. 编制合并报表的公司应当以合并报表数据填制;上年同期财务数据经过重述的,应同时披露重述后的相关数据。

二、业绩快报修正原因及致歉(如适用)说明

(一)业绩快报修正原因

应说明造成业绩快报差异的具体原因。例如计提减值准备、非经常性损益确认变动或其他导致业绩快报修正的具体情况及所涉及金额。

(二)与注册会计师是否存在分歧及分歧所在(如适用)

根据注册会计师预审结果进行业绩快报修正的,还应当说明公司与注册会计师是否存在分歧及分歧所在。

(三)是否已在业绩快报中进行风险提示

公司应当结合原业绩快报公告,说明导致本次业绩快报修正的原因是否已在原业绩快报公告中进行了充分风险提示。

(四)致歉说明(如适用)

业绩快报中的财务数据与实际数据差异幅度达到50%的,公司董事会应向投资者致歉。

三、备查文件目录

(一)经公司现任法定代表人、主管会计工作的负责人、总会计师(如有)、会计机构负责人(会计主管人员)签字并盖章的比较式资产负债表和利润表。

(二)其他材料(如有)。

(　　)股份有限公司董事会

(年/月/日)

第17号　挂牌公司业绩预告公告格式模板

证券代码：　证券简称：　主办券商：　公告编号：

××××股份有限公司××××年年度业绩预告公告

本公司及董事会全体成员保证本公告内容不存在任何虚假记载、误导性陈述或者重大遗漏，并对其内容的真实性、准确性和完整性承担个别及连带责任。 董事×××、×××因　（具体和明确的理由）不能保证公告内容真实、准确、完整。

特别提示：本公告所载××××年度主要财务数据为初步核算数据，未经会计师事务所审计，具体数据以公司××××年年度报告中披露的数据为准，提请投资者注意投资风险。

一、本期业绩预告情况

（一）业绩预告期间

××××年1月1日至××××年12月31日。

（二）业绩预告情况

预计的业绩：□由盈转亏　□扭亏为盈　□同向上升　□同向下降

预计本报告期业绩将亏损或与上年同期相比扭亏为盈的，应披露以下表格：

项目	本报告期（单位：万元）	上年同期（单位：万元）
归属于挂牌公司股东的净利润	××（或××—××）	××

预计本报告期与上年同期相比将继续盈利的，应披露以下表格：

项目	本报告期（单位：万元）	上年同期（单位：万元）	变动比例
归属于挂牌公司股东的净利润	××（或××—××）	××	××%（或××%—××%）

二、本期业绩重大变化的主要原因

应说明业绩发生大幅变动、由盈转亏、扭亏为盈的具体原因。

三、风险提示

（一）公司应当说明可能存在影响本次业绩预告内容准确性的不确定因素，例如不确定的重大交易、会计处理存在争议等。

（二）对上述不确定因素可能造成的影响进行合理、量化分析，同时披露剔除不确定因素后的业绩变动情况。

（三）根据本次业绩预告，预计定期报告公告后公司股票可能被实行风险警示的，应作出说明并提示风险。

（四）其他风险提示。

××××股份有限公司董事会

××××年××月××日

公告编号:

证券代码:　　　　证券简称:　　　　主办券商:

(　　)股份有限公司(　　)年年度业绩预告公告

本公司及董事会全体成员保证公告内容的真实、准确和完整,没有虚假记载、误导性陈述或者重大遗漏,并对其内容的真实性、准确性和完整性承担个别及连带法律责任。 董事(　　)因(　　)不能保证公告内容真实、准确、完整(如适用)。

特别提示:本公告所载(　　)年年度主要财务数据为初步核算数据,未经会计师事务所审计,具体数据以公司(　　)年年度报告中披露的数据为准,提请投资者注意投资风险。

一、本期业绩预告情况

(一)业绩预告期间

(　　)年1月1日至(　　)年12月31日。

(二)业绩预告情况

预计的业绩:□由盈转亏　□扭亏为盈　□同向上升　□同向下降

预计本报告期业绩将亏损或与上年同期相比扭亏为盈的,应披露以下表格(如适用):

项 目	本报告期(单位:万元)	上年同期(单位:万元)
归属于挂牌公司股东的净利润	(　　)或(　　)—(　　)	(　　)

预计本报告期与上年同期相比将继续盈利的,应披露以下表格(如适用):

项 目	本报告期(单位:万元)	上年同期(单位:万元)	变动比例
归属于挂牌公司股东的净利润	(　　)或(　　)—(　　)	(　　)	(　　)或(　　)—(　　)

二、本期业绩重大变化的主要原因

应说明业绩发生大幅变动、由盈转亏、扭亏为盈的具体原因。

三、风险提示

（一）公司应当说明可能存在影响本次业绩预告内容准确性的不确定因素，例如不确定的重大交易、会计处理存在争议等。

（二）对上述不确定因素可能造成的影响进行合理、量化分析，同时披露剔除不确定因素后的业绩变动情况。

（三）根据本次业绩预告，预计定期报告公告后公司股票可能被实行风险警示的，应作出说明并提示风险。

（四）其他风险提示。

（　　）股份有限公司董事会

（年/月/日）

第18号　挂牌公司业绩预告修正公告格式模板

证券代码：　证券简称：　主办券商：　公告编号：

××××股份有限公司××××年年度业绩预告修正公告及致歉说明(如适用)

本公司及董事会全体成员保证本公告内容不存在任何虚假记载、误导性陈述或者重大遗漏，并对其内容的真实性、准确性和完整性承担个别及连带责任。 董事×××、×××因　(具体和明确的理由)不能保证公告内容真实、准确、完整。

特别提示：本公司董事会于××××年×月××日在全国中小企业股份转让系统官网(www.neeq.com.cn)披露了公司××××年年度业绩预告，现对相关内容修正如下。本公告所载××××年度的财务数据为初步核算数据，未经会计师事务所审计，具体以公司××××年年度报告中披露的数据为准，提请投资者注意投资风险。

一、本期业绩预告情况

(一)业绩预告期间

××××年1月1日至××××年12月31日。

(二)修正前后的业绩预告情况

修正后预计的业绩：□由盈转亏　□扭亏为盈　□同向上升　□同向下降

修正后预计本报告期业绩将亏损或与上年同期相比扭亏为盈的，应披露以下表格：

项 目	本报告期(单位：万元)		上年同期(单位：万元)
	修正前	修正后	
归属于挂牌公司股东的净利润	××(或××—××)	××(或××—××)	××

修正后预计本报告期与上年同期相比将继续盈利的，应披露以下表格：

项 目	本报告期(单位：万元)		上年同期(单位：万元)	修正后数据与上年同期数据变动比例
	修正前	修正后		
归属于挂牌公司股东的净利润	××(或××—××)	××(或××—××)	××	××%(或××%—××%)

二、业绩预告修正的原因及致歉(如适用)说明

(一)业绩预告修正原因,例如计提减值准备、非经常性损益确认变动或其他导致业绩预告修正的具体情况及所涉及金额。

(二)根据注册会计师预审结果进行业绩预告修正的,还应当说明公司与注册会计师是否存在分歧及分歧所在(如适用)。

(三)公司应当结合原业绩预告公告,说明导致本次业绩预告修正的原因是否已在原业绩预告公告中进行了充分风险提示。

(四)业绩预告中的财务数据与实际数据差异幅度达到50%的,公司董事会应向投资者致歉(如适用)。

三、风险提示

(一)公司应当说明可能存在影响本次业绩预告内容准确性的不确定因素,例如不确定的重大交易、会计处理存在争议等。

(二)对上述不确定因素可能造成的影响进行合理、量化分析,同时披露剔除不确定因素后的业绩变动情况。

(三)根据本次业绩预告修正数据,预计定期报告公告后公司股票可能被实行风险警示的,应作出说明并提示风险。

(四)其他风险提示。

××××股份有限公司董事会

××××年××月××日

公告编号:

证券代码: 证券简称: 主办券商:

( )股份有限公司( )年年度业绩预告修正公告及致歉说明(如适用)

本公司及董事会全体成员保证公告内容的真实、准确和完整,没有虚假记载、误导性陈述或者重大遗漏,并对其内容的真实性、准确性和完整性承担个别及连带法律责任。

董事( )因( )不能保证公告内容真实、准确、完整(如适用)。

特别提示:本公司董事会于( )年( )月( )日在全国中小企业股份转让系统官网(www.neeq.com.cn)披露了公司( )年年度业绩预告,现对相关内容修正如下。本公告所载( )年度的财务数据为初步核算数据,未经会计师事务所审计,具体以公司( )年年度报告中披露的数据为准,提请投资者注意投资风险。

一、本期业绩预告情况

(一)业绩预告期间

( )年1月1日至( )年12月31日。

(二)修正前后的业绩预告情况

修正后预计的业绩:□由盈转亏 □扭亏为盈 □同向上升 □同向下降

修正后预计本报告期业绩将亏损或与上年同期相比扭亏为盈的,应披露以下表格(如适用):

项 目	本报告期(单位:万元)		上年同期(单位:万元)
	修正前	修正后	
归属于挂牌公司股东的净利润	××(或××—××)	××(或××—××)	××

修正后预计本报告期与上年同期相比将继续盈利的,应披露以下表格(如适用):

项 目	本报告期(单位:万元)		上年同期(单位:万元)	修正后数据与上年同期数据变动比例
	修正前	修正后		
归属于挂牌公司股东的净利润	××(或××—××)	××(或××—××)	××	××%(或××%—××%)

二、业绩预告修正的原因及致歉(如适用)说明

(一)业绩预告修正原因

说明业绩预告修正的原因,例如计提减值准备、非经常性损益确认变动或其他导致业绩预告修正的具体情况及所涉及金额。

(二)与注册会计师是否存在分歧及分歧所在(如适用)

根据注册会计师预审结果进行业绩预告修正的,还应当说明公司与注册会计师是否存在分歧及分歧所在。

(三)是否已在业绩预告中进行风险提示

公司应当结合原业绩预告公告,说明导致本次业绩预告修正的原因是否已在原业绩预告公告中进行了充分风险提示。

(四)致歉说明(如适用)

业绩预告中的财务数据与实际数据差异幅度达到50%的,公司董事会应向投资者致歉。

三、风险提示

(一)公司应当说明可能存在影响本次业绩预告内容准确性的不确定因素,例如不确定的重大交易、会计处理存在争议等。 (二)对上述不确定因素可能造成的影响进行合理、量化分析,同时披露剔除不确定因素后的业绩变动情况。 (三)根据本次业绩预告修正数据,预计定期报告公告后公司股票可能被实行风险警示的,应作出说明并提示风险。 (四)其他风险提示。

(　　)股份有限公司董事会

(年/月/日)

第19号　挂牌公司前期会计差错更正公告

证券代码：　证券简称：　主办券商：　公告编号：

××××股份有限公司前期会计差错更正公告

本公司及董事会全体成员保证公告内容不存在虚假记载、误导性陈述或者重大遗漏，并对其内容的真实、准确和完整承担个别及连带责任。 董事×××、×××因　(具体和明确的理由)不能保证公告内容真实、准确、完整。

一、更正概述

简单说明本次更正前期会计差错的内容、涉及的财务报告期间以及更正的原因。

创新层挂牌公司应说明因更正年报数据是否会导致其不符合创新层标准。

二、表决和审议情况

公司应说明董事会等机构是否审议本次会计差错更正的议案以及审议通过情况，并说明是否需要经过股东大会审议通过。

三、董事会关于本次会计差错更正的说明

公司应说明董事会就本次会计差错更正合理性的意见，并对涉及报告期财务数据的影响进行分析，并说明是否涉及业绩承诺、超额分配利润等事项。

四、会计师事务所关于本次会计差错更正的意见

公司应说明涉及财务报告期间审计的会计师事务所是否出具会计差错更正的专项说明，披露说明中发表的结论性意见。

五、监事会对于本次会计差错更正的意见

公司应说明监事会对本次会计差错更正的意见，包括但不限于本次会计差错更正审议程序是否符合法律、行政法规、中国证监会的规定和公司章程，依据是否充分，涉及的公司治理、财务规范、内部控制问题以及解决情况。

六、独立董事对于本次会计差错更正的意见(如适用)

公司应说明独立董事对本次会计差错更正的意见，包括但不限于本次会计差错更正审议程序是否符合法律、行政法规、中国证监会的规定和公司章程，依据是否充分，涉及的公司治理、财务规范、内部控制问题以及解决情况。

七、本次会计差错的具体内容以及对公司的影响

(一)进行追溯调整的，应说明各个列报前期财务报表中受影响的项目名称

和调整金额、调整比例、调整原因,以及对涉及期间的累积影响数。

(二)未进行追溯调整的,说明对当期财务报表的影响数以及会计差错更正的处理情况。

八、备查文件目录

(一)董事会决议;

(二)会计师事务所专项意见(如有);

(三)监事会意见;

(四)其他文件。

××××股份有限公司董事会

××××年××月××日

公告编号:

证券代码:　　　　证券简称:　　　　主办券商:

(　　)股份有限公司前期会计差错更正公告

本公司及董事会全体成员保证公告内容的真实、准确和完整,没有虚假记载、误导性陈述或者重大遗漏,并对其内容的真实性、准确性和完整性承担个别及连带法律责任。 董事(　　)因(　　)不能保证公告内容真实、准确、完整(如适用)。

一、更正概述

简单说明本次更正前期会计差错的内容、涉及的财务报告期间/以及更正的原因。

是否创新层公司:□是　□否

特别提示:挂牌公司因更正年报数据(会/不会)导致其不符合创新层标准。

二、表决和审议情况

董事会等机构审议通过情况,并说明是否需要经过股东大会审议通过。

三、董事会关于本次会计差错更正合理性的说明

公司应说明董事会就本次会计差错更正合理性的意见,并对涉及报告期财务数据的影响进行分析,并说明是否涉及业绩承诺、超额分配利润等事项。

四、会计师事务所关于本次会计差错更正的意见

公司应说明涉及财务报告期间审计的会计师事务所是否出具会计差错更正的专项说明,披露说明中发表的结论性意见。

五、监事会对于本次会计差错更正的意见

公司应说明监事会对本次会计差错更正的意见,包括但不限于本次会计差错更正审议程序是否符合法律、行政法规、中国证监会的规定和公司章程,依据是否充分,涉及的公司治理、财务规范、内部控制问题以及解决情况。

六、独立董事对于本次会计差错更正的意见(如适用)

公司应说明独立董事对本次会计差错更正的意见,包括但不限于本次会计差错更正审议程序是否符合法律、行政法规、中国证监会的规定和公司章程,依据是否充分,涉及的公司治理、财务规范、内部控制问题以及解决情况。

七、本次会计差错更正对公司的影响

是否采用追溯调整法：□是　□否

（一）采用追溯调整法（如适用）

应说明各个列报前期财务报表中受影响的项目名称和调整金额、调整比例、调整原因，以及对涉及期间的累积影响数。 分报告期，说明各个调整项目名称和调整金额、调整比例、调整原因。

前期会计差错对比较期间财务报表主要数据的影响如下

项目	（　）年（　）月（　）日和（　）年度			
	调整前	影响数	调整后	影响比例
资产总计				
负债合计				
未分配利润				
归属于母公司所有者权益合计				
少数股东权益				
所有者权益合计				
营业收入				
净利润				
其中：归属于母公司所有者的净利润				
少数股东损益				

（二）未进行追溯调整的（如适用）

说明对当期财务报表的影响数以及会计差错更正的处理情况。

八、备查文件目录

（一）董事会决议；

（二）会计师事务所专项意见（如有）；

（三）监事会意见；

（四）其他文件（如有）。

（　　）股份有限公司董事会

（年/月/日）

第20号　挂牌公司董事会决议公告格式模板

证券代码：　　证券简称：　　主办券商：　　公告编号：

××××股份有限公司董事会决议公告

本公司及董事会全体成员保证公告内容不存在虚假记载、误导性陈述或者重大遗漏，并对其内容的真实、准确和完整承担个别及连带责任。 董事×××、×××因　　(具体和明确的理由)不能保证公告内容真实、准确、完整。

一、会议召开和出席情况

(一)说明发出董事会会议通知的时间和方式、召开董事会会议的时间、地点和方式。

(二)说明董事会会议的主持人和列席人员。

(三)说明本次董事会会议的召开是否符合有关法律、行政法规、部门规章、规范性文件和公司章程的规定。

(四)说明董事会会议应出席的董事人数，实际出席会议的董事人数(其中：委托出席的董事人数)，缺席会议的董事人数。董事委托他人出席会议的，应披露该董事的姓名、不能亲自出席会议的原因和受托董事姓名；董事缺席会议的，应披露该董事的姓名和缺席会议的原因。以现场结合通讯表决方式召开董事会会议的，应披露以通讯表决方式出席会议的董事姓名及其采用通信表决方式的原因。

二、议案审议情况

(一)逐一披露每项议案的名称、具体内容，获得的同意、反对和弃权的票数，议案是否获得通过。

所审议案需按照《全国中小企业股份转让系统挂牌公司信息披露细则》进行公告的，应另行披露相关重大事件公告，并在董事会决议公告中说明该公告披露情况。

董事对所审议案投反对票或弃权票的，应披露有关理由。

(二)所审议案涉及关联交易、关联董事需回避表决的，应说明关联董事的姓名、存在的关联关系以及回避表决情况。

(三)审议通过的议案需提交股东大会审议的，应在董事会决议公告中明确说明“本议案需提交股东大会审议”。

(四)所审议案涉及授权事项的，应当说明授权的具体内容，包括授权原因、授权范围、授权期限、受托人责任等。

三、备查文件

（一）经与会董事签字并加盖董事会印章的董事会决议；

（二）其他文件。

××××股份有限公司董事会

××××年××月××日

公告编号:

证券代码: 证券简称: 主办券商:

( )股份有限公司第( )届董事会第( )次会议决议公告

本公司及董事会全体成员保证公告内容的真实、准确和完整,没有虚假记载、误导性陈述或者重大遗漏,并对其内容的真实性、准确性和完整性承担个别及连带法律责任。 董事( )因( )不能保证公告内容真实、准确、完整(如适用)。

一、会议召开和出席情况

(一)会议召开情况

1. 会议召开时间:(年/月/日)

2. 会议召开地点:( )

3. 会议召开方式:( )

4. 发出董事会会议通知的时间和方式:(年/月/日以××方式发出)

5. 会议主持人:( )

6. 会议列席人员:( )

7. 召开情况合法、合规、合章程性说明:

从会议召集、召开、议案审议程序等方面是否符合有关法律、行政法规、部门规章、规范性文件和《公司章程》的规定进行说明。

(二)会议出席情况

会议应出席董事( )人,出席和授权出席董事( )人。董事( )因( )缺席,未委托其他董事代为表决(如有),董事( )因( )缺席,委托董事( )代为表决(如有)。董事( )因( )以通讯方式参与表决(如有)。

二、议案审议情况

(一)审议(未)通过《 》议案

1. 议案内容:

简要说明议案具体内容,所审议案需按照《全国中小企业股份转让系统挂牌公司信息披露细则》进行公告的,应另行披露相关重大事件公告,并在董事会决议公告中说明该公告披露情况;涉及特别议案的,应予以强调。

2. 议案表决结果：同意(　　)票；反对(　　)票；弃权(　　)票。

反对/弃权原因：(　　)

3. 回避表决情况：

涉及关联交易事项的，应当说明关联董事的姓名、存在的关联交易、根据公司章程执行的回避表决情况。不涉及关联交易事项的也应明确说明不涉及关联交易事项。

4. 提交股东大会表决情况：

本议案尚需/无须提交股东大会审议。

(二)审议《　　》议案(适用于非关联董事不足半数的情形)

1. 议案内容：

简要说明议案具体内容，所审议案需按照《全国中小企业股份转让系统挂牌公司信息披露细则》进行公告的，应另行披露相关重大事件公告，并在董事会决议公告中说明该公告披露情况；涉及特别议案的，应予以强调。

2. 回避表决情况

涉及关联交易事项的，应当说明关联董事的姓名、存在的关联交易、根据公司章程执行的回避表决情况。不涉及关联交易事项的也应明确说明不涉及关联交易事项。

3. 议案表决结果：

因非关联董事不足半数，本议案直接提交股东大会审议。

……

三、备查文件目录

(一)经与会董事签字并加盖董事会印章或公章的董事会决议；

(二)其他文件(如有)。

(　　)股份有限公司董事会

(年/月/日)

第21号　挂牌公司监事会决议公告格式模板

证券代码：　证券简称：　主办券商：　公告编号：

××××股份有限公司监事会决议公告

本公司及监事会全体成员保证公告内容不存在虚假记载、误导性陈述或者重大遗漏,并对其内容的真实、准确和完整承担个别及连带责任。 监事×××、×××因　(具体和明确的理由)不能保证公告内容真实、准确、完整。

一、会议召开和出席情况

(一)说明发出监事会会议通知的时间和方式、召开监事会会议的时间、地点和方式。

(二)说明监事会会议的主持人。

(三)说明本次监事会会议的召开是否符合有关法律、行政法规、部门规章、规范性文件和公司章程的规定。

(四)说明监事会会议应出席的监事人数,实际出席会议的监事人数(其中:委托出席的监事人数),缺席会议的监事人数。监事委托他人出席会议的,应披露该监事的姓名、不能亲自出席会议的原因和受托监事姓名;监事缺席会议的,应披露该监事的姓名和缺席会议的原因。以现场结合通讯表决方式召开监事会会议的,应披露以通信表决方式出席会议的监事姓名及其采用通信表决方式的原因。

二、议案审议情况

(一)逐一披露每项议案的名称、具体内容,获得的同意、反对和弃权的票数,议案是否获得通过。

所审议案需按照《全国中小企业股份转让系统挂牌公司信息披露细则》进行公告的,应另行披露相关重大事件公告,并在监事会决议公告中说明该公告披露情况。

监事对所审议案投反对票或弃权票的,应披露有关理由。

(二)所审议案涉及关联交易、关联监事需回避表决的,应说明关联监事的姓名、存在的关联关系以及回避表决情况。

(三)审议通过的议案需提交股东大会审议的,应在监事会决议公告中明确说明“本议案需提交股东大会审议”。

（四）所审议案涉及授权事项的，应当说明授权的具体内容，包括授权原因、授权范围、授权期限、受托人责任等。

三、备查文件

（一）经与会监事签字并加盖监事会印章或公章的监事会决议；

（二）其他文件。

××××股份有限公司监事会

××××年××月××日

公告编号：

证券代码： 证券简称： 主办券商：

(　　)股份有限公司第(　　)届监事会第(　　)次会议决议公告

本公司及监事会全体成员保证公告内容的真实、准确和完整,没有虚假记载、误导性陈述或者重大遗漏,并对其内容的真实性、准确性和完整性承担个别及连带法律责任。 监事(　　)因(　　)不能保证公告内容真实、准确、完整(如适用)。

一、会议召开和出席情况

(一)会议召开情况

1. 会议召开时间:(年/月/日)

2. 会议召开地点:(　　)

3. 会议召开方式:(　　)

4. 发出监事会会议通知的时间和方式:(年/月/日以××方式发出)

5. 会议主持人:(　　)

6. 召开情况合法、合规、合章程性说明:

从会议召集、召开、议案审议程序等方面是否符合有关法律、行政法规、部门规章、规范性文件和《公司章程》的规定进行说明。

(二)会议出席情况

会议应出席监事(　　)人,出席和授权出席监事(　　)人。监事(　　)因(　　)缺席,未委托其他监事代为表决(如有),监事(　　)因(　　)缺席,委托监事(　　)代为表决(如有)。监事(　　)因(　　)以通信方式参与表决(如有)。

二、议案审议情况

(一)审议(未)通过《　　》议案

1. 议案内容:

议案内容,所审议案需按照《全国中小企业股份转让系统挂牌公司信息披露细则》进行公告的,应另行披露相关重大事件公告,并在监事会决议公告中说明该公告披露情况;涉及特别议案的,应予以强调。

2. 议案表决结果:同意(　　)票;反对(　　)票;弃权(　　)票。

反对/弃权原因:(　　)

3. 回避表决情况

涉及关联交易事项的，应当说明关联监事的姓名、存在的关联交易、根据公司章程执行的回避表决情况。不涉及关联交易事项的也应明确说明不涉及关联交易事项。

本议案尚需/无须提交股东大会审议。

（二）审议《　　》议案（如适用）

1. 议案内容：

议案内容，所审议案需按照《全国中小企业股份转让系统挂牌公司信息披露细则》进行公告的，应另行披露相关重大事件公告，并在监事会决议公告中说明该公告披露情况；涉及特别议案的，应予以强调。

2. 回避表决情况

涉及关联交易事项的，应当说明关联监事的姓名、存在的关联交易、根据公司章程执行的回避表决情况。不涉及关联交易事项的也应明确说明不涉及关联交易事项。

3. 议案表决结果：

因（　　），本议案直接提交股东大会审议。

……

三、备查文件目录

（一）经与会监事签字并加盖监事会印章或公章的监事会决议；

（二）其他文件（如有）。

（　　）股份有限公司监事会

（年/月/日）

第22号　挂牌公司修订《公司章程》公告格式模板

证券代码：　证券简称：　主办券商：　公告编号：

××××股份有限公司关于修订《公司章程》的公告

> 本公司及董事会全体成员保证公告内容不存在任何虚假记载、误导性陈述或者重大遗漏，并对其内容的真实、准确和完整承担个别及连带责任。
>
> 董事×××、×××因　(具体和明确的理由)不能保证公告内容真实、准确、完整。

一、董事会召开情况

(一)董事会届次。说明本次董事会召开的届次。

(二)会议召开日期。说明董事会会议的召开日期，董事会审议修订《公司章程》议案的表决结果。

(三)说明会议召开的合法、合规性。说明本次董事会会议的召开是否符合有关法律、行政法规、部门规章、规范性文件等相关规定。

二、修订内容

通过列表对比的方式对修订的《公司章程》条文进行逐项说明，并通过加粗方式突出显示。

三、对公司的影响

请说明修订《公司章程》对公司生产、经营等方面的影响。

四、备查文件

(一)经与会董事签字并加盖董事会印章的董事会决议；

(二)原《公司章程》、修订后的《公司章程》；

(三)其他文件。

××××股份有限公司董事会

××××年××月××日

公告编号：

证券代码：　　　　　　证券简称：　　　　　　主办券商：

（　　）股份有限公司关于修订《公司章程》公告

本公司及董事会全体成员保证公告内容的真实、准确和完整，没有虚假记载、误导性陈述或者重大遗漏，并对其内容的真实性、准确性和完整性承担个别及连带法律责任。 董事（　　）因（　　）不能保证公告内容真实、准确、完整（如适用）。

一、董事会召开情况

（一）召开情况

（　　）股份有限公司（以下简称公司）于（　　）年（　　）月（　　）日召开第（　　）届董事会第（　　）次会议，审议通过了《议案名称》，并同意将该议案提交公司股东大会表决。

（二）会议召开的合法、合规性

说明本次董事会会议召开是否符合有关法律、行政法规、部门规章、规范性文件等相关规定。

二、修订内容

根据《公司法》《非上市公众公司监督管理办法》及（　　）等相关规定，公司拟修订《公司章程》的部分条款，修订对照如下：

原规定	修订后
	修订内容加粗突出显示

是否涉及公司注册地址的变更：□是　　□否

变更前公司注册地址为：（　　）

拟变更公司注册地址为：（　　）

除上述修订外，原《公司章程》其他条款内容保持不变，前述内容尚需提交公司股东大会审议，具体以工商行政管理部门登记为准。

三、对公司的影响

请说明修订《公司章程》对公司生产、经营等方面的影响。

四、备查文件

(一)经与会董事签字并加盖董事会印章的董事会决议;

(二)原《公司章程》、修订后的《公司章程》;

(三)其他文件(如有)。

(　　)股份有限公司董事会

(年/月/日)

第23号　挂牌公司治理制度模板

证券代码：　　证券简称：　　主办券商：　　公告编号：

××××股份有限公司董事会制度/股东大会制度/监事会制度/对外投资管理制度/对外担保管理制度/关联交易管理制度/投资者关系管理制度/利润分配管理制度/承诺管理制度/其他制度

本公司及董事会全体成员保证公告内容不存在任何虚假记载、误导性陈述或者重大遗漏，并对其内容的真实、准确和完整承担个别及连带责任。 董事×××、×××因　　（具体和明确的理由）不能保证公告内容真实、准确、完整。

简要说明本管理制度是否履行了挂牌公司《公司章程》规定的审议程序。

列示管理制度的主要内容。

××××××股份有限公司董事会

××××年××月××日

公告编号:

证券代码: 证券简称: 主办券商:

( )股份有限公司( )制度

公司及董事会全体成员保证公告内容的真实、准确和完整,没有虚假记载、误导性陈述或者重大遗漏,并对其内容的真实性、准确性和完整性承担个别及连带法律责任。 董事( )因( )不能保证公告内容真实、准确、完整(如适用)。

本制度经公司( )年( )月( )日( )届( )次董事会审议通过,尚需/无须股东大会审议通过。

制度的主要内容,分章节列示:

( )股份有限公司董事会

(年/月/日)

第24号　挂牌公司权益分派预案公告格式模板

证券代码：　　证券简称：　　主办券商：　　公告编号：

××××股份有限公司×年(年度/半年度/第×季度)权益分派预案公告

本公司及董事会全体成员保证公告内容不存在任何虚假记载、误导性陈述或者重大遗漏,并对其内容的真实、准确和完整承担个别及连带责任。 董事×××、×××因　　(具体和明确的理由)不能保证公告内容真实、准确、完整。

一、权益分派预案情况

简要介绍公司权益分派预案的基本情况,包括公司权益分派财务数据基准日及基准日的相关财务数据,具体分派预案,缴税情况等。其中具体分派方案应为以总股本为基准折算后的每10股分红派息或转增股本的比例。

二、审议及表决情况

主要介绍本次权益分派预案的审议情况,预案生效所必需的审批程序,分配预案预计实施情况。

三、其他

说明本次权益分派预案披露前公司所做的保密工作,提示相关风险。

四、备查文件目录

(一)《董事会决议》;

(二)《监事会决议》;

(三)其他文件。

××××股份有限公司董事会

××××年××月××日

公告编号:

证券代码: 证券简称: 主办券商:

( )股份有限公司( )年[年度/半年度/第( )季度]权益分派预案公告

本公司及董事会全体成员保证公告内容不存在任何虚假记载、误导性陈述或者重大遗漏,并对其内容的真实、准确和完整承担个别及连带责任。 董事( )因( )不能保证公告内容真实、准确、完整(如适用)。

公司可简要介绍权益分派目的等内容。(如适用)

一、权益分派预案情况

截至( )年( )月( )日,挂牌公司合并报表归属于母公司的未分配利润为( )元,母公司未分配利润为( )元(如适用),资本公积为( )元[其中股票发行溢价形成的资本公积为( )元,其他资本公积为( )元](如适用)。(合并报表情形适用)

截至( )年( )月( )日,挂牌公司未分配利润为( )元(如适用),资本公积为( )元[其中股票发行溢价形成的资本公积为( )元,其他资本公积为( )元](如适用)。(单体报表情形适用)

公司本次权益分派预案如下:公司拟以权益分派实施时股权登记日的总股本为基数,以未分配利润向全体股东每10股送红股( )股(如适用),每10股派发现金红利( )元(含税)(如适用);以资本公积向全体股东以每10股转增( )股[其中以股票发行溢价所形成的资本公积每10股转增( )股,无需纳税;以其他资本公积每10股转增( )股,需要纳税](如适用),实际分派结果以中国证券登记结算有限公司核算的结果为准(如适用)。

如有特殊情况,详述具体内容。

上述权益分派所涉个税依据《关于上市公司股息红利差别化个人所得税政策有关问题的通知》(财税〔2015〕101号)执行。

二、审议及表决情况

本次权益分派预案经公司( )年( )月( )日召开的董事会、监事会审议通过,该议案尚需提交公司( )股东大会审议,最终预案以股东大会审议结果为准，分派方案将在股东大会审议通过后 2 个月内实施。

三、其他

本次权益分派预案披露前，公司严格控制内幕信息知情人的范围，并对内幕信息知情人履行保密和严禁内幕交易的告知义务，本次权益分派预案尚需经股东大会批准后确定，敬请广大投资者注意投资风险。

其他特殊情况，自愿披露。

四、备查文件目录

(一)《董事会决议》；

(二)《监事会决议》；

(三)其他文件(如有)。

(　　)股份有限公司董事会

(年/月/日)

第25号　挂牌公司权益分派实施公告格式模板

证券代码：　　证券简称：　　主办券商：　　公告编号：

××××股份有限公司×年(年度/半年度/第×季度)
权益分派实施公告

本公司及董事会全体成员保证公告内容不存在任何虚假记载、误导性陈述或者重大遗漏，并对其内容的真实、准确和完整承担个别及连带责任。 董事×××、×××因　　(具体和明确的理由)不能保证公告内容真实、准确、完整。

通过权益分派方案的股东大会届次及日期。

一、权益分派方案

介绍本次权益分派方案及缴税情况，其中，股本基数应以方案实施前的实际股本为准，分派方案应为以总股本为基准折算后的每10股派现、送红股、资本公积转增股本情况。

二、股权登记日与除权除息日

三、权益分派对象

截止股权登记日下午全国中小企业股份转让系统收市后，在中国证券登记结算有限责任公司北京分公司登记在册的全体股东。

四、权益分派方法

1. 中国结算代派的，公告内容参考中国结算北京分公司提供的《权益分派实施公告》，需说明本次送转的股份将直接计入股东证券账户及计入的具体日期(如适用)；本次委托中国结算北京分公司派发的现金红利通过股东托管证券公司(或其他托管机构)直接划入资金账户及划入的具体日期(如适用)，如需填写股东账号的，股东账号中间四位用××××代替。

2. 全部由公司自行派发的，应说明公司将现金红利划入股东账户的日期等内容。

五、本次所送转的无限售股份起始转让日(如适用)

六、股份变动情况表(如适用)

股份性质	本次变动前		本次变动	本次变动后	
	数量(股)	比例(%)	送股(或转增)	数量(股)	比例(%)
限售流通股					
无限售流通股					
总股本					

七、调整相关参数(如适用)

实施送转股方案后,按新股本总数摊薄计算的上年度每股收益或本年度中期每股收益。

八、联系方式

地址、联系人、电话、传真等。

九、备查文件

(一)公司股东大会关于审议通过权益分派方案的决议;

(二)中国结算北京分公司确认有关权益分派具体时间安排的文件(如适用)。

××××股份有限公司董事会

××××年××月××日

公告编号:

证券代码:　　　　证券简称:　　　　主办券商:

(　　)股份有限公司(　　)年[年度/半年度/第(　　)季度]权益分派实施公告

(全部或部分由中国结算代派的情况下适用本模板)

本公司及董事会全体成员保证公告内容不存在任何虚假记载、误导性陈述或者重大遗漏,并对其内容的真实、准确和完整承担个别及连带责任。 董事(　　)因(　　)不能保证公告内容真实、准确、完整。

(　　)股份有限公司,(　　)年[年度/半年度/第(　　)季度]权益分派方案已获(　　)年(　　)月(　　)日召开的股东大会审议通过,现将权益分派事宜公告如下:

一、权益分派方案

本公司(　　)年[年度/半年度/第(　　)季度]权益分派方案为:以公司现有总股本(　　)股为基数,向全体股东每10股送红股(　　)股(如适用),每10股转增(　　)股,[其中以股票发行溢价形成的资本公积金每10股转增(　　)股,不需要纳税;以其他资本公积每10股转增(　　)股,需要纳税](如适用),派(　　)元人民币现金[个人股东、投资基金适用股息红利差别化个人所得税政策(财税〔2015〕101号文);QFII(如有)实际每10股派(　　)元,对于QFII之外的其他非居民企业,本公司未代扣代缴所得税,由纳税人在所得发生地缴纳。](如适用)

[注:个人股东、投资基金持股1个月(含1个月)以内,每10股补缴税款(　　)元;持股1个月以上至1年(含1年)的,每10股补缴税款(　　)元;持股超过1年的,不需补缴税款。]

分红前本公司总股本为(　　)股,分红后总股本增至(　　)股。(如适用)

如有特殊情况,详述具体内容。

二、权益登记日与除权除息日

本次权益分派权益登记日为:(　　)年(　　)月(　　)日

除权除息日为:(　　)年(　　)月(　　)日

三、权益分派对象

本次分派对象为：截至（　　）年（　　）月（　　）日下午全国中小企业股份转让系统收市后，在中国证券登记结算有限责任公司北京分公司（以下简称中国结算北京分公司）登记在册的本公司全体股东。投资者R日（R日为权益登记日）买入的证券，享有相关权益；对于投资者R日卖出的证券，不享有相关权益。

四、权益分派方法

1. 本次所送（转）股于（　　）年（　　）月（　　）日直接记入股东证券账户。（如适用）

2. 本公司此次委托中国结算北京分公司代派的现金红利将于（　　）年（　　）月（　　）日通过股东托管证券公司（或其他托管机构）直接划入其资金账户。（如适用）

3. 以下股份性质的现金红利由本公司自行派发：（如适用）

以下股东的现金红利由本公司自行派发（如适用）：

序号	股东账号	股东名称
1		
2		

4. 待确认股份由本公司自行派发现金红利。（如适用）

5. 其他特殊情况：（如适用）

详述特殊情况内容。

五、本次所送（转）的无限售条件流通股的起始转让日为（　　）年（　　）月（　　）日（如适用）

六、股份变动情况表（如适用）

股份性质	本次变动前		本次变动	本次变动后	
	数量（股）	比例（%）	送股（或转增）	数量（股）	比例（%）
限售流通股					
无限售流通股					
总股本					

七、本次实施送(转)股后,按新股本股摊薄计算,(　　)年度,每股净收益为(　　)元(如适用)

八、联系方式

地址:(　　)　　联系人:(　　)

电话:(　　)　　传真:(　　)

九、备查文件

(一)公司股东大会关于审议通过分派方案的决议。

(二)中国结算北京分公司确认有关权益分派具体时间安排的文件。(如适用)

(　　)股份有限公司董事会

(年/月/日)

公告编号：

证券代码： 证券简称： 主办券商：

（ ）股份有限公司（ ）年［年度/半年度/第（ ）季度］权益分派实施公告

（现金红利全部由公司自行派发的情况下适用本模板）

本公司及董事会全体成员保证公告内容不存在任何虚假记载、误导性陈述或者重大遗漏，并对其内容的真实、准确和完整承担个别及连带责任。 董事（ ）因（ ）不能保证公告内容真实、准确、完整。

（ ）股份有限公司，（ ）年［年度/半年度/第（ ）季度］权益分派方案已获（ ）年（ ）月（ ）日召开的股东大会审议通过，现将权益分派事宜公告如下：

一、权益分派方案

本公司（ ）年［年度/半年度/第（ ）季度］权益分派方案为：以公司现有总股本（ ）股为基数，向全体股东每10股派（ ）元人民币现金［个人股东、投资基金适用股息红利差别化个人所得税政策（财税〔2015〕101号文）］。

如有特殊情况，详述具体内容。

二、权益登记日与除权除息日

本次权益分派权益登记日为：（ ）年（ ）月（ ）日

除权除息日为：（ ）年（ ）月（ ）日

三、权益分派对象

本次分派对象为：截至（ ）年（ ）月（ ）日下午全国中小企业股份转让系统收市后，在中国证券登记结算有限责任公司北京分公司（以下简称中国结算北京分公司）登记在册的本公司全体股东。投资者R日（R日为权益登记日）买入的证券，享有相关权益；对于投资者R日卖出的证券，不享有相关权益。

四、权益分派方法

本次权益分派现金红利全部由本公司自行派发，将于（ ）年（ ）月（ ）日划入股东资金账户。

如有其他特殊情况，详述具体内容。

五、联系方式

地址:(　　)　　联系人:(　　)

电话:(　　)　　传真:(　　)

六、备查文件

公司股东大会关于审议通过分派方案的决议。

(　　)股份有限公司董事会

(年/月/日)

第26号　新增股份在全国股份转让系统挂牌并公开转让的公告格式模板

证券代码：　证券简称：　公告编号：　主办券商：

××××股份有限公司(股票发行/发行股份购买资产暨重大资产重组/双创可转换债券转股)新增股份在全国股份转让系统挂牌并公开转让的公告

本公司及董事会全体成员保证公告内容不存在任何虚假记载、误导性陈述或者重大遗漏,并对其内容的真实、准确和完整承担个别及连带责任。 董事×××、×××因　(具体和明确的理由)不能保证公告内容真实、准确、完整。

一、本次股票发行/发行股份购买资产暨重大资产重组/双创可转换债券转股新增股份数量、有限售条件流通股及无限售条件流通股数量、挂牌公开转让日期。

二、股票发行情况报告书/重组实施报告书/双创可转换债券转股实施结果公告等文件披露情况。

××××股份有限公司董事会

××××年××月××日

公告编号:

证券代码:　　　　证券简称:　　　　主办券商:

(　　)股份有限公司(股票发行/发行股份购买资产暨重大资产重组/双创可转换债券转股)新增股份在全国股份转让系统挂牌并公开转让的公告

本公司及董事会全体成员保证公告内容的真实、准确和完整,没有虚假记载、误导性陈述或者重大遗漏,并对其内容的真实性、准确性和完整性承担个别及连带法律责任。 董事(　　)因(　　)不能保证公告内容真实、准确、完整。(如适用)

(　　)股份有限公司(以下简称公司)本次(发行/转股)股份总额为(　　)股,其中有限售条件流通股(　　)股,无限售条件流通股(　　)股。本次(发行/转股)新增股份将于(　　)年(　　)月(　　)日起在全国中小企业股份转让系统挂牌并公开转让。

《股票发行情况报告书/重大资产重组实施情况报告书/双创可转换债券转股实施结果公告》等相关文件已披露于全国中小企业股份转让系统指定信息披露平台(http://www.neeq.com.cn),供投资者查阅。

(　　)股份有限公司董事会

(年/月/日)

第27号 挂牌公司变更持续督导主办券商公告格式模板

证券代码： 证券简称： 主办券商： 公告编号：

××××股份有限公司变更持续督导主办券商公告

本公司及董事会全体成员保证公告内容不存在虚假记载、误导性陈述或者重大遗漏，并对其内容的真实、准确和完整承担个别及连带责任。 董事×××、×××因 （具体和明确的理由）不能保证公告内容真实、准确、完整。

一、变更持续督导主办券商的情况说明

简要介绍变更日期，原主办券商持续督导工作情况，说明双方解除督导协议的原因。

二、变更持续督导主办券商的审议情况

简要说明董事会、股东大会对变更持续督导主办券商有关事项的审议情况。

三、变更持续督导主办券商的协议签署情况

简要说明与原主办券商协商一致解除持续督导协议的情况，与承接主办券商签署持续督导协议的情况。

××××股份有限公司董事会

××××年××月××日

公告编号：

证券代码：　　　　证券简称：　　　　主办券商：

(　　)股份有限公司变更持续督导主办券商公告

本公司及董事会全体成员保证公告内容的真实、准确和完整，没有虚假记载、误导性陈述或者重大遗漏，并对其内容的真实性、准确性和完整性承担个别及连带法律责任。 董事(　　)因(　　)不能保证公告内容真实、准确、完整(如适用)。

一、变更持续督导主办券商的情况说明

简要介绍变更日期，原主办券商持续督导工作情况，说明双方解除督导协议的原因。

二、变更持续督导主办券商的审议情况

简要说明董事会、股东大会对变更持续督导主办券商有关事项的审议情况。

三、变更持续督导主办券商的协议签署情况

简要说明与原主办券商协商一致解除持续督导协议的情况，与承接主办券商签署持续督导协议的情况。

(　　)股份有限公司董事会

(年/月/日)

第28号　挂牌公司关于变更股票转让方式的提示性公告格式模板

证券代码：　证券简称：　主办券商：　公告编号：

××××股份有限公司关于变更股票转让方式为集合竞价/做市转让方式的提示性公告格式模板

本公司及董事会全体成员保证公告内容不存在虚假记载、误导性陈述或者重大遗漏，并对其内容的真实、准确和完整承担个别及连带责任。 董事×××、×××因　（具体和明确的理由）不能保证公告内容真实、准确、完整。

一、变更为集合竞价转让方式情形

××股份有限公司（以下简称公司）变更股票转让方式为集合竞价转让方式申请已经全国中小企业股份转让系统有限责任公司同意。公司股票将于×年×月×日起变更为集合竞价转让方式。变更前，公司股票仍采取做市转让方式进行转让。公司所属层级：××。

二、变更为做市转让方式情形

××股份有限公司（以下简称公司）变更股票转让方式为做市转让方式申请已经全国中小企业股份转让系统有限责任公司同意。公司股票将于×年×月×日起变更为做市转让方式。变更前，公司股票仍采取集合竞价转让方式进行转让。公司所属层级：××。

做市商1：××（全称）。

做市商2：××（全称）。

……

特此公告。

×××××股份有限公司董事会

××××年××月××日

公告编号:

证券代码:　　　　　证券简称:　　　　　主办券商:

(　　)股份有限公司关于变更股票转让方式为集合竞价/做市转让方式的提示性公告

本公司及董事会全体成员保证公告内容的真实、准确和完整,没有虚假记载、误导性陈述或者重大遗漏,并对其内容的真实性、准确性和完整性承担个别及连带法律责任。

董事(　　)因(　　)不能保证公告内容真实、准确、完整(如适用)。

(适用于变更为集合竞价转让方式)

(　　)股份有限公司(以下简称公司)变更股票转让方式为集合竞价转让方式申请已经全国中小企业股份转让系统有限责任公司同意。公司股票将于(　　)年(　　)月(　　)日起变更为集合竞价转让方式。变更前,公司股票仍采取做市转让方式进行转让。公司所属层级为(创新层/基础层)。

(适用于变更为做市转让方式)

(　　)股份有限公司(以下简称公司)变更股票转让方式为做市转让方式申请已经全国中小企业股份转让系统有限责任公司同意。公司股票将于(　　)年(　　)月(　　)日起变更为做市转让方式。变更前,公司股票仍采取集合竞价转让方式进行转让。公司所属层级为(创新层/基础层)。

做市商1(全称):。

做市商2(全称):。

……

特此公告。

(　　)股份有限公司董事会

(年/月/日)

第29号　挂牌公司或关联方收到行政处罚或自律监管措施的公告格式模板

证券代码：　证券简称：　主办券商：　公告编号：

挂牌公司或关联方收到行政处罚或自律监管措施的公告

本公司及董事会全体成员保证公告内容不存在任何虚假记载、误导性陈述或者重大遗漏，并对其内容的真实、准确和完整承担个别及连带责任。 董事×××、×××因　（具体和明确的理由）不能保证公告内容真实、准确、完整。

一、基本情况

（一）分别说明相关文书的名称、作出日期和公司、相关责任人的生效日期。

（二）说明本次行政处罚/自律监管措施的实施主体，分项列示涉嫌违规的主体及其在挂牌公司的任职情况。

（三）按种类概述相关处罚/处理文书中载明的违规事项类别。

二、主要内容

简要说明文书的主要内容，包括但不限于违规事实、处罚依据、处罚结果等。

三、对公司经营及财务方面的影响

明确说明违规行为对挂牌公司产生的客观影响，包括但不限于从账务状况、生产经营等方面进行分析。

四、应对措施或整改情况（如适用）

简要说明挂牌公司针对本次行政处罚/行政监管措施/自律监管措施/纪律处分，拟采取的应对措施，包括但不限于是否接受并主动履行处罚结果，是否存在被处罚主体不服处罚决定拟提起复议或诉讼等。

简要说明挂牌和相关责任人拟采取的整改措施。

五、备查文件目录

相关决定文书，如立案调查通知书、行政处罚决定书、行政监管措施决定书、自律监管措施决定书等。

××××股份有限公司董事会

××××年××月××日

公告编号：

证券代码：　　　　证券简称：　　　　主办券商：

(　　)股份有限公司关于
(公司/关联方)收到(文书名称)的公告

本公司及董事会全体成员保证公告内容的真实、准确和完整,没有虚假记载、误导性陈述或者重大遗漏,并对其内容的真实性、准确性和完整性承担个别及连带法律责任。 董事(　　)因(　　)不能保证公告内容真实、准确、完整(如适用)。

一、基本情况

相关文书的全称:(　　)

收到日期:(年/月/日)

生效日期:(年/月/日)

涉嫌违规主体及任职情况：

请分行列示相关主体的姓名或名称,及其在挂牌公司的任职情况。

涉嫌违规的事项类别：

简要概述相关处罚/处理文书中载明的违规事项的类别,如资金占用、重大资产重组违规等。

二、主要内容

(一)涉嫌违规事实：

(二)处罚/处理依据及结果(如适用)：

(三)其他需要说明的情况(如有)：

三、对公司的影响

(一)对公司经营方面产生的影响：

若无,则说明原因;若有,则说明具体影响的情况以及公司的已采取和拟采取的应对措施。

（二）对公司财务方面产生的影响：

若无,则说明原因;若有,则说明具体影响的情况以及公司的已采取和拟采取的应对措施。

（三）是否存在因不符合创新层标准而被调整至基础层的风险：是　□
否　□　　不适用　□

四、应对措施或整改情况

（一）拟采取的应对措施

针对收到中国证监会立案调查通知书,简要说明挂牌公司拟采取的应对措施,如全力配合中国证监会的调查工作等。 针对本次行政处罚/行政监管措施,简要说明挂牌公司拟采取的应对措施。 针对本次被全国股转公司采取自律监管措施或纪律处分决定,简要说明挂牌公司拟采取的应对措施等。

（二）整改情况（如适用）

简要说明挂牌和相关责任人拟采取的整改措施。

五、备查文件目录

相关决定文书，如立案调查通知书、行政处罚决定书、行政监管措施决定书、自律监管措施决定书等。

（　　）股份有限公司董事会

（年/月/日）

第30号　挂牌公司关于申请股票首次公开发行并上市及其进展公告格式模板

证券代码：　　　　证券简称：　　　　公告编号：

××××股份有限公司关于申请股票首次公开发行并上市及其进展公告

本公司及董事会全体成员保证公告内容不存在任何虚假记载、误导性陈述或者重大遗漏，并对其内容的真实、准确和完整承担个别及连带责任。 董事×××、×××因　　(具体和明确的理由)不能保证公告内容真实、准确、完整。

×××××股份有限公司(以下简称公司)拟首次公开发行股票并上市，××年××月××日，公司向中国证券监督管理委员会××监管局申请上市辅导并获受理，辅导机构为××。

××××年××月××日，公司向中国证券监督管理委员会(以下简称中国证监会)报送了首次公开发行股票并在××板上市的申请文件，××年××月××日，中国证监会出具了第××号《中国证监会行政许可申请受理通知书》。经向全国中小企业股份转让系统有限责任公司申请，××年××月××日起，公司股票在全国中小企业股份转让系统暂停转让。

(中止审查适用)在审核期间，公司因……(请详细说明具体原因)，向中国证监会提交了中止审查申请。××年××月××日，中国证监会出具了第××号《中国证监会行政许可申请中止审查通知书》，同意了公司的中止审查申请。

(恢复审查适用)在中止审查期间，公司(详细说明申请原因的解决情况)，并及时向中国证监会提交了恢复审查申请。××年××月××日，中国证监会出具了第××号《中国证监会行政许可申请恢复审查通知书》，同意恢复公司首次公开发行股票并上市的审查。

(终止审查适用)××年××月××日召开第××届董事会第××次会议审议通过了《关于××的议案》。××年××月××日向中国证监会递交了《关于撤回首次公开发行股票(A股)并上市申请文件》的申请，××年××月××日，收到了《中国证监会行政许可申请终止审查通知书》(××号)，公司首次公开发行股票并上市的申请终止。

(审核通过/未通过/其他适用)根据中国证券监督管理委员会××××发

审委××××年××月××日召开的××××年第××次会议审核结果,×××××股份有限公司首次公开发行上市申请获通过/未获通过/暂缓表决/有条件通过等。

公司首次公开发行上市申请具体发审委意见如下:

××××××

(其他情形适用)请说明具体事件发生的时间、原因及公司拟采取的应对措施等。

公司将根据相关事项进展情况严格按照法律法规的规定和要求,及时履行信息披露义务,敬请广大投资者关注,并注意投资风险。

特此公告。

备查文件目录

(一)中国证监会相关文书,如行政许可受理通知书、中止审查通知书、恢复审查通知书等。

(二)其他文件。

×××××股份有限公司董事会

××××年××月××日

公告编号：

证券代码：　　　　　　证券简称：　　　　　　主办券商：

(　　)股份有限公司关于申请股票首次公开发行并上市(进展)公告

本公司及董事会全体成员保证公告内容的真实、准确和完整,没有虚假记载、误导性陈述或者重大遗漏,并对其内容的真实性、准确性和完整性承担个别及连带法律责任。 董事(　　)因(　　)不能保证公告内容真实、准确、完整(如适用)。

(　　)股份有限公司(以下简称公司)拟首次公开发行股票并上市,(　　)年(　　)月(　　)日,公司向中国证券监督管理委员会(　　)监管局提交上市辅导并获受理,辅导机构为(　　)。

一、申请获中国证监会受理(如适用)

说明申请材料的报送日期及拟上市的证券市场板块情况,中国证监会受理日期及受理通知书文号等。 说明公司招股说明书的披露日期和披露平台,并提供相关平台链接。

(　　)年(　　)月(　　)日起,公司股票在全国中小企业股份转让系统暂停转让。

二、中止审查情况(如适用)

(一)申请中止审查(如适用)

说明中止审查事由发生的具体内容,向中国证监会申请中止审查的日期、收到《中国证监会行政许可申请中止审查通知书》的日期及对应文号等。

(二)恢复审查情况(如适用)

说明公司在中止审查期间对相关事由的解决情况,说明收到《中国证监会行政许可申请恢复审查通知书》的日期及文号,并说明恢复审查的日期。

三、审查结果(如适用)

(一)终止审查(如适用)

说明公司就拟申请终止审查事项的公司审议情况,收到《中国证监会行政许可申请终止审查通知书》的日期和相关文号,并说明终止审查的生效日期等。

（二）审查通过/未获通过/暂缓表决/有条件通过（如适用）

根据中国证券监督管理委员会（　　）发审委（　　）年（　　）月（　　）日召开的（　　）年第（　　）次会议审核结果，公司首次公开发行上市申请的审查结果为（　　），发审委具体审查意见为：

请说明发审委的具体审查意见。

四、其他情形（如适用）

若出现发审委取消审查、更换中介机构等事由时，请说明具体事件发生的时间、原因及公司拟采取的应对措施等。

公司将根据相关事项进展情况严格按照法律法规的规定和要求，及时履行信息披露义务，敬请广大投资者关注，并注意投资风险。

特此公告。

五、备查文件目录

（一）中国证监会相关文书，如行政许可受理通知书、中止审查通知书、恢复审查通知书等；

（二）其他文件（如有）。

（　　）股份有限公司董事会

（年/月/日）

第31号　权益变动报告书公告格式模板

证券代码：　　证券简称：　　主办券商：　　公告编号：

××××股份有限公司权益变动报告书

【法人或其他经济组织适用】

信息披露义务人的董事会及其董事或主要负责人,保证本权益变动报告书内容的真实、准确和完整,其中不存在虚假记载、误导性陈述或者重大遗漏,并对其内容的真实性、准确性和完整性承担个别及连带法律责任。

信息披露义务人的董事会/董事(　　)/主要负责人(　　)因(　　)不能保证本权益变动报告书内容的真实、准确和完整(如有)。

【自然人适用】

本人保证本权益变动报告书内容的真实、准确和完整,其中不存在虚假记载、误导性陈述或者重大遗漏,并对其内容的真实性、准确性和完整性承担个别及连带法律责任。

一、信息披露义务人介绍

(一)基本情况

1. 信息披露义务人应当按照如下要求披露其基本情况：

(1)信息披露义务人为法人或者其他经济组织的,应当披露公司(合伙企业等)名称、法定代表人、实际控制人、设立日期、注册资本(实缴资本)、住所、邮编、所属行业、主要业务、统一社会信用代码等;

(2)信息披露义务人为自然人的,应当披露姓名、国籍、是否拥有永久境外居留权、最近五年内的工作单位、职务、所任职单位主要业务及注册地,以及是否与所任职单位存在产权关系等。

2. 信息披露义务人为多人的,应分别披露各信息披露义务人的基本情况,此外,还应当披露：

(1)各信息披露义务人之间在股权、资产、业务、高级管理人员等方面的关系,可以以方框图的形式加以说明;

(2)信息披露义务人为一致行动人的,应当说明一致行动的目的、达成一致行动协议或者意向的方式、时间、一致行动协议或者意向的内容。

(二)注意事项

1. 信息披露义务人在披露之日前6个月内,因拥有权益的股份变动已经披露过权益变动报告书的，可以仅就与前次报告书不同的部分作出披露。自前次披露之日起超过6个月的，信息披露义务人应当按照《非上市公众公司收购管理办法》及相关规定编制并披露权益变动报告书。

2. 各信息披露义务人应当对信息披露文件中涉及其自身的信息承担责任；对信息披露文件中涉及的与多个信息披露义务人相关的信息，各信息披露义务人对相关部分承担连带责任。

二、拥有权益及变动情况

（一）基本情况

信息披露义务人应当按照《非上市公众公司收购管理办法》及相关规定计算并披露其持有、控制公众公司股份的详细名称、种类、数量、占公众公司已发行股份的比例、所持股份性质及性质变动情况，股东持股（拟）变动达到规定比例的日期及权益变动方式。

（二）注意事项

1. 根据《非上市公众公司收购管理办法》及相关规定，投资者在公众公司中拥有的权益，包括登记在其名下的股份和虽未登记在其名下但该投资者可以实际支配表决权的股份。投资者及其一致行动人在公众公司中拥有的权益应当合并计算。

2. 信息披露义务人为多人的，还应当分别披露各信息披露义务人在公众公司中拥有权益的股份详细名称、种类、数量、占公众公司已发行股份的比例。

3. 信息披露义务人持有表决权未恢复的优先股的，还应当披露持有数量和比例。

4. 信息披露义务人为法人或者其他组织的，还应当披露其做出本次收购决定所履行的相关程序及具体时间。

三、权益变动具体方式及目的

各信息披露义务人应逐一说明本次权益（拟）变动的具体方式、目的及后续交易计划。

四、国家相关部门批准情况

挂牌公司相关股份权益变动活动需要取得国家相关部门批准的，各信息披露义务人均应当披露须履行的批准程序及相关批准程序进展情况。

五、所涉协议的主要内容

信息披露义务人应披露权益（拟）变动涉及的相关协议、行政划转或变更、法院裁定等文件的主要内容，通过全国中小企业股份转让系统以竞价转让/做市转让/其他转让方式导致权益变动的，可填写无协议。

六、其他重大事项

(一)控股股东/实际控制人减持情况

1. 公众公司控股股东向收购人协议转让其所持有的公司股份,导致其丧失控股股东地位的,应当在其权益变动报告书中披露对收购人的主体资格、诚信情况及收购意图的调查情况。

2. 公众公司的控股股东、实际控制人及其关联方未清偿其对公司的负债,未解除公司为其负债提供的担保,或者存在损害公司利益的其他情形的,公众公司的控股股东、实际控制人应当披露前述情形及消除损害的情况;未能消除损害的,应当披露其出让相关股份所得收入用于消除全部损害的安排。

(二)注意事项

无其他重大事项,亦应写明:截至本报告书签署之日,本报告书已按照有关规定对本次权益变动的相关信息进行了如实披露,不存在根据法律以及相关规定信息披露人应当披露而未披露的其他重大信息。

七、备查文件目录

(一)信息披露义务人为法人或其他组织的,提供营业执照等相关文件;信息披露义务人为自然人的,提供身份证明文件等相关文件;

(二)信息披露义务人董事及其主要负责人的名单及其身份证明文件;

(三)信息披露义务人就收购作出的相关决定;

(四)涉及收购资金来源的协议(如适用);

(五)任何与本次收购及相关股份权益活动有关的合同、协议和其他安排的文件;

(六)合伙协议(如有);

(七)其他备查文件。

信息披露义务人1:

信息披露义务人2:

(多个信息披露义务人分别签署)

××××年××月××日

公告编号：

证券代码：　　　　　证券简称：　　　　　主办券商：

(　　)股份有限公司权益变动报告书

【法人或其他经济组织适用】

(信息披露义务人名称)的董事会及其董事或主要负责人,保证本权益变动报告书内容的真实、准确和完整,其中不存在虚假记载、误导性陈述或者重大遗漏,并对其内容的真实性、准确性和完整性承担个别及连带法律责任。

(信息披露义务人名称)的董事会/董事(　　)/主要负责人(　　)因(　　)不能保证本权益变动报告书内容的真实、准确和完整(如有)。

【自然人适用】

本人保证本权益变动报告书内容的真实、准确和完整,其中不存在虚假记载、误导性陈述或者重大遗漏,并对其内容的真实性、准确性和完整性承担个别及连带法律责任。

一、信息披露义务人基本情况

(一)法人填写

公司名称	(多个信息披露义务人分别填写)	
法定代表人		
设立日期		
注册资本		
住 所		
邮 编		
所属行业		
主要业务		
统一社会信用代码		
权益变动前是否为挂牌公司第一大股东	是/否(实际发生权益变动时,下同)	
权益变动后是否为挂牌公司第一大股东	是/否	
权益变动前是否为挂牌公司控股股东	是/否	
权益变动后是否为挂牌公司控股股东	是/否	
权益变动前是否为挂牌公司实际控制人	是/否	
权益变动后是否为挂牌公司实际控制人	是/否	
信息披露义务人控股股东情况		
信息披露义务人实际控制人情况		
是否需要履行内部相关程序	是/否	如是,应写明所履行的相关程序及具体时间

(二)合伙企业填写

企业名称	(多个主体分别填写)	
合伙类型	有限合伙/普通合伙	
实际控制人名称		
实际控制人是否属于失信联合惩戒对象	是/否	
设立日期		
实缴出资		
住 所		
邮 编		
所属行业		
主要业务		
统一社会信用代码		
是否属于失信联合惩戒对象	是/否	
是否需要国家相关部门批准	是/否	如是,应写明批准部门、须履行的批准程序及相关程序进展情况
是否需要履行内部相关程序	是/否	如是,应写明所履行的相关程序及具体时间

(三)其他主体填写

名 称	(多个主体分别填写)
类 型	如资产管理计划/信托计划等
实际控制人名称	
实际控制人的认定依据	如产品管理人情况等
实际控制人是否属于失信联合惩戒对象	是/否
其他相关情况	

(四)自然人填写

姓 名	(多个信息披露义务人分别填写)	
国 籍		
是否拥有永久境外居留权	是/否	如是,应写明具体情况

续表

姓 名	（多个信息披露义务人分别填写）	
最近五年内的工作单位及职务	按照时间逐个列明	
现任职单位主要业务		
现任职单位注册地		
与现任职单位存在产权关系情况	有/无	如有（如是否持有任职单位股权等），应写明具体情况
权益变动前是否为挂牌公司第一大股东	是/否	
权益变动后是否为挂牌公司第一大股东	是/否	
权益变动前是否为挂牌公司控股股东	是/否	
权益变动后是否为挂牌公司控股股东	是/否	
权益变动前是否为挂牌公司实际控制人	是/否	
权益变动后是否为挂牌公司实际控制人	是/否	
是否为挂牌公司董事、监事、高级管理人员	是/否	

（五）信息披露义务人为多人情形的还应填写

各信息披露义务人之间的相互关系		
股权关系	有/无	如有，应写明具体情况
资产关系	有/无	如有，应写明具体情况
业务关系	有/无	如有，应写明具体情况
高级管理人员关系	有/无	如有，应写明具体情况

（六）信息披露义务人存在一致行动关系的还应填写

1. 一致行动主体包括：（　　）；

2. 一致行动人关系构成的认定依据：

□签订协议　□亲属关系　□其他

3. 一致行动人关系的时间期限（如有）：（长期/年/月）自（年/月/日）至（年/月/日）；

4. 其他应披露的事项（如有）：（　　）。

二、拥有权益及变动情况

信息披露义务人	（多个信息披露义务人分别填写）
股份名称	挂牌公司全称

续表

<table>
<tr><td>信息披露义务人</td><td colspan="2">(多个信息披露义务人分别填写)</td></tr>
<tr><td>股份种类</td><td colspan="2">人民币普通股</td></tr>
<tr><td>权益变动方向</td><td colspan="2">增持/减持</td></tr>
<tr><td rowspan="3">拥有权益的股份数量及比例(权益变动前)</td><td rowspan="5">合计拥有权益(　　)股,占比(　　)</td><td>直接持股(　　)股,占比(　　)</td></tr>
<tr><td>间接持股(　　)股,占比(　　)</td></tr>
<tr><td>一致行动或其他方式拥有权益(　　)股,占比(　　)</td></tr>
<tr><td rowspan="2">所持股份性质(权益变动前)</td><td>无限售条件流通股(　　)股,占比(　　)</td></tr>
<tr><td>有限售条件流通股(　　)股,占比(　　)</td></tr>
<tr><td rowspan="3">拥有权益的股份数量及比例(权益变动后)</td><td rowspan="5">合计拥有权益(　　)股,占比(　　)</td><td>直接持股(　　)股,占比(　　)</td></tr>
<tr><td>间接持股(　　)股,占比(　　)</td></tr>
<tr><td>一致行动或其他方式拥有权益(　　)股,占比(　　)</td></tr>
<tr><td rowspan="2">所持股份性质(权益变动后)</td><td>无限售条件流通股(　　)股,占比(　　)</td></tr>
<tr><td>有限售条件流通股(　　)股,占比(　　)</td></tr>
<tr><td>本次权益变动所履行的相关程序及具体时间(法人或其他经济组织填写)</td><td>有/无</td><td>如有,应写明具体内容</td></tr>
</table>

三、权益变动具体方式及目的

(一)权益变动具体方式

<table>
<tr><td rowspan="2">权益(拟)变动方式(可多选)多个信息披露义务人分别填写</td><td>□通过竞价交易　□通过做市转让
□通过盘后协议转让　□通过特定事项协议转让
□取得挂牌公司发行的新股　□国有股行政划转或变更
□执行法院裁定　□继承
□赠与
□投资关系、协议方式
□其他</td></tr>
<tr><td>(　　)年(　　)月(　　)日,(挂牌公司全称)股票在全国股转系统挂牌并公开转让,权益变动发生日为竞价/做市转让方式。(　　)年(　　)月(　　)日,信息披露义务人通过竞价交易/做市转让/盘后协议转让/特定事项协议转让/取得挂牌公司发行的新股/国有股行政划转或变更/执行法院裁定/继承/赠与/投资关系、协议方式/其他变动方式,增持/减持挂牌公司×××股,拥有权益比例从××%(拟)变为××%。如为其他方式,应具体说明。</td></tr>
</table>

（二）权益变动目的

各信息披露义务人应逐一说明本次权益变动的目的及后续交易计划。

四、国家相关部门批准情况

信息披露义务人	（多个信息披露义务人分别填写）
是否需国家相关部门批准	是/否
批准部门	如有，应写明具体情况
批准程序	如有，应写明具体情况
批准程序进展	如有，应写明具体情况

五、所涉协议的主要内容

信息披露义务人应披露权益（拟）变动涉及的相关协议、行政划转或变更、法院裁定等文件的主要内容。如无，或通过系统以竞价转让/做市转让/其他转让方式导致权益变动的，亦应写明：本次权益变动无涉及的相关协议、行政划转或变更、法院裁定等文件。

六、其他重大事项

（一）挂牌公司控股股东减持股份，导致其丧失控股股东地位的情形（如适用）

原控股股东对收购人的主体资格、诚信情况及收购意图的调查情况。	应写明挂牌公司原控股股东对收购人是否符合《非上市公众公司收购管理办法》第六条的规定、是否具备收购主体资格、诚信情况及收购意图的调查情况。	
原控股股东或实际控制人是否存在未清偿其对公司的负债，未解除公司为其负债提供的担保，或者损害公司利益的其他情形。	是/否	如是，应写明该情形的具体情况及消除情况；未能消除损害的，应写明其出让相关股份所得收入用于消除全部损害的安排。

（二）其他重大事项

除本报告书要求内容外，信息披露义务人应披露权益（拟）变动事项相关的对投资者做出投资决策有重大影响的信息。如无，亦应写明：截至本报告书签署之日，本报告书已按照有关规定对本次权益变动的相关信息进行了如实披露，不存在根据法律以及相关规定信息披露人应当披露而未披露的其他重大信息。

七、备查文件目录

（一）信息披露义务人为法人或其他组织的，提供营业执照等相关材料；信

息披露义务人为自然人的,提供身份证明文件等相关材料;

(二)信息披露义务人就收购作出的相关决定(如有);

(三)涉及收购资金来源的协议(如适用);

(四)任何与本次收购及相关股份权益活动有关的合同、协议和其他安排的文件(如有);

(五)合伙协议(如有);

(六)其他备查文件(如有)。

信息披露义务人:(多个信息披露义务人分别签署)

(年/月/日)

第32号　挂牌公司第一大股东、控股股东、实际控制人及其一致行动人变更公告模板

证券代码：　证券简称：　主办券商：　公告编号：

××××股份有限公司第一大股东、控股股东、实际控制人及其一致行动人变更公告

本公司及董事会全体成员保证公告内容不存在任何虚假记载、误导性陈述或者重大遗漏，并对其内容的真实、准确和完整承担个别及连带责任。 董事（　　）因（具体和明确的理由）不能保证公告内容真实、准确、完整。

一、变更基本情况

简要介绍第一大股东、控股股东、实际控制人及其一致行动人变更基本情况，包括变更前后的情况和变更方式等。

二、变更后第一大股东/控股股东/实际控制人/及其一致行动人基本情况

（一）相关主体应当按照如下要求披露其基本情况：

1. 相关主体为法人或者其他经济组织的，应当披露公司（企业或单位）名称、法定代表人、实际控制人、设立日期、注册资本（实缴资本）、住所、邮编、所属行业、主要业务、统一社会信用代码、失信联合惩戒情况、国家相关部门批准情况、内部程序履行情况等；

2. 相关主体为自然人的，应当披露姓名、国籍、是否拥有永久境外居留权、最近五年内的工作单位、职务、所任职单位主要业务及注册地、以及是否与所任职单位存在产权关系等。

（二）相关主体为多人的，应分别说明基本情况。

三、第一大股东、控股股东、实际控制人及其一致行动人变更的原因及对挂牌公司的影响

简要介绍第一大股东、控股股东、实际控制人及其一致行动人变更的原因对挂牌公司的影响。

四、其他事项

（一）信息披露事项

本次变更事项是否构成收购、是否涉及权益变动及是否已披露相关文件。

（二）国家相关部门批准情况

本次变更事项是否需国家相关部门批准,如需,应写明须批准部门、批准程序及相关程序进展情况。

(三)限售情况

按照《非上市公众公司收购管理办法》的相关规定进行收购后,收购人成为第一大股东或者实际控制人的,收购人持有的被收购公司股份,在收购完成后12个月内不得转让。本次变更完成后,上述主体所持股份是否应及时办理限售,如需要,需说明具体的办理安排及限售期间。

(四)其他

除本公告要求内容外,还应披露本次变更事项相关的对投资者做出投资决策有重大影响的信息。如无,亦应写明:截至本公告披露之日,本公告已按照有关规定对本次变更事项的相关信息进行了如实披露,不存在根据法律以及相关规定应当披露而未披露的其他重大信息。

五、备查文件目录

(一)相关主体为法人或其他组织的,提供营业执照等相关材料;相关主体为自然人的,提供身份证明文件等相关材料;

(二)相关主体就本次变更事项作出的相关决定(如有);

(三)任何与本次变更事项有关的合同、协议和其他安排的文件(如有);

(四)合伙协议(如有);

(五)其他备查文件。

××××股份有限公司董事会

××××年××月××日

公告编号：

证券代码：　　　　证券简称：　　　　主办券商：

（　　）股份有限公司第一大股东/控股股东/实际控制人/及其一致行动人变更公告

本公司及董事会全体成员保证公告内容的真实、准确和完整，没有虚假记载、误导性陈述或者重大遗漏，并对其内容的真实性、准确性和完整性承担个别及连带法律责任。 董事（　　）因（　　）不能保证公告内容真实、准确、完整。（如适用）

一、变更基本情况

（一）变更主体

□第一大股东变更　　□控股股东变更

□实际控制人变更　　□一致行动人变更

（二）变更方式

（相关主体）通过竞价交易/做市转让/盘后协议转让/特定事项协议转让/取得挂牌公司发行的新股/国有股行政划转或变更/执行法院裁定/继承/赠与/投资关系/协议方式/其他方式，使得挂牌公司第一大股东/控股股东/实际控制人/及其一致行动人发生变更，由（　　）变更为（　　），存在/不存在新增的一致行动人。

一致行动人增加的还需披露：

1. 增加后的一致行动人包括：（　　）；

2. 一致行动人关系构成的认定依据：

□签订协议　□亲属关系　□其他

3. 一致行动人关系的时间期限（如有）：（长期/年/月），（年/月/日）至（年/月/日）；

4. 是否存在其他应当认定而未认定为一致行动的主体（如有，应说明不认定的原因）：（　　）。

5. 其他应披露的事项（如有）：（　　）。

二、变更后第一大股东/控股股东/实际控制人/及其一致行动人基本情况

（一）法人填写

公司名称	（多个主体分别填写）
法定代表人	

续表

公司名称	(多个主体分别填写)	
法定代表人是否属于失信联合惩戒对象	是/否	
设立日期		
注册资本		
住 所		
邮 编		
所属行业		
主要业务		
统一社会信用代码		
是否属于失信联合惩戒对象	是/否	
控股股东情况		
实际控制人情况		
实际控制人是否属于失信联合惩戒对象	是/否	
现任董事、监事、高级管理人员是否属于失信联合惩戒对象	是/否	
是否需要国家相关部门批准	是/否	如是,应写明批准部门、须履行的批准程序及相关程序进展情况
是否需要履行内部相关程序	是/否	如是,应写明所履行的相关程序及具体时间

(二)合伙企业填写

企业名称	(多个主体分别填写)
合伙类型	有限合伙/普通合伙
实际控制人名称	
实际控制人的认定依据	如相关规定或合伙协议约定
实际控制人是否属于失信联合惩戒对象	是/否
设立日期	
实缴出资	
住 所	
邮 编	

续表

<table>
<tr><td>企业名称</td><td colspan="2">（多个主体分别填写）</td></tr>
<tr><td>所属行业</td><td colspan="2"></td></tr>
<tr><td>主要业务</td><td colspan="2"></td></tr>
<tr><td>统一社会信用代码</td><td colspan="2"></td></tr>
<tr><td>是否属于失信联合惩戒对象</td><td colspan="2">是/否</td></tr>
<tr><td>是否需要国家相关部门批准</td><td>是/否</td><td>如是，应写明批准部门、须履行的批准程序及相关程序进展情况</td></tr>
<tr><td>是否需要履行内部相关程序</td><td>是/否</td><td>如是，应写明所履行的相关程序及具体时间</td></tr>
</table>

（三）其他主体填写

名 称	（多个主体分别填写）
类型	如资产管理计划/信托计划等
实际控制人名称	
实际控制人的认定依据	如产品管理人情况等
实际控制人是否属于失信联合惩戒对象	是/否
其他相关情况	

（四）自然人填写

<table>
<tr><td>姓 名</td><td colspan="2">（多个主体分别填写）</td></tr>
<tr><td>国 籍</td><td colspan="2"></td></tr>
<tr><td>是否拥有永久境外居留权</td><td>是/否</td><td>如是，应写明具体情况</td></tr>
<tr><td>最近五年内的工作单位及职务</td><td colspan="2">按照时间逐个列明</td></tr>
<tr><td>现任职单位主要业务</td><td colspan="2"></td></tr>
<tr><td>现任职单位注册地</td><td colspan="2"></td></tr>
<tr><td>与现任职单位存在产权关系情况</td><td>有/无</td><td>如有（如是否持有任职单位股权等），应写明具体情况</td></tr>
<tr><td>是否为挂牌公司董事、监事、高级管理人员</td><td colspan="2">是/否</td></tr>
<tr><td>是否属于失信联合惩戒对象</td><td>是/否</td><td>如是，应写明相应主体被纳入失信联合惩戒对象名单的原因、解决进展和后续处理计划。同时，还应写明其被纳入失信联合惩戒对象名单对公司持续经营能力和股东权益保护的影响</td></tr>
</table>

三、第一大股东/控股股东/实际控制人/及其一致行动人变更的原因及对挂牌公司的影响

简要介绍第一大股东/控股股东/实际控制人/及其一致行动人变更的原因及对挂牌公司的影响。

四、其他事项

(一)信息披露事项

本次变更是否构成收购	是/否	
若构成,是否已披露相关文件	是/否/不适用	如未披露,应写明具体原因
本次变更是否触发权益变动	是/否	
若触发,是否已披露相关文件	是/否/不适用	如未披露,应写明具体原因

(二)国家相关部门批准情况

本次变更是否需国家相关部门批准	是/否
批准部门	如有,应写明具体情况
批准程序	如有,应写明具体情况
批准程序进展	如有,应写明具体情况

(三)限售情况

按照《非上市公众公司收购管理办法》的相关规定进行收购后,收购人成为第一大股东或者实际控制人的,收购人持有的被收购公司股份,在收购完成后12个月内不得转让。本次变更完成后,上述主体所持股份是否应及时办理限售,如需要,需说明具体的办理安排及限售期间。

(四)其他

除本公告要求内容外,还应披露本次变更事项相关的对投资者做出投资决策有重大影响的信息。如无,亦应写明:截至本公告披露之日,本公告已按照有关规定对本次变更事项的相关信息进行了如实披露,不存在根据法律以及相关规定应当披露而未披露的其他重大信息。

五、备查文件目录

(一)相关主体为法人或其他组织的,提供营业执照等相关材料;相关主体为自然人的,提供身份证明文件等相关材料;

(二)相关主体就本次变更事项作出的相关决定(如有);

（三）任何与本次变更事项有关的合同、协议和其他安排的文件（如有）；

（四）合伙协议（如有）；

（五）其他备查文件（如有）。

（　　）股份有限公司董事会

（　　）年（　　）月（　　）日

第33号　挂牌公司及其关联方被纳入失信联合惩戒对象的公告格式模板

证券代码：　证券简称：　主办券商：　公告编号：

××××股份有限公司
关于公司及其关联方被纳入失信联合惩戒对象的公告

本公司及董事会全体成员(或除董事×××、×××外的董事会全体成员)保证信息披露内容的真实、准确和完整,没有虚假记载、误导性陈述或重大遗漏。 董事×××、×××因(具体和明确的理由)不能保证公告内容真实、准确、完整。(如有)

一、纳入失信联合惩戒对象的情况

挂牌公司或其控股股东、实际控制人、控股子公司、董事、监事、高级管理人员被纳入失信联合惩戒对象的基本情况,包括被纳入失信联合惩戒对象的名称、原因、与公司的具体关联关系、作出决定的单位及依据、信息发布日期、信息查询来源等情况。

二、对公司的影响

说明挂牌公司或其控股股东、实际控制人、控股子公司、董事、监事、高级管理人员被纳入失信联合惩戒对象对公司经营及财务方面的影响,以及对公司持续经营能力和股东权益保护的影响是否会影响到公司的持续经营能力。挂牌公司现任董监高被纳入失信联合惩戒对象的,应说明公司是否有改选或另聘计划,是否符合我司《关于对失信主体实施联合惩戒措施的监管问答》的有关规定。

三、解决进展及后续处理计划

说明相关事项的进展以及公司后续拟采取的措施。

四、其他说明

公司董事会认为需要补充的其他内容。

五、备查文件

(一)其他文件(如有)

××××股份有限公司董事会

××××年××月××日

公告编号：

证券代码：　　　　　证券简称：　　　　　主办券商：

（　　）股份有限公司（或控股股东、实际控制人、控股子公司、董事、监事、高级管理人员）被纳入失信被执行人的公告

（适用于被纳入失信被执行人的情形）

本公司及董事会全体成员保证公告内容的真实、准确和完整，没有虚假记载、误导性陈述或者重大遗漏，并对其内容的真实性、准确性和完整性承担个别及连带法律责任。 董事（　　）因（　　）不能保证公告内容真实、准确、完整（如适用）。

一、纳入失信被执行人名单的情况

（一）基本情况

失信被执行人（姓名/名称）：（　　）

是否为控股股东或实际控制人：（是/否）

公司任职：（　　）

执行法院：（　　）

执行依据文号：（　　）

立案时间：（　　）

案号：（　　）

做出执行依据单位：（　　）

失信被执行人行为具体情形：（　　）

信息来源：（　　）

（二）生效法律文书确定的义务

（三）被执行人履行情况

若被执行人部分履行的，请说明部分履行及未履行的情况。

二、对公司影响

说明挂牌公司或其控股股东、实际控制人、控股子公司、董事、监事、高级管理人员被纳入失信被执行人对公司经营及财务方面的影响,以及对公司持续经营能力和股东权益保护的影响。挂牌公司现任董监高被纳入失信联合惩戒对象的,应说明公司是否有改选或另聘计划,是否符合我司《关于对失信主体实施联合惩戒措施的监管问答》的有关规定。

三、解决进展及后续处理计划

四、其他说明(如有)

五、备查文件

其他文件(如有)。

(　　)股份有限公司董事会

(年/月/日)

公告编号：

证券代码：　　　　　　证券简称：　　　　　　主办券商：

(　　)股份有限公司(或其控股股东、实际控制人、控股子公司、董事、监事、高级管理人员)被纳入失信联合惩戒对象的公告

(适用于其他情形)

本公司及董事会全体成员保证公告内容的真实、准确和完整,没有虚假记载、误导性陈述或者重大遗漏,并对其内容的真实性、准确性和完整性承担个别及连带法律责任。 董事(　　)因(　　)不能保证公告内容真实、准确、完整(如适用)。

一、纳入失信联合惩戒对象的情况

(一)基本情况

挂牌公司或其控股股东、实际控制人、控股子公司、董事、监事、高级管理人员被纳入失信联合惩戒对象的基本情况,包括被纳入失信联合惩戒对象的名称、与公司的具体关联关系、作出决定的单位及依据、信息发布日期、信息查询来源等情况。

(二)纳入失信联合惩戒对象的原因

挂牌公司或其控股股东、实际控制人、控股子公司、董事、监事、高级管理人员被纳入失信联合惩戒对象的具体事项及原因。

二、对公司影响

说明挂牌公司或其控股股东、实际控制人、控股子公司、董事、监事、高级管理人员被纳入失信联合惩戒对象对公司经营及财务方面的影响,以及对公司持续经营能力和股东权益保护的影响。挂牌公司现任董监高被纳入失信联合惩戒对象的,应说明公司是否有改选或另聘计划,是否符合我司《关于对失信主体实施联合惩戒措施的监管问答》的有关规定。

三、解决进展及后续处理计划

四、其他说明(如有)

五、备查文件

其他文件(如有)。

(　　)股份有限公司董事会

(年/月/日)

第34号　关于承诺事项新增情形及其履行进展的公告格式模板

证券代码：　　证券简称：　　主办券商：　　公告编号：

关于新增承诺事项情形/承诺事项履行进展/履行完毕的公告

本公司及董事会全体成员（或除董事×××、×××外的董事会全体成员）保证公告内容的真实、准确和完整，没有虚假记载、误导性陈述或重大遗漏，并对其内容的真实性、准确性和完整性承担个别及连带法律责任。 董事×××、×××因　　（具体和明确的理由）不能保证公告内容真实、准确、完整。（如有）

一、关于新增承诺事项的情形

说明新增承诺事项的基本情况。包括但不限于：承诺主体（及其与挂牌公司关系）、承诺事项、做出承诺的时间，承诺完成期限等相关情况。

二、关于承诺事项履行进展的情形

说明挂牌公司（或相关信息披露义务人）承诺事项的履行进展情况，是否正常履行。如涉及未正常履行承诺的，还需说明未正常履行的具体原因，已履行部分的情况，原承诺事项变更或豁免情况（如有），承诺未正常履行的影响，可能存在的风险，相关当事人可能承担的法律责任，董事会拟采取的措施承诺事项、做出承诺的时间，承诺完成期限等相关情况。

三、关于承诺事项履行完毕的情形

说明挂牌公司（或相关信息披露义务人）承诺事项履行完毕的情况。包括但不限于：承诺主体（及其与挂牌公司关系）、承诺事项、做出承诺的时间，承诺完成期限及履行完毕的情况。

四、其他说明

公司董事会认为有助于说明事件实质的其他内容。

五、备查文件

（一）承诺书（如有）；

（二）其他文件（如有）。

××××股份有限公司董事会

××××年××月××日

公告编号:

证券代码:　　　　　　证券简称:　　　　　　主办券商:

关于新增承诺事项情形的公告

(新增承诺事项的情况下适用本模板)

本公司及董事会全体成员保证公告内容的真实、准确和完整,没有虚假记载、误导性陈述或者重大遗漏,并对其内容的真实性、准确性和完整性承担个别及连带法律责任。

董事(　　)因(　　)不能保证公告内容真实、准确、完整(如适用)。

一、承诺事项基本情况

挂牌公司全称	(　　)
统一社会信用代码	(　　)
承诺主体名称	(多个承诺主体请分别填写)
承诺主体类型	□挂牌公司　□实际控制人、控股股东 □其他股东　□董监高 □收购人　　□其他(　　)
承诺来源	□权益变动 □收购　□整改 □日常及其他(　　)
承诺类别	□同业竞争的承诺　□关联交易的承诺 □资金占用的承诺　□业绩承诺及补偿安排 □股份增减持承诺　□其他承诺(　　)
承诺开始日期	(年/月/日)
承诺履行期限	(长期,或年/月)
承诺结束日期	(无,或年/月/日)

二、承诺事项概况

说明承诺事项的概况。包括但不限于:承诺主体(及其与挂牌公司关系)、承诺事项内容等。

三、新增承诺事项的原因

说明挂牌公司(或相关信息披露义务人)新增承诺事项的原因。

四、其他说明

公司董事会认为有助于说明事件实质的其他内容。

五、备查文件

（一）承诺书（如有）；

（二）其他文件（如有）。

（　　）股份有限公司董事会

（年/月/日）

公告编号:

证券代码: 证券简称: 主办券商:

关于承诺事项履行进展的公告

(披露承诺事项正常或非正常履行进展的情况下适用本模板)

本公司及董事会全体成员保证公告内容的真实、准确和完整,没有虚假记载、误导性陈述或者重大遗漏,并对其内容的真实性、准确性和完整性承担个别及连带法律责任。 董事( )因( )不能保证公告内容真实、准确、完整(如适用)。

一、承诺事项基本情况

挂牌公司全称	( )
统一社会信用代码	( )
承诺主体名称	(多个承诺主体分别填写)
承诺主体类型	□挂牌公司 □实际控制人、控股股东 □其他股东 □董监高 □收购人 □重大资产重组交易方 □其他( )
承诺来源	□申请挂牌 □股票发行或其他融资 □重大资产重组 □权益变动 □收购 □整改 □日常及其他( )
挂牌公司全称	( )
承诺类别	□同业竞争的承诺 □关联交易的承诺 □资金占用的承诺 □业绩承诺及补偿安排 □股份增减持承诺 □其他承诺( )
履行情况	□正常履行 □未履行 □未如期履行(原期限内部分履行)
承诺开始日期	(年/月/日)
承诺履行期限	(长期,或年/月,如有延期,请披露变更后的承诺期限)
承诺结束日期	(无,或年/月/日,如有延期,请披露变更后的承诺日期)

二、承诺事项概况

说明承诺事项的概况。包括但不限于:承诺主体(及其与挂牌公司关系)、承诺事项内容等。

三、关于承诺履行情况的说明

说明挂牌公司(或相关信息披露义务人)正常履行承诺的进度情况。包括但不限于:已履行承诺的进度情况,预计未来是否能继续正常履行承诺,后续履行承诺的安排等。

说明挂牌公司(或相关信息披露义务人)未正常履行承诺的情况。包括但不限于:未正常履行的具体原因,已履行部分的情况,原承诺事项变更或豁免情况(如有)。

四、承诺未正常履行可能存在的风险(未正常履行承诺时需披露此项)

说明挂牌公司或相关信息披露义务人未正常履行承诺的影响,可能存在的风险,及相关当事人可能承担的法律责任。

五、拟进一步采取的措施(未正常履行承诺时需披露此项)

对于未正常履行承诺情况,公司或董事会拟采取的措施,新的承诺内容,拟延长的承诺期限等。

六、其他说明

公司董事会认为有助于说明事件实质的其他内容。

七、备查文件

(一)承诺书(如有);

(二)其他文件(如有)。

(　　)股份有限公司董事会

(年/月/日)

公告编号：

证券代码：　　　　证券简称：　　　　主办券商：

关于承诺事项履行完毕的公告

(承诺事项履行完毕的情况下适用本模板)

本公司及董事会全体成员保证公告内容的真实、准确和完整，没有虚假记载、误导性陈述或者重大遗漏，并对其内容的真实性、准确性和完整性承担个别及连带法律责任。 董事(　　)因(　　)不能保证公告内容真实、准确、完整(如适用)。

一、承诺事项基本情况

挂牌公司全称	(　　)
统一社会信用代码	(　　)
承诺主体名称	(多个承诺主体分别填写)
承诺主体类型	□挂牌公司　□实际控制人、控股股东 □其他股东　□董监高 □收购人　□重大资产重组交易方 □其他(　　)
承诺来源	□申请挂牌　□股票发行或其他融资 □重大资产重组　□权益变动 □收购　□整改 □日常及其他(　　)
承诺类别	□同业竞争的承诺　□关联交易的承诺 □资金占用的承诺　□业绩承诺及补偿安排 □股份增减持承诺　□其他承诺(　　)
承诺开始日期	(年/月/日)
承诺履行期限	(年/月)
承诺结束日期	(年/月/日)

二、承诺事项概况

说明承诺事项的概况。包括但不限于：承诺主体(及其与挂牌公司关系)、承诺事项内容等。

三、关于承诺事项履行完毕的说明

说明承诺事项履行完毕的相关情况。包括但不限于:承诺事项履行过程,履行完毕的时间、方式等情况。

四、其他说明

公司董事会认为有助于说明事件实质的其他内容。

五、备查文件

(一)承诺书(如有);

(二)其他文件(如有)。

(　　)股份有限公司董事会

(年/月/日)

附件二　基础层挂牌公司年度报告内容与格式模板(一般公司)

公 司 年 度 大 事 记

图 片 （如有）	图 片 （如有）
事 件 描 述	事 件 描 述

（或）致 投 资 者 的 信

注：本页内容原则上应当在一页之内完成。

目　　录

释　　义

释义项目		释义
	指	
自动添行	指	

第一节　声明与提示

【声明】公司董事会及其董事、监事会及其监事、公司高级管理人员保证本报告所载资料不存在任何虚假记载、误导性陈述或者重大遗漏,并对其内容的真实性、准确性和完整性承担个别及连带责任。

公司负责人、主管会计工作负责人及会计机构负责人(会计主管人员)保证年度报告中财务报告的真实、准确、完整。

会计师事务所对公司出具了______(审计意见类型)审计报告,本公司董事会、监事会对相关事项已有详细说明,请投资者注意阅读(未被出具非标准审计意见的可删除此段)。

本年度报告涉及未来计划等前瞻性陈述,不构成公司对投资者的实质承诺,投资者及相关人士均应对此保持足够的风险认识,并且应当理解计划、预测与承诺之间的差异。

事　项	是或否
是否存在董事、监事、高级管理人员对年度报告内容异议事项或无法保证其真实、准确、完整	
是否存在未出席董事会审议年度报告的董事	
是否存在豁免披露事项	

1. 董事、监事、高级管理人员对年度报告内容存在异议或无法保证的理由

2. 列示未出席董事会的董事姓名及未出席的理由

3. 豁免披露事项及理由

【重要风险提示表】

重要风险事项名称	重要风险事项简要描述
1	
2	
……(自动添行)	
本期重大风险是否发生重大变化:	

第二节　公司概况

一、基本信息

公司中文全称	
英文名称及缩写	
证券简称	
证券代码	

续表

法定代表人	
办公地址	

二、联系方式

董事会秘书或信息披露负责人	
职　务	
电　话	
传　真	
电子邮箱	
公司网址	
联系地址及邮政编码	
公司指定信息披露平台的网址	www. neeq. com. cn
公司年度报告备置地	

三、企业信息

股票公开转让场所	全国中小企业股份转让系统
成立时间	
挂牌时间	
分层情况	
行业(挂牌公司管理型行业分类)	(请按门类—大类—中类—小类的格式填写)
主要产品与服务项目	
普通股股票转让方式	
普通股总股本(股)	
优先股总股本(股)	
做市商数量	
控股股东	
实际控制人	

四、注册情况

项　目	内　容	报告期内是否变更
统一社会信用代码		
注册地址		
注册资本		

续表

注册资本与总股本不一致的,请进行说明。

五、中介机构

主办券商	
主办券商办公地址	
报告期内主办券商是否发生变化	
会计师事务所	
签字注册会计师姓名	
会计师事务所办公地址	

六、报告期后更新情况

□　适用　□　不适用

注:本节第一项至第五项应按照报告期末情况填列,如以上事项在报告期末至年报披露日间发生变更,请进行说明。

第三节　会计数据和财务指标摘要

一、盈利能力

单位:元

	本 期	上年同期	增减比例
营业收入(元)			
毛利率%			—
归属于挂牌公司股东的净利润			
归属于挂牌公司股东的扣除非经常性损益后的净利润			
加权平均净资产收益率%(依据归属于挂牌公司股东的净利润计算)			—
加权平均净资产收益率%(归属于挂牌公司股东的扣除非经常性损益后的净利润计算)			—
基本每股收益			

二、偿债能力

单位:元

	本期期末	上年期末	增减比例
资产总计			
负债总计			
归属于挂牌公司股东的净资产			
归属于挂牌公司股东的每股净资产			
资产负债率(%)(母公司)			—
资产负债率(%)(合并)			—
流动比率			—
利息保障倍数			—

三、营运情况

单位:元

	本 期	上年同期	增减比例
经营活动产生的现金流量净额			
应收账款周转率			—
存货周转率			—

四、成长情况

	本 期	上年同期	增减比例
总资产增长率(%)			—
营业收入增长率(%)			—
净利润增长率(%)			—

五、股本情况

单位:股

	本期期末	上年期末	增减比例
普通股总股本			
计入权益的优先股数量			
计入负债的优先股数量			

六、非经常性损益

单位:元

项 目	金 额
……(自动添行)	
非经常性损益合计	
所得税影响数	
少数股东权益影响额(税后)	
非经常性损益净额	

七、因会计政策变更及会计差错更正等追溯调整或重述情况

□ 适用　□ 不适用

单位:元

科 目	上年期末(上年同期)		上上年期末(上上年同期)	
	调整重述前	调整重述后	调整重述前	调整重述后
(自动添行)				

第四节　管理层讨论与分析

一、业务概要

商业模式:

注:简要介绍报告期内公司从事的主要业务,包括但不限于公司的产品与服务、经营模式、客户类型、关键资源、销售渠道、收入模式等。

报告期内变化情况:

事 项	是或否
所处行业是否发生变化	
主营业务是否发生变化	
主要产品或服务是否发生变化	
客户类型是否发生变化	

续表

事 项	是或否
关键资源是否发生变化	
销售渠道是否发生变化	
收入来源是否发生变化	
商业模式是否发生变化	

具体变化情况说明:

注:上述事项如发生变化,应说明变化的具体内容及对公司产生的影响。

二、经营情况回顾

(一)经营计划

注:介绍报告期内业务、产品或服务有关经营计划的实现情况,回顾年度内对企业经营有重大影响的事项。

公司在以前年度披露的经营计划或目标延续到本年度的,公司应对计划或目标的实施进度进行分析,实施进度与计划不符的,应说明原因。

(二)行业情况

注:本年度内行业发展、周期波动等情况;应说明行业发展因素、行业法律法规等的变动及对公司经营情况的影响。

(三)财务分析

1. 资产负债结构分析

单位:元

项 目	本期末		上年期末		本期期末与上年期末金额变动比例
	金 额	占总资产的比重	金 额	占总资产的比重	
货币资金					
应收账款					
存 货					
长期股权投资					
固定资产					
在建工程					
短期借款					

续表

项 目	本期末		上年期末		本期期末与上年期末金额变动比例
	金 额	占总资产的比重	金 额	占总资产的比重	
长期借款					
(自动添行)					
资产总计		—		—	

资产负债项目重大变动原因:

注:对与上一年度相比变动达到或超过30%的财务数据,应充分解释导致变动的原因。结合企业的资产负债表,分析企业资产与负债的结构,评估企业资产的质量,说明负债对企业现金流的影响。公司可免于分析金额占总资产10%以下的资产负债表科目。

2. 营业情况分析

(1)利润构成

单位:元

项 目	本 期		上年同期		本期与上年同期金额变动比例
	金 额	占营业收入的比重	金 额	占营业收入的比重	
营业收入					
营业成本					
毛利率%					
管理费用					
销售费用					
财务费用					
营业利润					
营业外收入					
营业外支出					
净利润		—		—	

项目重大变动原因:

注:对与上一年度相比变动达到或超过30%的财务数据,应充分解释导致变动的原因。公司可免于分析金额占营业收入10%以下的利润表科目。

(2)收入构成

单位:元

项 目	本期金额	上期金额	变动比例
主营业务收入			
其他业务收入			
主营业务成本			
其他业务成本			

按产品分类分析:

单位:元

类别/项目	本期收入金额	占营业收入比例%	上期收入金额	占营业收入比例%
(自动添行)				

按区域分类分析:

□ 适用 □ 不适用

单位:元

类别/项目	本期收入金额	占营业收入比例%	上期收入金额	占营业收入比例%
(自动添行)				

收入构成变动的原因:

注:对于主营业务占比、按产品或区域进行分类的收入构成指标的重大变动(达到或超过30%),应充分解释导致变动的原因。

(3)主要客户情况

单位:元

序 号	客 户	销售金额	年度销售占比	是否存在关联关系
1				
2				
3				
4				
5				
合计				—

注:属于同一控制人控制的客户视为同一客户合并列示,受同一国有资产管理机构实际控制的除外。

(4)主要供应商情况

单位:元

序号	供应商	采购金额	年度采购占比	是否存在关联关系
1				
2				
3				
4				
5				
合计				—

注:属于同一控制人控制的供应商视为同一供应商合并列示,受同一国有资产管理机构实际控制的除外。

3. 现金流量状况

单位:元

项 目	本期金额	上期金额	变动比例
经营活动产生的现金流量净额			
投资活动产生的现金流量净额			
筹资活动产生的现金流量净额			

现金流量分析:

注:对与上一年度相比变动达到或超过30%的,应充分解释导致变动的原因,若本年度公司经营活动产生的现金流量与本年度净利润存在重大差异的,公司应当详细解释原因。

(四)投资状况分析

1. 主要控股子公司、参股公司情况

注:如来源于单个子公司的净利润或单个参股公司的投资收益对公司净利润影响达10%以上,披露该子公司营业收入、净利润等数据,并说明报告期内取得和处置子公司的情况。如无请填写"无"。

2. 委托理财及衍生品投资情况

注:说明报告期内委托理财、委托贷款、衍生品投资情况。

(五)非标准审计意见说明

□ 适用 □ 不适用

审计意见类型:	
董事会就非标准审计意见的说明:	

(六)会计政策、会计估计变更或重大会计差错更正

□ 适用 □ 不适用

注:公司作出会计政策、会计估计变更或重大会计差错更正的,应当披露变更、更正的原因及影响;涉及追溯调整或重述的,应当披露对以往各年度经营成果和财务状况的影响金额。

(七)合并报表范围的变化情况

□ 适用 □ 不适用

注:与上年度财务报告相比,财务报表合并范围发生变化的,公司应当作出具体说明。

(八)企业社会责任

注:公司应披露承担社会责任的工作情况,包括公司在保护债权人、职工、消费者、供应商、社区等利益相关者合法权益方面所承担的社会责任;公司在服务国家脱贫攻坚战略,实现可持续发展等方面所采取的措施等。

三、持续经营评价

注:对持续经营能力进行评价,说明可能对公司持续经营能力产生重大影响的事项。如公司存在以下事项,请详细说明该事项产生的原因、对持续经营能力造成的影响。

(一)营业收入低于100万元;

(二)净资产为负;

(三)连续三个会计年度亏损,且亏损额逐年扩大;

(四)存在债券违约、债务无法按期偿还的情况;

(五)实际控制人失联或高级管理人员无法履职;

(六)拖欠员工工资或者无法支付供应商货款;

(七)主要生产、经营资质缺失或者无法续期,无法获得主要生产、经营要素(人员、土地、设备、原材料)。

四、未来展望

是否自愿披露

□ 是 □ 否

(一)行业发展趋势

注:公司可介绍与公司业务关联的宏观经济层面或行业环境层面的发展趋势、公司的行业地位或区域市场地位的变动趋势,并说明上述发展趋势对公司未来经营业绩和盈利能力的影响。

(二)公司发展战略

注:公司应披露公司发展战略或规划,以及拟开展的新业务、拟开发的新产品、拟投资的新项目等。若公司存在多种业务的,还应当说明各项业务的发展战略或规划。

(三)经营计划或目标

注:披露经营计划或目标的,公司应同时简要披露公司经营计划涉及的投资资金的来源、成本及使用情况。

(四)不确定性因素

注:公司应遵循关联性原则和重要性原则披露对未来发展战略或经营计划有重大影响的不确定性因素并进行说明与分析。

五、风险因素

(一)持续到本年度的风险因素

注:列示风险因素的名称、持续的原因、对公司的影响,已经采取或拟采取的措施及风险管理效果。

(二)报告期内新增的风险因素

注:列示风险因素的名称、持续的原因、对公司的影响,已经采取或拟采取的措施及风险管理效果。

第五节　重要事项

一、重要事项索引

事 项	是或否	索 引
是否存在重大诉讼、仲裁事项		五(二)X
是否存在对外担保事项		
是否存在股东及其关联方占用或转移公司资金、资产的情况		
是否对外提供借款		
是否存在日常性关联交易事项		
是否存在偶发性关联交易事项		
是否存在经股东大会审议过的收购、出售资产、对外投资事项或者本年度发生的企业合并事项		
是否存在股权激励事项		
是否存在已披露的承诺事项		
是否存在资产被查封、扣押、冻结或者被抵押、质押的情况		
是否存在被调查处罚的事项		
是否存在失信情况		
是否存在自愿披露的其他重要事项		

二、重要事项详情(如事项存在选择以下表格填列)

(一)重大诉讼、仲裁事项

1. 报告期内发生的诉讼、仲裁事项

报告期内发生的诉讼、仲裁事项涉及的累计金额是否占净资产10%及以上

□　是　□　否

单位:元

性 质	累计金额		合 计	占期末净资产比例%
	作为原告/申请人	作为被告/被申请人		
诉讼或仲裁				

2. 以临时公告形式披露且在报告期内未结案件的重大诉讼、仲裁事项

□　适用　□　不适用

单位:元

原告/申请人	被告/被申请人	案由	涉及金额	占期末净资产比例(%)	是否形成预计负债	临时公告披露时间
(自动添行)						
总计					—	—

未结案件的重大诉讼、仲裁事项的进展情况及对公司的影响:

3. 以临时公告形式披露且在报告期内结案的重大诉讼、仲裁事项

□　适用　□　不适用

单位:元

原告/申请人	被告/被申请人	案由	涉及金额	判决或仲裁结果	临时公告披露时间
(自动添行)					
总计					—

报告期内结案的重大诉讼、仲裁事项的执行情况及对公司的影响:

(二)公司发生的对外担保事项

报告期内履行的及尚未履行完毕的对外担保事项涉及的累计金额是否占净资产10%及以上

□　是　□　否

单位:元

担保对象	担保金额	担保期间	担保类型(保证、抵押、质押、定金、留置)	责任类型(一般或者连带)	是否履行必要决策程序	是否关联担保
对象1		×年×月×日至×年×月×日				
对象2						
(自动添行)						
总计		—		—	—	—

对外担保分类汇总:

项目汇总	余额
公司对外提供担保(包括公司、子公司的对外担保,不含公司对子公司的担保)	
公司及子公司为股东、实际控制人及其关联方提供担保	
直接或间接为资产负债率超过70%的被担保对象提供的债务担保金额	
公司担保总额超过净资产50%(不含本数)部分的金额	

清偿和违规担保情况:

注:(1)对于未到期担保合同,如有明显迹象表明有可能承担连带清偿责任,应明确说明;对于已经承担清偿责任的,分析对公司的影响。 (2)对于本年度存在未经内部审议程序而实施的担保事项,如有应说明具体情况。

(三)股东及其关联方占用或转移公司资金、资产及其他资源的情况

单位:元

占用者	是否为控股股东、实际控制人或其附属企业	占用形式(资金、资产、资源)	期初余额	本期新增	本期减少	期末余额	是否履行审议程序
1							
2							
(自动添行)							
总计							

占用原因、归还及整改情况:

(四)对外提供借款情况

注:可免于披露已在“(三)股东及其关联方占用或转移公司资金、资产及其他资源的情况”中披露的事项。

报告期内对外提供借款的累计金额是否占净资产10%及以上

□ 是 □ 否

单位:元

债务人	借款期间	期初余额	本期新增	本期减少	期末余额	借款利率	债务人与公司的关联关系
对象1							
对象2							
(自动添行)							
总计	—					—	—

对外提供借款原因、归还情况及对公司的影响:

(五)报告期内公司发生的日常性关联交易情况

单位:元

具体事项类型	预计金额	发生金额
1.购买原材料、燃料、动力		
2.销售产品、商品、提供或者接受劳务委托,委托或者受托销售		
3.投资(含共同投资、委托理财、委托贷款)		
4.财务资助(挂牌公司接受的)		
5.公司章程中约定适用于本公司的日常关联交易类型		
6.其　他		
总计		

(六)报告期内公司发生的偶发性关联交易情况

单位:元

关联方	交易内容	交易金额	是否履行必要决策程序	临时报告披露时间	临时报告编号
关联方1					
关联方2					
(自动添行)					
总计	—		—		

偶发性关联交易的必要性、持续性以及对公司生产经营的影响:

(七)经股东大会审议过的收购、出售资产、对外投资事项或者本年度发生的企业合并事项

注:简要说明事项的基本情况(交易对手、交易标的、交易价格、投资金额、支付方式、回报情况)、信息披露情况,分析该事项对公司业务连续性、管理层稳定性及其他方面的影响;如企业的收购及出售资产、对外投资等事项,涉及重大资产重组的,应当披露重组的进展情况。

(八)股权激励情况

股权激励计划的变动,及已披露股权激励计划在本年度的具体实施情况,包括股权激励计划的模式、激励对象、激励对象考核情况、实施情况、调整情况等。

(九)承诺事项的履行情况

挂牌公司及其董事、监事、高级管理人员或股东、实际控制人及其他信息披露义务人如存在本年度或持续到本年度已披露的承诺,应当披露承诺的履行情况:在股票发行、收购或者重大资产重组中,若挂牌公司、认购对象、收购方或者重组方等存在业绩承诺等事项,需说明承诺相关方在报告期内履行完毕及截至报告期末尚未履行完毕的承诺事项(如有)。

(十)被查封、扣押、冻结或者被抵押、质押的资产情况

单位:元

资 产	权利受限类型	账面价值	占总资产的比例	发生原因
资产1				
资产2				
(自动添行)				
总计				—

注:权利受限类型为查封、扣押、冻结、抵押、质押。

(十一)调查处罚事项

公司涉嫌违法违规被中国证监会及其派出机构或其他有权机关立案调查,被移送司法机关或追究刑事责任,受到对公司生产经营有重大影响的行政处罚,被采取行政监管措施;公司董事、监事、高级管理人员涉嫌违法违规被中国证监会及其派出机构或其他有权机关立案调查或者采取强制措施,被中国证监会及其派出机构处以证券市场禁入、认定为不适当人员或对公司生产经营有重大影响的行政处罚。

(十二)失信情况

公司应当披露报告期内公司及其控股股东、实际控制人、董事、监事、高级管理人员是否被纳入失信联合惩戒对象,如有应说明具体情况。

(十三)自愿披露其他重要事项

第六节　股本变动及股东情况

一、普通股股本情况

(一)普通股股本结构

单位:股

股份性质		期初		本期变动	期末	
		数量	比例(%)		数量	比例(%)
无限售条件股份	无限售股份总数					
	其中:控股股东、实际控制人					
	董事、监事、高管					
	核心员工					
有限售条件股份	有限售股份总数					
	其中:控股股东、实际控制人					
	董事、监事、高管					
	核心员工					
总股本			—			—
普通股股东人数						

(二)普通股前五名或持股10%及以上股东情况

单位:股

序号	股东名称	期初持股数	持股变动	期末持股数	期末持股比例%	期末持有限售股份数量	期末持有无限售股份数量
1							
2							
3							
4							
5							
…	*可自动添加*						
合计							
普通股前五名或持股10%及以上股东间相互关系说明:							

二、优先股股本基本情况

□　适用　□　不适用

单位:股

项　目	期初股份数量	数量变动	期末股份数量
计入权益的优先股			
计入负债的优先股			
优先股总股本			

三、控股股东、实际控制人情况

(一)控股股东情况

若控股股东为法人的,应当披露名称、单位负责人或法定代表人、成立日期、统一社会信用代码、注册资本;若控股股东为自然人的,应当披露其姓名、国籍、学历、是否取得其他国家或地区居留权、职业经历。 说明报告期内的变动情况。

(二)实际控制人情况

应当比照控股股东情况披露公司实际控制人的情况,并以方框图及文字的形式披露公司与实际控制人之间的产权和控制关系。实际控制人应当披露到自然人、国有资产管理部门,包括股东之间达成某种协议或安排的其他机构或自然人,以及以信托方式形成实际控制的情况。首次披露后实际控制人上述信息没有变动时,可以索引披露。 说明报告期内的变动情况。 (如控股股东与实际控制人一致,合并披露)

第七节　融资及利润分配情况

一、最近两个会计年度内普通股股票发行情况

□　适用　□　不适用

单位:元/股

发行方案公告时间	新增股票挂牌转让日期	发行价格	发行数量	募集金额	发行对象中董监高与核心员工人数	发行对象中做市商家数	发行对象中外部自然人人数	发行对象中私募投资基金家数	发行对象中信托及资管产品家数	募集资金用途是否变更
(自动添行)										

募集资金使用情况:

注:募集资金用途变更的具体情况及变动原因,重点说明募集资金的使用用途、使用情况是否与公开披露的募集资金用途一致,是否存在用于持有交易性金融资产和可供出售的金融资产、借与他人、委托理财等情形;如存在募集资金用途变更的,说明变更的具体情况及履行的决策程序。

二、存续至本期的优先股股票相关情况

☐ 适用 ☐ 不适用

(一)基本情况

单位:元/股

证券代码	证券简称	发行价格	发行数量	募集金额	票面股息率(%)	转让起始日	转让终止日
(自动添行)							

(二)股东情况

注:不同批次分别列示,整张表格可复制自行添加。

单位:股

证券代码		证券简称		股东人数	
序号	股东名称	期初持股数量	期末持股数量	期末持股比例%	
1					
2					
3					
4					
5					
6					
7					
8					
9					
10					

(三)利润分配情况

☐ 适用 ☐ 不适用

单位:元

证券代码	证券简称	本期股息率%	分配金额	股息是否累积	累积额	是否参与剩余利润分配	参与剩余分配金额
(自动添行)							

(四)回购情况

□　适用　□　不适用

单位:元/股

证券代码	证券简称	回购选择权的行使主体	回购期间	回购数量	回购比例%	回购资金总额
(自动添行)						

(五)转换情况

□　适用　□　不适用

单位:元/股

证券代码	证券简称	转股条件	转股价格	转换选择权的行使主体	转换形成的普通股数量
(自动添行)					

(六)表决权恢复情况

□　适用　□　不适用

单位:元/股

证券代码	证券简称	恢复表决权的优先股数量	恢复表决权的优先股比例%	有效期间
(自动添行)				

三、债券融资情况

□ 适用 □ 不适用

单位:元

代 码	简 称	债券类型	融资金额	票面利率%	存续时间	是否违约
合计						

注:债券类型为公司债券(大公募、小公募、非公开)、企业债券、银行间非金融企业融资工具、其他等。

债券违约情况:

□ 适用 □ 不适用

注:如存在债券违约的,请说明违约的具体情况、公司偿债措施以及对公司的影响。

公开发行债券的特殊披露要求:

□ 适用 □ 不适用

第一条 公开发行公司债券并在证券交易所、全国中小企业股份转让系统上市或转让的公司披露年度报告时,应按本节要求披露公司债券有关情况,如年度报告其他章节与本节要求披露的部分内容相同的,公司可以建立相关查询索引,避免重复。

公司发行多只公司债券的,披露本节相关事项时应指明与相关公司债券的对应关系。

第二条 公司应披露所有公开发行并在证券交易所、全国中小企业股份转让系统上市或转让,且在年度报告批准报出日未到期或到期未能全额兑付的公司债券名称、简称、代码、发行日、到期日、债券余额、利率、还本付息方式,公司债券上市或转让的交易场所,投资者适当性安排,报告期内公司债券的付息兑付情况。

公司债券附发行人或投资者选择权条款、可交换条款等特殊条款的,应披露报告期内相关条款的执行情况。

第三条 公司应披露债券受托管理人名称、办公地址、联系人及联系电话;报告期内对公司债券进行跟踪评级的资信评级机构名称、办公地址。

报告期内公司聘请的债券受托管理人、资信评级机构发生变更的,应披露变更的原因、履行的程序、对投资者利益的影响等。

第四条 公司应披露公司债券募集资金使用情况及履行的程序、年末余额、募集资金专项账户运作情况,并说明是否与募集说明书承诺的用途、使用计划及其他约定一致。

第五条 公司应披露资信评级机构根据报告期情况对公司及公司债券作出最新跟踪评级的时间(预计)、评级结果披露地点,提醒投资者关注。

续表

报告期内资信评级机构对公司及公司债券进行不定期跟踪评级的,公司应披露不定期跟踪评级情况,包括但不限于评级机构、评级报告出具的时间、评级结论及标识所代表的含义等,并重点说明与上一次评级结果的对比情况。如评级发生变化,公司还应披露相关变化对投资者适当性的影响。 报告期内资信评级机构因公司在中国境内发行其他债券、债务融资工具对公司进行主体评级的,应披露是否存在评级差异情况。 第六条　报告期内公司债券增信机制、偿债计划及其他偿债保障措施发生变更的,应参照《公开发行证券的公司信息披露内容与格式准则第 23 号——公开发行公司债券募集说明书》第五节的有关规定披露增信机制、偿债计划及其他偿债保障措施的相关情况,说明变更原因,变更是否已取得有权机构批准,以及相关变更对债券持有人利益的影响。 公司债券增信机制、偿债计划及其他偿债保障措施未发生变更的,公司应披露增信机制、偿债计划及其他偿债保障措施在报告期内的执行情况、变化情况,并说明相关变化对债券持有人利益的影响: (一)提供保证担保的,如保证人为法人或其他组织,应披露保证人报告期末的净资产额、资产负债率、净资产收益率、流动比率、速动比率等主要财务指标(并注明相关财务报告是否经审计),保证人资信状况、累计对外担保余额以及累计对外担保余额占其净资产的比例;如保证人为自然人,应披露保证人资信状况、代偿能力、资产受限情况、对外担保情况以及可能影响保证权利实现的其他信息;保证人为发行人控股股东或实际控制人的,还应披露保证人所拥有的除发行人股权外的其他主要资产,以及该部分资产的权利限制及是否存在后续权利限制安排。公司应着重说明保证人情况与上一年度(或募集说明书)披露情况的变化之处。 (二)提供抵押或质押担保的,应披露担保物的价值(账面价值和评估值,注明评估时点)变化情况,已经担保的债务总余额以及抵/质押顺序,报告期内担保物的评估、登记、保管等情况。 (三)采用其他方式进行增信的,应披露报告期内相关增信措施的变化情况等。 (四)公司制定偿债计划或采取其他偿债保障措施的,应披露报告期内相关计划和措施的执行情况,与募集说明书的相关承诺是否一致等。 (五)公司设置专项偿债账户的,应披露该账户资金的提取情况,与募集说明书的相关承诺是否一致等。 第七条　公司应披露报告期内债券持有人会议的召开情况,包括召开时间、地点、召开原因、形成的决议等。 第八条　公司应披露报告期内债券受托管理人履行职责的情况。受托管理人在履行职责时可能存在的利益冲突情形的,应披露相关风险防范、解决机制。 公司应说明受托管理人是否已披露报告期受托管理事务报告,以及披露(或预计披露)地址,提醒投资者关注。 第九条　公司应当采用数据列表方式,提供截至报告期末公司近 2 年的下列会计数据和财务指标,包括但不限于:息税折旧摊销前利润、投资活动产生的现金流量净额、筹资活动产生的现金流量净额、期末现金及现金等价物余额;流动比率、速动比率、资产负债率、EBITDA 全部债务比(息税折旧摊销前利润/全部债务)、利息保障倍数[息税前利润/(计入财务费用的利息支出 + 资本化的利息支出)]、现金利息保障倍数[(经营活动产生的现金流量净额 + 现金利息支出 + 所得税付现)/现金利息支出]、EBITDA 利息保障倍数[息税折旧摊销前利润/(计入财务费用的利息支出 + 资本化的利息支出)]、贷款偿还率(实际贷款偿还额/应偿还贷款额)、利息偿付率(实际支付利息/应付利息)。 若上述会计数据和财务指标同比变动超过 30% 的,应披露产生变化的主要原因。

续表

第十条　公司发行其他债券和债务融资工具的,应披露报告期内对其他债券和债务融资工具的付息兑付情况。 第十一条　公司应披露报告期内获得的银行授信情况、使用情况以及偿还银行贷款的情况(包括按时偿还、展期及减免情况等)。 第十二条　公司应披露报告期内执行公司债券募集说明书相关约定或承诺的情况,并分析相关情况对债券投资者利益的影响。 第十三条　公司应当披露报告期内发生的《公司债券发行与交易管理办法》第四十五条列示的重大事项,说明该事项的最新进展以及对公司经营情况和偿债能力的影响。 本条规定的相关重大事项,如已作为临时报告在指定网站披露且后续实施无变化的,仅需说明信息披露指定网站的相关查询索引及披露日期。 第十四条　公司债券的保证人为法人或其他组织的,应披露保证人报告期财务报表(并注明是否经审计),包括资产负债表、利润表、现金流量表、所有者权益(股东权益)变动表和财务报表附注。

四、间接融资情况

□　适用　□　不适用

单位:元

融资方式	融资方	融资金额	利息率%	存续时间	是否违约
(自行添行)					
合计					

违约情况:

□　适用　□　不适用

注:如存在违约的,请说明违约的具体情况、公司偿还措施以及对公司的影响。

五、利润分配情况

(一)报告期内的利润分配情况

□　适用　□　不适用

单位:元/股

股利分配日期	每10股派现数(含税)	每10股送股数	每10股转增数
(自行添行)			
合计			

(二)利润分配预案

□　适用　□　不适用

单位:元/股

项 目	每10股派现数(含税)	每10股送股数	每10股转增数
年度分配预案			

第八节　董事、监事、高级管理人员及员工情况

一、董事、监事、高级管理人员情况

(一)基本情况

姓 名	职 务	性 别	年 龄	学 历	任 期	是否在公司领取薪酬
(自动添行)						
董事会人数:						
监事会人数:						
高级管理人员人数:						

董事、监事、高级管理人员相互间关系及与控股股东、实际控制人间关系:

(二)持股情况

单位:股

姓 名	职 务	期初持普通股股数	数量变动	期末持普通股股数	期末普通股持股比例%	期末持有股票期权数量
(自动添行)						
合计						

(三)变动情况

信息统计	董事长是否发生变动	
	总经理是否发生变动	
	董事会秘书是否发生变动	
	财务总监是否发生变动	

姓 名	期初职务	变动类型(新任、换届、离任)	期末职务	变动原因
(自动添行)				

本年新任董事、监事、高级管理人员简要职业经历:

二、员工情况

(一)在职员工(公司及控股子公司)基本情况

按工作性质分类	期初人数	期末人数
(自动添行)		
员工总计		

注:可以分类为:行政管理人员、生产人员、销售人员、技术人员、财务人员等。

按教育程度分类	期初人数	期末人数
博　士		
硕　士		
本　科		

续表

按教育程度分类	期初人数	期末人数
专　科		
专科以下		
员工总计		

人员工薪酬政策、培训计划以及需公司承担费用的离退休职工人数等情况：

(二)核心人员(公司及控股子公司)基本情况

核心员工

□ 适用 □ 不适用

姓 名	岗 位	期末普通股持股数量
自动添行		

其他对公司有重大影响的人员(非董事、监事、高级管理人员)

□ 适用 □ 不适用

姓 名	岗 位	期末普通股持股数量
(自动添行)		

核心人员的变动情况

注:公司应披露核心员工及其他对公司有重大影响的人员在报告期内的变动情况,并说明对公司经营的影响及公司拟采取的应对措施。

第九节 行业信息

是否自愿披露

□ 是 □ 否

注:基础层公司可根据全国股转公司公布的公司行业归属分类,自愿按照全国股转公司制定的各分行业信息披露指引披露年度报告相关的信息。

第十节　公司治理及内部控制

事 项	是或否
年度内是否建立新的公司治理制度	
董事会是否设置专门委员会	
董事会是否设置独立董事	
投资机构是否派驻董事	
监事会对本年监督事项是否存在异议	
管理层是否引入职业经理人	
会计核算体系、财务管理、风险控制及其他重大内部管理制度本年是否发现重大缺陷	
是否建立年度报告重大差错责任追究制度	

一、公司治理

(一)制度与评估

1. 公司治理基本状况

注:挂牌公司应当披露公司治理的基本状况,列示公司本年度内建立的各项公司治理制度。

2. 公司治理机制是否给所有股东提供合适的保护和平等权利的评估意见

注:说明治理结构如何确保所有股东,特别是中小股东充分行使其合法权利。

3. 公司重大决策是否履行规定程序的评估意见

注:说明公司重要的人事变动、对外投资、融资、关联交易、担保等事项履行规定程序的评估意见。

4. 公司章程的修改情况

注:披露报告期内公司章程的修改情况,尤其是三会构成及议事规则、在册股东优先认购权、回避表决规则、强制要约收购触发条件等事项的修改情况。

(二)三会运作情况

1. 三会召开情况

会议类型	报告期内会议召开的次数	经审议的重大事项(简要描述)
董事会		
监事会		
股东大会		

2. 三会的召集、召开、表决程序是否符合法律法规要求的评估意见

注:说明股东大会、董事会、监事会的召集、提案审议、通知时间、召开程序、授权委托、表决和决议等符合法律、行政法规和公司章程的规定的评估意见。

(三)公司治理改进情况

注:说明报告期内公司治理的改进情况,包括来自控股股东及实际控制人以外的股东或其代表参与公司经治理的情况,以及公司管理层是否引入职业经理人等情况。

(四)投资者关系管理情况

注:挂牌公司应当披露其与公司的股权、债权投资人或潜在投资者之间的沟通联系、事务处理等管理工作的概况。

(五)董事会下设专门委员会在本年度内履行职责时所提出的重要意见和建议

(基础层公司不做强制要求)

(六)独立董事履行职责情况

(基础层公司不做强制要求)

姓 名	本年应参加董事会次数	亲自出席次数	委托出席次数	缺席次数
(自动添行)				

独立董事的意见:

注:应说明独立董事曾提出异议的有关事项及异议的内容,独立董事对公司所提建议及采纳情况。

二、内部控制

(一)监事会就年度内监督事项的意见

注:监事会在本年度内的监督活动中发现挂牌公司存在风险的,公司应当披露监事会就有关风险的简要意见;否则,公司应当披露监事会对本年度内的监督事项无异议。

(二)公司保持独立性、自主经营能力的说明

注:挂牌公司应当就与控股股东或实际控制人在业务、人员、资产、机构、财务等方面存在的不能保证独立性、不能保持自主经营能力的情况进行说明。

(三)对重大内部管理制度的评价

注:挂牌公司应当对会计核算体系、财务管理和风险控制等重大内部管理制度进行评价,披露本年度内发现上述管理制度重大缺陷的具体情况,包括对缺陷的具体描述、缺陷对财务报告的潜在影响,已实施或拟实施的整改措施、时间、责任人及效果。

(四)年度报告差错责任追究制度相关情况

注:应当披露年度报告重大差错责任追究制度的建立与执行情况,披露董事会对有关责任人采取的问责措施及处理结果。

第十一节　财务报告

一、审计报告

是否审计	
审计意见	下拉选项(单选):无保留意见,保留意见、否定意见、无法表示意见
审计报告中的特别段落	下拉选项(多选):无、强调事项段、其他事项段、持续经营重大不确定段落、其他信息段落中包含其他信息存在未更正重大错报说明
审计报告编号	
审计机构名称	
审计机构地址	

续表

审计报告日期	
注册会计师姓名	
会计师事务所是否变更	
审计报告正文：	

二、财务报表

(一)合并资产负债表

单位:元

项 目	附 注	期末余额	期初余额
流动资产：			
货币资金			
结算备付金			
拆出资金			
以公允价值计量且其变动计入当期损益的金融资产			
衍生金融资产			
应收票据			
应收账款			
预付款项			
应收保费			
应收分保账款			
应收分保合同准备金			
应收利息			
应收股利			
其他应收款			
买入返售金融资产			
存 货			
持有待售资产			
一年内到期的非流动资产			
其他流动资产			
流动资产合计			

续表

项 目	附 注	期末余额	期初余额
非流动资产：			
发放贷款及垫款			
可供出售金融资产			
持有至到期投资			
长期应收款			
长期股权投资			
投资性房地产			
固定资产			
在建工程			
工程物资			
固定资产清理			
生产性生物资产			
油气资产			
无形资产			
开发支出			
商 誉			
长期待摊费用			
递延所得税资产			
其他非流动资产			
非流动资产合计			
资产总计			
流动负债：			
短期借款			
向中央银行借款			
吸收存款及同业存放			
拆入资金			
以公允价值计量且其变动计入当期损益的金融负债			
衍生金融负债			
应付票据			
应付账款			
预收款项			

续表

项 目	附 注	期末余额	期初余额
卖出回购金融资产款			
应付手续费及佣金			
应付职工薪酬			
应交税费			
应付利息			
应付股利			
其他应付款			
应付分保账款			
保险合同准备金			
代理买卖证券款			
代理承销证券款			
持有待售负债			
一年内到期的非流动负债			
其他流动负债			
流动负债合计			
非流动负债:			
长期借款			
应付债券			
其中:优先股			
永续债			
长期应付款			
长期应付职工薪酬			
专项应付款			
预计负债			
递延收益			
递延所得税负债			
其他非流动负债			
非流动负债合计			
负债合计			
所有者权益(或股东权益):			
股 本			

续表

项 目	附 注	期末余额	期初余额
其他权益工具			
其中:优先股			
永续债			
资本公积			
减:库存股			
其他综合收益			
专项储备			
盈余公积			
一般风险准备			
未分配利润			
归属于母公司所有者权益合计			
少数股东权益			
所有者权益合计			
负债和所有者权益总计			

法定代表人:__________主管会计工作负责人:__________会计机构负责人:__________

(二)母公司资产负债表

单位:元

项 目	附 注	期末余额	期初余额
流动资产:			
货币资金			
以公允价值计量且其变动计入当期损益的金融资产			
衍生金融资产			
应收票据			
应收账款			
预付款项			
应收利息			
应收股利			
其他应收款			
存 货			
持有待售资产			

续表

项　目	附 注	期末余额	期初余额
一年内到期的非流动资产			
其他流动资产			
流动资产合计			
非流动资产：			
可供出售金融资产			
持有至到期投资			
长期应收款			
长期股权投资			
投资性房地产			
固定资产			
在建工程			
工程物资			
固定资产清理			
生产性生物资产			
油气资产			
无形资产			
开发支出			
商 誉			
长期待摊费用			
递延所得税资产			
其他非流动资产			
非流动资产合计			
资产总计			
流动负债：			
短期借款			
以公允价值计量且其变动计入当期损益的金融负债			
衍生金融负债			
应付票据			
应付账款			
预收款项			
应付职工薪酬			

续表

项 目	附 注	期末余额	期初余额
应交税费			
应付利息			
应付股利			
其他应付款			
持有待售负债			
一年内到期的非流动负债			
其他流动负债			
流动负债合计			
非流动负债:			
长期借款			
应付债券			
其中:优先股			
永续债			
长期应付款			
长期应付职工薪酬			
专项应付款			
预计负债			
递延收益			
递延所得税负债			
其他非流动负债			
非流动负债合计			
负债合计			
所有者权益:			
股本			
其他权益工具			
其中:优先股			
永续债			
资本公积			
减:库存股			
其他综合收益			
专项储备			

续表

项 目	附 注	期末余额	期初余额
盈余公积			
一般风险准备			
未分配利润			
所有者权益合计			
负债和所有者权益合计			

(三)合并利润表

单位:元

项 目	附 注	本期余额	上期余额
一、营业总收入			
其中:营业收入			
利息收入			
已赚保费			
手续费及佣金收入			
二、营业总成本			
其中:营业成本			
利息支出			
手续费及佣金支出			
退保金			
赔付支出净额			
提取保险合同准备金净额			
保单红利支出			
分保费用			
税金及附加			
销售费用			
管理费用			
财务费用			
资产减值损失			
加:公允价值变动收益(损失以"-"号填列)			
投资收益(损失以"-"号填列)			
其中:对联营企业和合营企业的投资收益			

续表

项 目	附 注	本期余额	上期余额
汇兑收益(损失以"-"号填列)			
资产处置收益(损失以"-"号填列)			
其他收益			
三、营业利润(亏损以"-"号填列)			
加:营业外收入			
减:营业外支出			
四、利润总额(亏损总额以"-"号填列)			
减:所得税费用			
五、净利润(净亏损以"-"号填列)			
其中:被合并方在合并前实现的净利润			
(一)按经营持续性分类:			
1. 持续经营净利润			
2. 终止经营净利润			
(二)按所有权归属分类:			
1. 少数股东损益			
2. 归属于母公司所有者的净利润			
六、其他综合收益的税后净额			
归属于母公司所有者的其他综合收益的税后净额			
(一)以后不能重分类进损益的其他综合收益			
1. 重新计量设定受益计划净负债或净资产的变动			
2. 权益法下在被投资单位不能重分类进损益的其他综合收益中享有的份额			
(二)以后将重分类进损益的其他综合收益			
1. 权益法下在被投资单位以后将重分类进损益的其他综合收益中享有的份额			
2. 可供出售金融资产公允价值变动损益			
3. 持有至到期投资重分类为可供出售金融资产损益			
4. 现金流量套期损益的有效部分			
5. 外币财务报表折算差额			
6. 其 他			
归属于少数股东的其他综合收益的税后净额			
七、综合收益总额			

续表

项 目	附 注	本期余额	上期余额
归属于母公司所有者的综合收益总额			
归属于少数股东的综合收益总额			
八、每股收益:			
(一)基本每股收益			
(二)稀释每股收益			

法定代表人:＿＿＿＿＿主管会计工作负责人:＿＿＿＿＿会计机构负责人:＿＿＿＿＿

(四)母公司利润表

单位:元

项 目	附 注	本期余额	上期余额
一、营业收入			
减:营业成本			
税金及附加			
销售费用			
管理费用			
财务费用			
资产减值损失			
加:公允价值变动收益(损失以"-"号填列)			
投资收益(损失以"-"号填列)			
其中:对联营企业和合营企业的投资收益			
资产处置收益(损失以"-"号填列)			
其他收益			
二、营业利润(亏损以"-"号填列)			
加:营业外收入			
减:营业外支出			
三、利润总额(亏损总额以"-"号填列)			
减:所得税费用			
四、净利润(净亏损以"-"号填列)			
(一)持续经营净利润			
(二)终止经营净利润			
五、其他综合收益的税后净额			

续表

项 目	附 注	本期余额	上期余额
(一)以后不能重分类进损益的其他综合收益			
1. 重新计量设定受益计划净负债或净资产的变动			
2. 权益法下在被投资单位不能重分类进损益的其他综合收益中享有的份额			
(二)以后将重分类进损益的其他综合收益			
1. 权益法下在被投资单位以后将重分类进损益的其他综合收益中享有的份额			
2. 可供出售金融资产公允价值变动损益			
3. 持有至到期投资重分类为可供出售金融资产损益			
4. 现金流量套期损益的有效部分			
5. 外币财务报表折算差额			
6. 其 他			
六、综合收益总额			
七、每股收益			
(一)基本每股收益			
(二)稀释每股收益			

(五)合并现金流量表

单位:元

项 目	附 注	本期余额	上期余额
一、经营活动产生的现金流量			
销售商品、提供劳务收到的现金			
客户存款和同业存放款项净增加额			
向中央银行借款净增加额			
向其他金融机构拆入资金净增加额			
收到原保险合同保费取得的现金			
收到再保险业务现金净额			
保户储金及投资款净增加额			
处置以公允价值计量且其变动计入当期损益的金融资产净增加额			
收取利息、手续费及佣金的现金			
拆入资金净增加额			

续表

项　目	附　注	本期余额	上期余额
回购业务资金净增加额			
收到的税费返还			
收到其他与经营活动有关的现金			
经营活动现金流入小计			
购买商品、接受劳务支付的现金			
客户贷款及垫款净增加额			
存放中央银行和同业款项净增加额			
支付原保险合同赔付款项的现金			
支付利息、手续费及佣金的现金			
支付保单红利的现金			
支付给职工以及为职工支付的现金			
支付的各项税费			
支付其他与经营活动有关的现金			
经营活动现金流出小计			
经营活动产生的现金流量净额			
二、投资活动产生的现金流量			
收回投资收到的现金			
取得投资收益收到的现金			
处置固定资产、无形资产和其他长期资产收回的现金净额			
处置子公司及其他营业单位收到的现金净额			
收到其他与投资活动有关的现金			
投资活动现金流入小计			
购建固定资产、无形资产和其他长期资产支付的现金			
投资支付的现金			
质押贷款净增加额			
取得子公司及其他营业单位支付的现金净额			
支付其他与投资活动有关的现金			
投资活动现金流出小计			
投资活动产生的现金流量净额			
三、筹资活动产生的现金流量			
吸收投资收到的现金			

续表

项目	附注	本期余额	上期余额
其中:子公司吸收少数股东投资收到的现金			
取得借款收到的现金			
发行债券收到的现金			
收到其他与筹资活动有关的现金			
筹资活动现金流入小计			
偿还债务支付的现金			
分配股利、利润或偿付利息支付的现金			
其中:子公司支付给少数股东的股利、利润			
支付其他与筹资活动有关的现金			
筹资活动现金流出小计			
筹资活动产生的现金流量净额			
四、汇率变动对现金及现金等价物的影响			
五、现金及现金等价物净增加额			
加:期初现金及现金等价物余额			
六、期末现金及现金等价物余额			

法定代表人:__________主管会计工作负责人:__________会计机构负责人:__________

(六)母公司现金流量表

单位:元

项目	附注	本期余额	上期余额
一、经营活动产生的现金流量			
销售商品、提供劳务收到的现金			
收到的税费返还			
收到其他与经营活动有关的现金			
经营活动现金流入小计			
购买商品、接受劳务支付的现金			
支付给职工以及为职工支付的现金			
支付的各项税费			
支付其他与经营活动有关的现金			
经营活动现金流出小计			
经营活动产生的现金流量净额			

续表

项 目	附 注	本期余额	上期余额
二、投资活动产生的现金流量			
收回投资收到的现金			
取得投资收益收到的现金			
处置固定资产、无形资产和其他长期资产收回的现金净额			
处置子公司及其他营业单位收到的现金净额			
收到其他与投资活动有关的现金			
投资活动现金流入小计			
购建固定资产、无形资产和其他长期资产支付的现金			
投资支付的现金			
取得子公司及其他营业单位支付的现金净额			
支付其他与投资活动有关的现金			
投资活动现金流出小计			
投资活动产生的现金流量净额			
三、筹资活动产生的现金流量			
吸收投资收到的现金			
取得借款收到的现金			
发行债券收到的现金			
收到其他与筹资活动有关的现金			
筹资活动现金流入小计			
偿还债务支付的现金			
分配股利、利润或偿付利息支付的现金			
支付其他与筹资活动有关的现金			
筹资活动现金流出小计			
筹资活动产生的现金流量净额			
四、汇率变动对现金及现金等价物的影响			
五、现金及现金等价物净增加额			
加:期初现金及现金等价物余额			
六、期末现金及现金等价物余额			

（七）合并股东权益变动表

单位：元

项 目	本期金额												
	归属于母公司所有者权益											少数股东权益	所有者权益
	股 本	其他权益工具			资本公积	减：库存股	其他综合收益	专项储备	盈余公积	一般风险准备	未分配利润		
		优先股	永续债	其 他									
一、上年期末余额													
加：会计政策变更													
前期差错更正													
同一控制下企业合并													
其 他													
二、本年期初余额													
三、本期增减变动金额（减少以“－”号填列）													
（一）综合收益总额													
（二）所有者投入和减少资本													
1. 股东投入的普通股													
2. 其他权益工具持有者投入资本													
3. 股份支付计入所有者权益的金额													
4. 其 他													
（三）利润分配													

续表

项 目	本期金额												
	归属于母公司所有者权益											少数股东权益	所有者权益
	股 本	其他权益工具			资本公积	减:库存股	其他综合收益	专项储备	盈余公积	一般风险准备	未分配利润		
		优先股	永续债	其 他									
1. 提取盈余公积													
2. 提取一般风险准备													
3. 对所有者(或股东)的分配													
4. 其 他													
(四)所有者权益内部结转													
1. 资本公积转增资本(或股本)													
2. 盈余公积转增资本(或股本)													
3. 盈余公积弥补亏损													
4. 其 他													
(五)专项储备													
1. 本期提取													
2. 本期使用													
(六)其 他													
四、本年期末余额													

项 目	上期金额												
	归属于母公司所有者权益											少数股东权益	所有者权益
	股 本	其他权益工具			资本公积	减:库存股	其他综合收益	专项储备	盈余公积	一般风险准备	未分配利润		
		优先股	永续债	其 他									
一、上年期末余额													
加:会计政策变更													
前期差错更正													
同一控制下企业合并													
其 他													
二、本年期初余额													
三、本期增减变动金额(减少以“－”号填列)													
(一)综合收益总额													
(二)所有者投入和减少资本													
1. 股东投入的普通股													
2. 其他权益工具持有者投入资本													
3. 股份支付计入所有者权益的金额													
4. 其 他													
(三)利润分配													
1. 提取盈余公积													
2. 提取一般风险准备													

续表

项 目	上期金额												
	归属于母公司所有者权益											少数股东权益	所有者权益
	股 本	其他权益工具			资本公积	减:库存股	其他综合收益	专项储备	盈余公积	一般风险准备	未分配利润		
		优先股	永续债	其 他									
3. 对所有者(或股东)的分配													
4. 其 他													
(四)所有者权益内部结转													
1. 资本公积转增资本(或股本)													
2. 盈余公积转增资本(或股本)													
3. 盈余公积弥补亏损													
4. 其 他													
(五)专项储备													
1. 本期提取													
2. 本期使用													
(六)其 他													
四、本年期末余额													

法定代表人:__________ 主管会计工作负责人:__________ 会计机构负责人:__________

（八）母公司股东权益变动表

单位：元

项 目	本期金额											
	股 本	其他权益工具			资本公积	减：库存股	其他综合收益	专项储备	盈余公积	一般风险准备	未分配利润	所有者权益合计
		优先股	永续债	其 他								
一、上年期末余额												
加：会计政策变更												
前期差错更正												
其 他												
二、本年期初余额												
三、本期增减变动金额（减少以“－”号填列）												
（一）综合收益总额												
（二）所有者投入和减少资本												
1. 股东投入的普通股												
2. 其他权益工具持有者投入资本												
3. 股份支付计入所有者权益的金额												
4. 其 他												
（三）利润分配												
1. 提取盈余公积												
2. 提取一般风险准备												
3. 对所有者（或股东）的分配												

续表

项目	本期金额											
	股本	其他权益工具			资本公积	减:库存股	其他综合收益	专项储备	盈余公积	一般风险准备	未分配利润	所有者权益合计
		优先股	永续债	其他								
4. 其他												
(四)所有者权益内部结转												
1. 资本公积转增资本(或股本)												
2. 盈余公积转增资本(或股本)												
3. 盈余公积弥补亏损												
4. 其他												
(五)专项储备												
1. 本期提取												
2. 本期使用												
(六)其他												
四、本年期末余额												

项目	上期金额											
	股本	其他权益工具			资本公积	减:库存股	其他综合收益	专项储备	盈余公积	一般风险准备	未分配利润	所有者权益合计
		优先股	永续债	其他								
一、上年期末余额												
加:会计政策变更												

续表

项 目	上期金额											
	股 本	其他权益工具			资本公积	减:库存股	其他综合收益	专项储备	盈余公积	一般风险准备	未分配利润	所有者权益合计
		优先股	永续债	其 他								
前期差错更正												
其 他												
二、本年期初余额												
三、本期增减变动金额(减少以“－”号填列)												
(一)综合收益总额												
(二)所有者投入和减少资本												
1. 股东投入的普通股												
2. 其他权益工具持有者投入资本												
3. 股份支付计入所有者权益的金额												
4. 其 他												
(三)利润分配												
1. 提取盈余公积												
2. 提取一般风险准备												
3. 对所有者(或股东)的分配												
4. 其 他												
(四)所有者权益内部结转												
1. 资本公积转增资本(或股本)												

续表

项 目	上期金额											
	股 本	其他权益工具			资本公积	减:库存股	其他综合收益	专项储备	盈余公积	一般风险准备	未分配利润	所有者权益合计
		优先股	永续债	其 他								
2. 盈余公积转增资本(或股本)												
3. 盈余公积弥补亏损												
4. 其 他												
(五)专项储备												
1. 本期提取												
2. 本期使用												
(六)其 他												
四、本年期末余额												

注意:请在财务报表后附“财务报表附注”!!

附:

备查文件目录

(一)载有公司负责人、主管会计工作负责人、会计机构负责人(会计主管人员)签名并盖章的财务报表。

(二)载有会计师事务所盖章、注册会计师签名并盖章的审计报告原件。

(三)年度内在指定信息披露平台上公开披露过的所有公司文件的正本及公告的原稿。

文件备置地址:

附件三　创新层挂牌公司年度报告内容与格式模板(一般公司)

证券简称

公司标识

NEEQ: 证券代码

公 司 全 称 （ 中 英 文 ）

图片（如有）

年度报告

20XX

公 司 年 度 大 事 记	
图 片 （如有）	图 片 （如有）
事 件 描 述	事 件 描 述

（或）致 投 资 者 的 信

注：本页内容原则上应当在一页之内完成。

第一节　声明与提示

【声明】公司董事会及其董事、监事会及其监事、公司高级管理人员保证本报告所载资料不存在任何虚假记载、误导性陈述或者重大遗漏，并对其内容的真实性、准确性和完整性承担个别及连带责任。

公司负责人、主管会计工作负责人及会计机构负责人(会计主管人员)保证年度报告中财务报告的真实、准确、完整。

______会计师事务所对公司出具了____(审计意见类型)____审计报告，本公司董事会、监事会对相关事项已有详细说明，请投资者注意阅读(未被出具非标准审计意见的可删除此段)。

本年度报告涉及未来计划等前瞻性陈述，不构成公司对投资者的实质承诺，投资者及相关人士均应对此保持足够的风险认识，并且应当理解计划、预测与承诺之间的差异。

事　项	是或否
是否存在董事、监事、高级管理人员对年度报告内容异议事项或无法保证其真实、准确、完整	
是否存在未出席董事会审议年度报告的董事	
是否存在豁免披露事项	

1. 董事、监事、高级管理人员对年度报告内容存在异议或无法保证的理由

2. 列示未出席董事会的董事姓名及未出席的理由

3. 豁免披露事项及理由

【重要风险提示表】

重要风险事项名称	重要风险事项简要描述
1	

续表

重要风险事项名称	重要风险事项简要描述
2	
……(自动添行)	
本期重大风险是否发生重大变化	

第二节　公司概况

一、基本信息

公司中文全称	
英文名称及缩写	
证券简称	
证券代码	
法定代表人	
办公地址	

二、联系方式

董事会秘书	
是否通过董秘资格考试	
电 话	
传 真	
电子邮箱	
公司网址	
联系地址及邮政编码	
公司指定信息披露平台的网址	www. neeq. com. cn
公司年度报告备置地	

三、企业信息

股票公开转让场所	全国中小企业股份转让系统
成立时间	
挂牌时间	
分层情况	

续表

行业(挂牌公司管理型行业分类)	(请按门类—大类—中类—小类的格式填写)
主要产品与服务项目	
普通股股票转让方式	
普通股总股本(股)	
优先股总股本(股)	
做市商数量	
控股股东	
实际控制人	

四、注册情况

项 目	内 容	报告期内是否变更
统一社会信用代码		
注册地址		
注册资本		
注册资本与总股本不一致的,请进行说明。		

五、中介机构

主办券商	
主办券商办公地址	
报告期内主办券商是否发生变化	
会计师事务所	
签字注册会计师姓名	
会计师事务所办公地址	

六、报告期后更新情况

□ 适用 □ 不适用

注:本节第 项至第五项应按照报告期末情况填列,如以上事项在报告期末至年报披露日间发生变更,请进行说明。

第三节　会计数据和财务指标摘要

一、盈利能力

单位:元

	本 期	上年同期	增减比例
营业收入			
毛利率%			—
归属于挂牌公司股东的净利润			
归属于挂牌公司股东的扣除非经常性损益后的净利润			
加权平均净资产收益率(%)(依据归属于挂牌公司股东的净利润计算)			—
加权平均净资产收益率(%)(归属于挂牌公司股东的扣除非经常性损益后的净利润计算)			—
基本每股收益			

二、偿债能力

单位:元

	本期期末	上年期末	增减比例
资产总计			
负债总计			
归属于挂牌公司股东的净资产			
归属于挂牌公司股东的每股净资产			
资产负债率(%)(母公司)			—
资产负债率(%)(合并)			—
流动比率			—
利息保障倍数			—

三、营运情况

单位:元

	本 期	上年同期	增减比例
经营活动产生的现金流量净额			
应收账款周转率			—
存货周转率			—

四、成长情况

	本 期	上年同期	增减比例
总资产增长率(%)			—
营业收入增长率(%)			—
净利润增长率(%)			—

五、股本情况

单位:股

	本期期末	上年期末	增减比例
普通股总股本			
计入权益的优先股数量			
计入负债的优先股数量			

六、非经常性损益

单位:元

项 目	金 额
……(自动添行)	
非经常性损益合计	
所得税影响数	
少数股东权益影响额(税后)	
非经常性损益净额	

七、因会计政策变更及会计差错更正等追溯调整或重述情况

□　适用　□　不适用

单位:元

科 目	上年期末(上年同期)		上上年期末(上上年同期)	
	调整重述前	调整重述后	调整重述前	调整重述后
(自动添行)				

八、业绩预告、业绩快报的差异说明

□ 适用 □ 不适用

> 公司披露业绩预告、业绩快报的,应当说明年度报告中披露的财务数据与最近一次业绩预告、业绩快报中披露的财务数据是否存在差异,若存在差异且差异幅度达到10%以上的,应说明差异的原因。

第四节 管理层讨论与分析

一、业务概要

商业模式:

> 注:简要介绍报告期内公司从事的主要业务,包括但不限于公司的产品与服务、经营模式、客户类型、销售渠道、收入模式等。

核心竞争力分析:

> 注:公司应当披露报告期内核心竞争力(包括核心管理团队、关键技术人员、关键资源、专有设备、专利、非专利技术、特许经营权等)的重要变化及对公司所产生的影响。如发生因核心管理团队或关键技术人员离职、设备或技术升级换代、特许经营权丧失等导致公司核心竞争力受到严重影响的,公司应当详细分析,并说明拟采取的相应措施。

报告期内变化情况:

事 项	是或否
所处行业是否发生变化	
主营业务是否发生变化	
主要产品或服务是否发生变化	
客户类型是否发生变化	
关键资源是否发生变化	
销售渠道是否发生变化	
收入来源是否发生变化	
商业模式是否发生变化	

具体变化情况说明:

> 注:上述事项如发生变化,应说明变化的具体内容及对公司产生的影响。

二、经营情况回顾

(一)经营计划

注:介绍报告期内业务、产品或服务有关经营计划的实现情况,回顾年度内对企业经营有重大影响的事项。 公司在以前年度披露的经营计划或目标延续到本年度的,公司应对计划或目标的实施进度进行分析,实施进度与计划不符的,应说明原因。

(二)行业情况

注:本年度内行业发展、周期波动等情况;应说明行业发展因素、行业法律法规等的变动及对公司经营情况的影响。

(三)财务分析

1. 资产负债结构分析

单位:元

项 目	本期期末		上年期末		本期期末与上年期末金额变动比例
	金 额	占总资产的比重	金额	占总资产的比重	
货币资金					
应收账款					
存 货					
长期股权投资					
固定资产					
在建工程					
短期借款					
长期借款					
(自动添行)					
资产总计		—		—	

资产负债项目重大变动原因:

注:对与上一年度相比变动达到或超过30%的财务数据,应充分解释导致变动的原因。结合企业的资产负债表,分析企业资产与负债的结构,评估企业资产的质量,说明负债对企业现金流的影响。

2. 营业情况分析

(1)利润构成

单位:元

项目	本期		上年同期		本期与上年同期金额变动比例
	金额	占营业收入的比重	金额	占营业收入的比重	
营业收入					
营业成本					
毛利率		—		—	—
管理费用					
销售费用					
财务费用					
营业利润					
营业外收入					
营业外支出					
净利润		—		—	

项目重大变动原因:

注:对与上一年度相比变动达到或超过30%的财务数据,应充分解释导致变动的原因。

(2)收入构成

单位:元

项目	本期金额	上期金额	变动比例
主营业务收入			
其他业务收入			
主营业务成本			
其他业务成本			

按产品分类分析：

单位：元

类别/项目	本期收入金额	占营业收入比例%	上期收入金额	占营业收入比例%
(自动添行)				

按区域分类分析：

□　适用　□　不适用

单位：元

类别/项目	本期收入金额	占营业收入比例%	上期收入金额	占营业收入比例%
(自动添行)				

收入构成变动的原因：

注：对于主营业务占比、按产品或区域进行分类的收入构成指标的重大变动(达到或超过30%)，应充分解释导致变动的原因。

(3)主要客户情况

单位：元

序号	客户	销售金额	年度销售占比	是否存在关联关系
1				
2				
3				
4				
5				
合计				—

注：属于同一控制人控制的客户视为同一客户合并列示，受同一国有资产管理机构实际控制的除外。

(4)主要供应商情况

单位:元

序 号	供应商	采购金额	年度采购占比	是否存在关联关系
1				
2				
3				
4				
5				
合计				—

注:属于同一控制人控制的供应商视为同一供应商合并列示,受同一国有资产管理机构实际控制的除外。

3. 现金流量状况

单位:元

项 目	本期金额	上期金额	变动比例
经营活动产生的现金流量净额			
投资活动产生的现金流量净额			
筹资活动产生的现金流量净额			

现金流量分析:

注:对与上一年度相比变动达到或超过30%的,应充分解释导致变动的原因,若本年度公司经营活动产生的现金流量与本年度净利润存在重大差异的,公司应当详细解释原因。

(四)投资状况分析

1. 主要控股子公司、参股公司情况

注:如来源于单个子公司的净利润或单个参股公司的投资收益对公司净利润影响达10%以上,披露该子公司营业收入、净利润等数据,并说明报告期内取得和处置子公司的情况。如无请填写“无”。

2. 委托理财及衍生品投资情况

注:说明报告期内委托理财、委托贷款、衍生品投资情况。

(五)研发情况

研发支出情况:

项 目	本期金额/比例	上期金额/比例
研发支出金额		
研发支出占营业收入的比例		
研发支出中资本化的比例		

研发人员情况:

教育程度	期初人数	期末人数
博士		
硕士		
本科以下		
研发人员总计		
研发人员占员工总量的比例		

专利情况:

项 目	本期数量	上期数量
公司拥有的专利数量		
公司拥有的发明专利数量		

研发项目情况:

注:描述企业研发项目的目的、进度和拟达到的目标,并预计对公司未来发展的影响。若本年度研发投入总额占营业收入的比重较上年发生显著变化的,应当解释变化的原因;若研发投入资本化的比重发生重大变化的,应对其合理性进行分析。

(六)审计情况

1. 非标准审计意见说明:

□ 适用 □ 不适用

审计意见类型:	
董事会就非标准审计意见的说明:	

2. 关键审计事项说明：

> 注：如执行《中国注册会计师审计准则第1504号——在审计报告中沟通关键审计事项》的，应披露关键审计事项的具体内容，并分析对公司的影响。

(七)会计政策、会计估计变更或重大会计差错更正

□ 适用 □ 不适用

> 注：公司作出会计政策、会计估计变更或重大会计差错更正的，应当披露变更、更正的原因及影响；涉及追溯调整或重述的，应当披露对以往各年度经营成果和财务状况的影响金额。

(八)合并报表范围的变化情况

□ 适用 □ 不适用

> 注：与上年度财务报告相比，财务报表合并范围发生变化的，公司应当作出具体说明。

(九)企业社会责任

> 注：公司应披露承担社会责任的工作情况，包括公司在保护债权人、职工、消费者、供应商、社区等利益相关者合法权益方面所承担的社会责任；公司在服务国家脱贫攻坚战略，实现可持续发展等方面所采取的措施等。

三、持续经营评价

> 注：对持续经营能力进行评价，说明可能对公司持续经营能力产生重大影响的事项。
> 如公司存在以下事项，请详细说明该事项产生的原因、对持续经营能力造成的影响。
> (一)营业收入低于100万元；
> (二)净资产为负；
> (三)连续三个会计年度亏损，且亏损额逐年扩大；
> (四)存在债券违约、债务无法按期偿还的情况；
> (五)实际控制人失联或高级管理人员无法履职；
> (六)拖欠员工工资或者无法支付供应商货款；
> (七)主要生产、经营资质缺失或者无法续期，无法获得主要生产、经营要素(人员、土地、设备、原材料)。

四、未来展望

(一)行业发展趋势

> 注：公司应介绍与公司业务关联的宏观经济层面或行业环境层面的发展趋势、公司的行业地位或区域市场地位的变动趋势，并说明上述发展趋势对公司未来经营业绩和盈利能力的影响。

(二)公司发展战略

> 注:公司应披露公司发展战略或规划,以及拟开展的新业务、拟开发的新产品、拟投资的新项目等。若公司存在多种业务的,还应当说明各项业务的发展战略或规划。

(三)经营计划或目标

> 注:披露经营计划或目标的,公司应同时简要披露公司经营计划涉及的投资资金的来源、成本及使用情况。

(四)不确定性因素

> 注:公司应遵循关联性原则和重要性原则披露对未来发展战略或经营计划有重大影响的不确定性因素并进行说明与分析。

五、风险因素

(一)持续到本年度的风险因素

> 注:列示风险因素的名称、持续的原因、对公司的影响,已经采取或拟采取的措施及风险管理效果。

(二)报告期内新增的风险因素

> 注:列示风险因素的名称、持续的原因、对公司的影响,已经采取或拟采取的措施及风险管理效果。

第五节　重要事项

一、重要事项索引

事 项	是或否	索 引
是否存在诉讼、仲裁事项		五(二)X
是否存在对外担保事项		
是否存在股东及其关联方占用或转移公司资金、资产的情况		
是否对外提供借款		
是否存在日常性关联交易事项		
是否存在偶发性关联交易事项		
是否存在经股东大会审议过的收购、出售资产、对外投资事项或者本年度发生的企业合并事项		

续表

事 项	是或否	索 引
是否存在股权激励事项		
是否存在已披露的承诺事项		
是否存在资产被查封、扣押、冻结或者被抵押、质押的情况		
是否存在被调查处罚的事项		
是否存在失信情况		
是否存在自愿披露的其他重要事项		

二、重要事项详情(如事项存在选择以下表格填列)

(一)诉讼、仲裁事项

1. 报告期内发生的诉讼、仲裁事项

单位:元

性 质	累计金额		合计	占期末净资产比例%
	作为原告/申请人	作为被告/被申请人		
诉讼或仲裁				

2. 以临时公告形式披露且在报告期内未结案件的重大诉讼、仲裁事项

□ 适用 □ 不适用

单位:元

原 告 /申请人	被 告 /被申请人	案 由	涉及金额	占期末净资产比例%	是否形成预计负债	临时公告披露时间
(自动添行)						
总计					—	—

未结案件的重大诉讼、仲裁事项的进展情况及对公司的影响:

3. 以临时公告形式披露且在报告期内结案的重大诉讼、仲裁事项

□　适用　□　不适用

单位:元

原告/申请人	被告/被申请人	案由	涉及金额	判决或仲裁结果	临时公告披露时间
(自动添行)					
总计					—

报告期内结案的重大诉讼、仲裁事项的执行情况及对公司的影响:

(二)公司发生的对外担保事项

单位:元

担保对象	担保金额	担保期间	担保类型(保证、抵押、质押、定金、留置)	责任类型(一般或者连带)	是否履行必要决策程序	是否关联担保
对象1		×年×月×日至×年×月×日				
对象2						
(自动添行)						
总计		—		—	—	—

对外担保分类汇总:

项目汇总	余额
公司对外提供担保(包括公司、子公司的对外担保,不含公司对子公司的担保)	
公司及子公司为股东、实际控制人及其关联方提供担保	
直接或间接为资产负债率超过70%的被担保对象提供的债务担保金额	
公司担保总额超过净资产50%(不含本数)部分的金额	

清偿和违规担保情况：

注:(1)对于未到期担保合同,如有明显迹象表明有可能承担连带清偿责任,应明确说明;对于已经承担清偿责任的,分析对公司的影响。 (2)对于本年度存在未经内部审议程序而实施的担保事项,如有应说明具体情况。

(三)股东及其关联方占用或转移公司资金、资产及其他资源的情况

单位:元

占用者	是否为控股股东、实际控制人或其附属企业	占用形式(资金、资产、资源)	期初余额	本期新增	本期减少	期末余额	是否履行审议程序
1							
2							
(自动添行)							
总计							

占用原因、归还及整改情况：

(四)对外提供借款情况

注:可免于披露已在"(三)股东及其关联方占用或转移公司资金、资产及其他资源的情况"中披露的事项。

单位:元

债务人	借款期间	期初余额	本期新增	本期减少	期末余额	借款利率	债务人与公司的关联关系
对象1							
对象2							
(自动添行)							
总计	—					—	—

对外提供借款原因、归还情况及对公司的影响：

(五)报告期内公司发生的日常性关联交易情况

单位:元

具体事项类型	预计金额	发生金额
1. 购买原材料、燃料、动力		
2. 销售产品、商品、提供或者接受劳务委托,委托或者受托销售		
3. 投资(含共同投资、委托理财、委托贷款)		
4. 财务资助(挂牌公司接受的)		
5. 公司章程中约定适用于本公司的日常关联交易类型		
6. 其　他		
总计		

(六)报告期内公司发生的偶发性关联交易情况

单位:元

关联方	交易内容	交易金额	是否履行必要决策程序	临时公告披露时间	临时公告编号
关联方 1					
关联方 2					
(自动添行)					
总计	—		—		

偶发性关联交易的必要性、持续性以及对公司生产经营的影响:

(七)经股东大会审议过的收购、出售资产、对外投资事项或者本年度发生的企业合并事项

注:简要说明事项的基本情况(交易对手、交易标的、交易价格、投资金额、支付方式、回报情况)、信息披露情况,分析该事项对公司业务连续性、管理层稳定性及其他方面的影响;如企业的收购及出售资产、对外投资等事项,涉及重大资产重组的,应当披露重组的进展情况。

(八)股权激励情况

股权激励计划的变动,及已披露股权激励计划在本年度的具体实施情况,包括股权激励计划的模式、激励对象、激励对象考核情况、实施情况、调整情况等。

(九)承诺事项的履行情况

挂牌公司及其董事、监事、高级管理人员或股东、实际控制人及其他信息披露义务人如存在本年度或持续到本年度已披露的承诺,应当披露承诺的履行情况。在股票发行、收购或者重大资产重组中,若挂牌公司、认购对象、收购方或者重组方等存在业绩承诺等事项,需说明承诺相关方在报告期内履行完毕及截至报告期末尚未履行完毕的承诺事项(如有)。

(十)被查封、扣押、冻结或者被抵押、质押的资产情况

单位:元

资 产	权利受限类型	账面价值	占总资产的比例	发生原因
资产 1				
资产 2				
(自动添行)				
总计				—

注:权利受限类型为查封、扣押、冻结、抵押、质押。

(十一)调查处罚事项

公司涉嫌违法违规被中国证监会及其派出机构或其他有权机关立案调查,被移送司法机关或追究刑事责任,受到对公司生产经营有重大影响的行政处罚,被采取行政监管措施;公司董事、监事、高级管理人员涉嫌违法违规被中国证监会及其派出机构或其他有权机关立案调查或者采取强制措施,被中国证监会及其派出机构处以证券市场禁入、认定为不适当人员或对公司生产经营有重大影响的行政处罚。

(十二)失信情况

公司应当披露报告期内公司及其控股股东、实际控制人、董事、监事、高级管理人员是否被纳入失信联合惩戒对象,如有应说明具体情况。

(十三)自愿披露其他重要事项

第六节　股本变动及股东情况

一、普通股股本情况

(一)普通股股本结构

单位:股

股份性质		期初		本期变动	期末	
		数量	比例%		数量	比例%
无限售条件股份	无限售股份总数					
	其中:控股股东、实际控制人					
	董事、监事、高管					
	核心员工					
有限售条件股份	有限售股份总数					
	其中:控股股东、实际控制人					
	董事、监事、高管					
	核心员工					
总股本			—			—
普通股股东人数						

(二)普通股前十名股东情况

单位:股

序号	股东名称	期初持股数	持股变动	期末持股数	期末持股比例%	期末持有限售股份数量	期末持有无限售股份数量
1							
2							
3							
4							
5							
6							
7							
8							
9							
10							

续表

序号	股东名称	期初持股数	持股变动	期末持股数	期末持股比例%	期末持有限售股份数量	期末持有无限售股份数量
合计							
前十名股东间相互关系说明:							

二、优先股股本基本情况

□ 适用 □ 不适用

单位:股

项 目	期初股份数量	数量变动	期末股份数量
计入权益的优先股			
计入负债的优先股			
优先股总股本			

三、控股股东、实际控制人情况

(一)控股股东情况

若控股股东为法人的,应当披露名称、单位负责人或法定代表人、成立日期、统一社会信用代码、注册资本;若控股股东为自然人的,应当披露其姓名、国籍、学历、是否取得其他国家或地区居留权、职业经历。

说明报告期内的变动情况。

(二)实际控制人情况

应当比照控股股东情况披露公司实际控制人的情况,并以方框图及文字的形式披露公司与实际控制人之间的产权和控制关系。实际控制人应当披露到自然人、国有资产管理部门,包括股东之间达成某种协议或安排的其他机构或自然人,以及以信托方式形成实际控制的情况。首次披露后实际控制人上述信息没有变动时,可以索引披露。

说明报告期内的变动情况。

(如控股股东与实际控制人一致,合并披露)

第七节　融资及利润分配情况

一、最近两个会计年度内普通股股票发行情况

□　适用　□　不适用

单位:元/股

发行方案公告时间	新增股票挂牌转让日期	发行价格	发行数量	募集金额	发行对象中董监高与核心员工人数	发行对象中做市商家数	发行对象中外部自然人人数	发行对象中私募投资基金家数	发行对象中信托及资管产品家数	募集资金用途是否变更
(自动添行)										

募集资金使用情况:

注:募集资金用途变更的具体情况及变动原因,重点说明募集资金的使用用途、使用情况是否与公开披露的募集资金用途一致,是否存在用于持有交易性金融资产和可供出售的金融资产、借与他人、委托理财等情形;如存在募集资金用途变更的,说明变更的具体情况及履行的决策程序。

二、存续至本期的优先股股票相关情况

□　适用　□　不适用

(一)基本情况

单位:元/股

证券代码	证券简称	发行价格	发行数量	募集金额	票面股息率%	转让起始日	转让终止日
(自动添行)							

(二)股东情况

注:不同批次分别列示,整张表格可复制自行添加。

单位:股

证券代码		证券简称		股东人数	
序号	股东名称	期初持股数量	期末持股数量	期末持股比例(%)	
1					

续表

证券代码		证券简称		股东人数	
序号	股东名称	期初持股数量	期末持股数量	期末持股比例(%)	
2					
3					
4					
5					
6					
7					
8					
9					
10					

(三)利润分配情况

□ 适用 □ 不适用

单位:元

证券代码	证券简称	本期股息率%	分配金额	股息是否累积	累积额	是否参与剩余利润分配	参与剩余分配金额
(自动添行)							

(四)回购情况

□ 适用 □ 不适用

单位:元/股

证券代码	证券简称	回购选择权的行使主体	回购期间	回购数量	回购比例(%)	回购资金总额
(自动添行)						

(五)转换情况

□ 适用 □ 不适用

单位:元/股

证券代码	证券简称	转股条件	转股价格	转换选择权的行使主体	转换形成的普通股数量
(自动添行)					

(六)表决权恢复情况

□ 适用 □ 不适用

单位:元/股

证券代码	证券简称	恢复表决权的优先股数量	恢复表决权的优先股比例(%)	有效期间
(自动添行)				

三、债券融资情况

□ 适用 □ 不适用

单位:元

代 码	简 称	债券类型	融资金额	票面利率(%)	存续时间	是否违约
合计						

注:债券类型为公司债券(大公募、小公募、非公开)、企业债券、银行间非金融企业融资工具、其他等。

债券违约情况:

□ 适用 □ 不适用

注:如存在债券违约的,请说明违约的具体情况、公司偿债措施以及对公司的影响。

公开发行债券的特殊披露要求:

☐ 适用 ☐ 不适用

第一条 公开发行公司债券并在证券交易所、全国中小企业股份转让系统上市或转让的公司披露年度报告时,应按本节要求披露公司债券有关情况,如年度报告其他章节与本节要求披露的部分内容相同的,公司可以建立相关查询索引,避免重复。

公司发行多只公司债券的,披露本节相关事项时应指明与相关公司债券的对应关系。

第二条 公司应披露所有公开发行并在证券交易所、全国中小企业股份转让系统上市或转让,且在年度报告批准报出日未到期或到期未能全额兑付的公司债券名称、简称、代码、发行日、到期日、债券余额、利率、还本付息方式,公司债券上市或转让的交易场所,投资者适当性安排,报告期内公司债券的付息兑付情况。

公司债券附发行人或投资者选择权条款、可交换条款等特殊条款的,应披露报告期内相关条款的执行情况。

第三条 公司应披露债券受托管理人名称、办公地址、联系人及联系电话;报告期内对公司债券进行跟踪评级的资信评级机构名称、办公地址。

报告期内公司聘请的债券受托管理人、资信评级机构发生变更的,应披露变更的原因、履行的程序、对投资者利益的影响等。

第四条 公司应披露公司债券募集资金使用情况及履行的程序、年末余额、募集资金专项账户运作情况,并说明是否与募集说明书承诺的用途、使用计划及其他约定一致。

第五条 公司应披露资信评级机构根据报告期情况对公司及公司债券作出最新跟踪评级的时间(预计)、评级结果披露地点,提醒投资者关注。

报告期内资信评级机构对公司及公司债券进行不定期跟踪评级的,公司应披露不定期跟踪评级情况,包括但不限于评级机构、评级报告出具的时间、评级结论及标识所代表的含义等,并重点说明与上一次评级结果的对比情况。如评级发生变化,公司还应披露相关变化对投资者适当性的影响。

报告期内资信评级机构因公司在中国境内发行其他债券、债务融资工具对公司进行主体评级的,应披露是否存在评级差异情况。

第六条 报告期内公司债券增信机制、偿债计划及其他偿债保障措施发生变更的,应参照《公开发行证券的公司信息披露内容与格式准则第23号——公开发行公司债券募集说明书》第五节的有关规定披露增信机制、偿债计划及其他偿债保障措施的相关情况,说明变更原因,变更是否已取得有权机构批准,以及相关变更对债券持有人利益的影响。

公司债券增信机制、偿债计划及其他偿债保障措施未发生变更的,公司应披露增信机制、偿债计划及其他偿债保障措施在报告期内的执行情况、变化情况,并说明相关变化对债券持有人利益的影响:

(一)提供保证担保的,如保证人为法人或其他组织,应披露保证人报告期末的净资产额、资产负债率、净资产收益率、流动比率、速动比率等主要财务指标(并注明相关财务报告是否经审计),保证人资信状况、累计对外担保余额以及累计对外担保余额占其净资产的比例;如保证人为自然人,应披露保证人资信状况、代偿能力、资产受限情况、对外担保情况以及可能影响保证权利实现的其他信息;保证人为发行人控股股东或实际控制人的,还应披露保证人所拥有的除发行人股权外的其他主要资产,以及该部分资产的权利限制及是否存在后续权利限制安排。公司应着重说明保证人情况与上一年度(或募集说明书)披露情况的变化之处。

续表

(二)提供抵押或质押担保的,应披露担保物的价值(账面价值和评估值,注明评估时点)变化情况,已经担保的债务总余额以及抵/质押顺序,报告期内担保物的评估、登记、保管等情况。 (三)采用其他方式进行增信的,应披露报告期内相关增信措施的变化情况等。 (四)公司制定偿债计划或采取其他偿债保障措施的,应披露报告期内相关计划和措施的执行情况,与募集说明书的相关承诺是否一致等。 (五)公司设置专项偿债账户的,应披露该账户资金的提取情况,与募集说明书的相关承诺是否一致等。 第七条　公司应披露报告期内债券持有人会议的召开情况,包括召开时间、地点、召开原因、形成的决议等。 第八条　公司应披露报告期内债券受托管理人履行职责的情况。受托管理人在履行职责时可能存在的利益冲突情形的,应披露相关风险防范、解决机制。 公司应说明受托管理人是否已披露报告期受托管理事务报告,以及披露(或预计披露)地址,提醒投资者关注。 第九条　公司应当采用数据列表方式,提供截至报告期末公司近2年的下列会计数据和财务指标,包括但不限于:息税折旧摊销前利润、投资活动产生的现金流量净额、筹资活动产生的现金流量净额、期末现金及现金等价物余额;流动比率、速动比率、资产负债率、EBITDA全部债务比(息税折旧摊销前利润/全部债务)、利息保障倍数[息税前利润/(计入财务费用的利息支出+资本化的利息支出)]、现金利息保障倍数[(经营活动产生的现金流量净额+现金利息支出+所得税付现)/现金利息支出]、EBITDA利息保障倍数[息税折旧摊销前利润/(计入财务费用的利息支出+资本化的利息支出)]、贷款偿还率(实际贷款偿还额/应偿还贷款额)、利息偿付率(实际支付利息/应付利息)。 若上述会计数据和财务指标同比变动超过30%的,应披露产生变化的主要原因。 第十条　公司发行其他债券和债务融资工具的,应披露报告期内对其他债券和债务融资工具的付息兑付情况。 第十一条　公司应披露报告期内获得的银行授信情况、使用情况以及偿还银行贷款的情况(包括按时偿还、展期及减免情况等)。 第十二条　公司应披露报告期内执行公司债券募集说明书相关约定或承诺的情况,并分析相关情况对债券投资者利益的影响。 第十三条　公司应当披露报告期内发生的《公司债券发行与交易管理办法》第四十五条列示的重大事项,说明该事项的最新进展以及对公司经营情况和偿债能力的影响。 本条规定的相关重大事项,如已作为临时报告在指定网站披露且后续实施无变化的,仅需说明信息披露指定网站的相关查询索引及披露日期。 第十四条　公司债券的保证人为法人或其他组织的,应披露保证人报告期财务报表(并注明是否经审计),包括资产负债表、利润表、现金流量表、所有者权益(股东权益)变动表和财务报表附注。

四、可转换债券情况

☐ 适用 ☐ 不适用

(一)基本情况

单位:元/股

证券代码	证券简称	期初数量	期末数量	期 限	转股价格
(自动添行)					

转股价格的历次调整或者修正情况:

注:如存在转股价格的调整或者修正的,请披露历次调整或者修正情况,如不存在请填无。

(二)前十名可转换债券持有人

注:不同批次分别列示,整张表格可复制自行添加。

单位:股

证券代码		证券简称	
序 号	持有人名称	期初持有数量	期末持股数量
1			
2			
3			
4			
5			
6			
7			
8			
9			
10			

(三)转股情况

☐ 适用 ☐ 不适用

注:如存在可转换债券发行后转股的,请披露累计转股情况,包括但不限于转股数量、转股价格等。

(四)赎回和回售情况

□　适用　□　不适用

注:如存在报告期内可转换债券赎回或者回售的,请披露赎回或者回售的数量、价格等。

(五)契约条款履行情况

□　适用　□　不适用

注:如募集说明书中约定了契约条款的,请披露契约条款的履行情况等。

(六)其他事项

注:如上交所、深交所规定了相关其他事项的,请披露相关情况。

五、间接融资情况

□　适用　□　不适用

单位:元

融资方式	融资方	融资金额	利息率%	存续时间	是否违约
(自行添行)					
合计					

违约情况:

□　适用　□　不适用

注:如存在违约的,请说明违约的具体情况、公司偿还措施以及对公司的影响。

六、利润分配情况

(一)报告期内的利润分配情况

□　适用　□　不适用

单位:元/股

股利分配日期	每10股派现数(含税)	每10股送股数	每10股转增数
(自行添行)			
合计			

(二)利润分配预案

□ 适用 □ 不适用

单位:元/股

项 目	每10股派现数(含税)	每10股送股数	每10股转增数
年度分配预案			

未提出利润分配预案的说明:

□ 适用 □ 不适用

注:如报告期内盈利且未分配利润为正,但未提出现金红利分配预案的,公司应当详细披露原因以及未分配利润的用途和使用计划。

第八节 董事、监事、高级管理人员及员工情况

一、董事、监事、高级管理人员情况

(一)基本情况

姓 名	职 务	性 别	年 龄	学 历	任 期	年度薪酬
(自动添行)						
董事会人数:						
监事会人数:						
高级管理人员人数:						

董事、监事、高级管理人员相互间关系及与控股股东、实际控制人间关系:

(二)持股情况

单位:股

姓 名	职 务	期初持普通股股数	数量变动	期末持普通股股数	期末普通股持股比例%	期末持有股票期权数量
(自动添行)						
合计						

(三)变动情况

信息统计	董事长是否发生变动	
	总经理是否发生变动	
	董事会秘书是否发生变动	
	财务总监是否发生变动	

姓 名	期初职务	变动类型(新任、换届、离任)	期末职务	变动原因
(自动添行)				

本年新任董事、监事、高级管理人员简要职业经历:

二、员工情况

(一)在职员工(公司及控股子公司)基本情况

按工作性质分类	期初人数	期末人数
(自动添行)		
员工总计		

注:可以分类为:行政管理人员、生产人员、销售人员、技术人员、财务人员等。

按教育程度分类	期初人数	期末人数
博士		
硕士		
本科		

续表

按教育程度分类	期初人数	期末人数
专科		
专科以下		
员工总计		

员工薪酬政策、培训计划以及需公司承担费用的离退休职工人数等情况:

(二)核心人员(公司及控股子公司)基本情况

核心员工

□ 适用 □ 不适用

姓名	岗位	期末普通股持股数量
(自动添行)		

其他对公司有重大影响的人员(非董事、监事、高级管理人员)

□ 适用 □ 不适用

姓 名	岗 位	期末普通股持股数量
(自动添行)		

核心人员的变动情况

注:公司应披露核心员工及其他对公司有重大影响的人员在报告期内的变动情况,并说明对公司经营的影响及公司拟采取的应对措施。

第九节 行业信息

□ 适用 □ 不适用

注:创新层公司应根据全国股转公司公布的公司行业归属分类,履行全国股转公司制定的各分行业信息披露指引中规定的与年度报告相关的信息披露义务。基础层公司可自愿披露此章节。

第十节 公司治理及内部控制

事 项	是或否
年度内是否建立新的公司治理制度	
董事会是否设置专门委员会	
董事会是否设置独立董事	
投资机构是否派驻董事	
监事会对本年监督事项是否存在异议	
管理层是否引入职业经理人	
会计核算体系、财务管理、风险控制及其他重大内部管理制度本年是否发现重大缺陷	
是否建立年度报告重大差错责任追究制度	

一、公司治理

(一)制度与评估

1.公司治理基本状况

注:挂牌公司应当披露公司治理的基本状况,列示公司本年度内建立的各项公司治理制度。

2.公司治理机制是否给所有股东提供合适的保护和平等权利的评估意见

注:说明治理结构如何确保所有股东,特别是中小股东充分行使其合法权利。

3.公司重大决策是否履行规定程序的评估意见

注:说明公司重要的人事变动、对外投资、融资、关联交易、担保等事项履行规定程序的评估意见。

4.公司章程的修改情况

注:披露报告期内公司章程的修改情况,尤其是三会构成及议事规则、在册股东优先认购权、回避表决规则、强制要约收购触发条件等事项的修改情况。

(二)三会运作情况

1. 三会召开情况

会议类型	报告期内会议召开的次数	经审议的重大事项(简要描述)
董事会		
监事会		
股东大会		

2. 三会的召集、召开、表决程序是否符合法律法规要求的评估意见

注:说明股东大会、董事会、监事会的召集、提案审议、通知时间、召开程序、授权委托、表决和决议等符合法律、行政法规和公司章程的规定的评估意见。

(三)公司治理改进情况

注:说明报告期内公司治理的改进情况,包括来自控股股东及实际控制人以外的股东或其代表参与公司经治理的情况,以及公司管理层是否引入职业经理人等情况。

(四)投资者关系管理情况

注:挂牌公司应当披露其与公司的股权、债权投资人或潜在投资者之间的沟通联系、事务处理等管理工作的概况。

(五)董事会下设专门委员会在本年度内履行职责时所提出的重要意见和建议

(六)独立董事履行职责情况

姓 名	本年应参加董事会次数	亲自出席次数	委托出席次数	缺席次数
(自动添行)				

独立董事的意见:

注:应说明独立董事曾提出异议的有关事项及异议的内容,独立董事对公司所提建议及采纳情况。

二、内部控制

(一)监事会就年度内监督事项的意见

注:监事会在本年度内的监督活动中发现挂牌公司存在风险的,公司应当披露监事会就有关风险的简要意见;否则,公司应当披露监事会对本年度内的监督事项无异议。

(二)公司保持独立性、自主经营能力的说明

注:挂牌公司应当就与控股股东或实际控制人在业务、人员、资产、机构、财务等方面存在的不能保证独立性、不能保持自主经营能力的情况进行说明。

(三)对重大内部管理制度的评价

注:挂牌公司应当对会计核算体系、财务管理和风险控制等重大内部管理制度进行评价,披露本年度内发现上述管理制度重大缺陷的具体情况,包括对缺陷的具体描述、缺陷对财务报告的潜在影响,已实施或拟实施的整改措施、时间、责任人及效果。

(四)年度报告差错责任追究制度相关情况

注:应当披露年度报告重大差错责任追究制度的建立与执行情况,披露董事会对有关责任人采取的问责措施及处理结果。

第十一节　财务报告

一、审计报告

是否审计	
审计意见	下拉选项(单选):无保留意见,保留意见、否定意见、无法表示意见
审计报告中的特别段落	下拉选项(多选):无、强调事项段、其他事项段、持续经营重大不确定段落、其他信息段落中包含其他信息存在未更正重大错报说明
审计报告编号	
审计机构名称	
审计机构地址	
审计报告日期	
注册会计师姓名	
会计师事务所是否变更	
会计师事务所连续服务年限	

续表

会计师事务所审计报酬	
审计报告正文:	

二、财务报表

(一)合并资产负债表

单位:元

项 目	附 注	期末余额	期初余额
流动资产:			
货币资金			
结算备付金			
拆出资金			
以公允价值计量且其变动计入当期损益的金融资产			
衍生金融资产			
应收票据			
应收账款			
预付款项			
应收保费			
应收分保账款			
应收分保合同准备金			
应收利息			
应收股利			
其他应收款			
买入返售金融资产			
存 货			
持有待售资产			
一年内到期的非流动资产			
其他流动资产			
流动资产合计			
非流动资产:			
发放贷款及垫款			

续表

项 目	附 注	期末余额	期初余额
可供出售金融资产			
持有至到期投资			
长期应收款			
长期股权投资			
投资性房地产			
固定资产			
在建工程			
工程物资			
固定资产清理			
生产性生物资产			
油气资产			
无形资产			
开发支出			
商 誉			
长期待摊费用			
递延所得税资产			
其他非流动资产			
非流动资产合计			
资产总计			
流动负债：			
短期借款			
向中央银行借款			
吸收存款及同业存放			
拆入资金			
以公允价值计量且其变动计入当期损益的金融负债			
衍生金融负债			
应付票据			
应付账款			
预收款项			
卖出回购金融资产款			
应付手续费及佣金			

续表

项目	附注	期末余额	期初余额
应付职工薪酬			
应交税费			
应付利息			
应付股利			
其他应付款			
应付分保账款			
保险合同准备金			
代理买卖证券款			
代理承销证券款			
持有待售负债			
一年内到期的非流动负债			
其他流动负债			
流动负债合计			
非流动负债：			
长期借款			
应付债券			
其中：优先股			
永续债			
长期应付款			
长期应付职工薪酬			
专项应付款			
预计负债			
递延收益			
递延所得税负债			
其他非流动负债			
非流动负债合计			
负债合计			
所有者权益(或股东权益)：			
股本			
其他权益工具			
其中：优先股			

续表

项 目	附 注	期末余额	期初余额
永续债			
资本公积			
减:库存股			
其他综合收益			
专项储备			
盈余公积			
一般风险准备			
未分配利润			
归属于母公司所有者权益合计			
少数股东权益			
所有者权益合计			
负债和所有者权益总计			

法定代表人:__________主管会计工作负责人:__________会计机构负责人:__________

(二)母公司资产负债表

单位:元

项 目	附 注	期末余额	期初余额
流动资产:			
货币资金			
以公允价值计量且其变动计入当期损益的金融资产			
衍生金融资产			
应收票据			
应收账款			
预付款项			
应收利息			
应收股利			
其他应收款			
存 货			
持有待售资产			
一年内到期的非流动资产			
其他流动资产			

续表

项 目	附 注	期末余额	期初余额
流动资产合计			
非流动资产：			
可供出售金融资产			
持有至到期投资			
长期应收款			
长期股权投资			
投资性房地产			
固定资产			
在建工程			
工程物资			
固定资产清理			
生产性生物资产			
油气资产			
无形资产			
开发支出			
商 誉			
长期待摊费用			
递延所得税资产			
其他非流动资产			
非流动资产合计			
资产总计			
流动负债：			
短期借款			
以公允价值计量且其变动计入当期损益的金融负债			
衍生金融负债			
应付票据			
应付账款			
预收款项			
应付职工薪酬			
应交税费			
应付利息			

续表

项 目	附 注	期末余额	期初余额
应付股利			
其他应付款			
持有待售负债			
一年内到期的非流动负债			
其他流动负债			
流动负债合计			
非流动负债：			
长期借款			
应付债券			
其中：优先股			
永续债			
长期应付款			
长期应付职工薪酬			
专项应付款			
预计负债			
递延收益			
递延所得税负债			
其他非流动负债			
非流动负债合计			
负债合计			
所有者权益：			
股 本			
其他权益工具			
其中：优先股			
永续债			
资本公积			
减：库存股			
其他综合收益			
专项储备			
盈余公积			
一般风险准备			

续表

项 目	附 注	期末余额	期初余额
未分配利润			
所有者权益合计			
负债和所有者权益合计			

(三)合并利润表

单位:元

项 目	附 注	本期金额	上期金额
一、营业总收入			
其中:营业收入			
利息收入			
已赚保费			
手续费及佣金收入			
二、营业总成本			
其中:营业成本			
利息支出			
手续费及佣金支出			
退保金			
赔付支出净额			
提取保险合同准备金净额			
保单红利支出			
分保费用			
税金及附加			
销售费用			
管理费用			
财务费用			
资产减值损失			
加:公允价值变动收益(损失以"-"号填列)			
投资收益(损失以"-"号填列)			
其中:对联营企业和合营企业的投资收益			
汇兑收益(损失以"-"号填列)			
资产处置收益(损失以"-"号填列)			

续表

项　目	附 注	本期金额	上期金额
其他收益			
三、营业利润(亏损以"－"号填列)			
加:营业外收入			
减:营业外支出			
四、利润总额(亏损总额以"－"号填列)			
减:所得税费用			
五、净利润(净亏损以"－"号填列)			
其中:被合并方在合并前实现的净利润			
(一)按经营持续性分类			
1.持续经营净利润			
2.终止经营净利润			
(二)按所有权归属分类			
1.少数股东损益			
2.归属于母公司所有者的净利润			
六、其他综合收益的税后净额			
归属于母公司所有者的其他综合收益的税后净额			
(一)以后不能重分类进损益的其他综合收益			
1.重新计量设定受益计划净负债或净资产的变动			
2.权益法下在被投资单位不能重分类进损益的其他综合收益中享有的份额			
(二)以后将重分类进损益的其他综合收益			
1.权益法下在被投资单位以后将重分类进损益的其他综合收益中享有的份额			
2.可供出售金融资产公允价值变动损益			
3.持有至到期投资重分类为可供出售金融资产损益			
4.现金流量套期损益的有效部分			
5.外币财务报表折算差额			
6.其　他			
归属于少数股东的其他综合收益的税后净额			
七、综合收益总额			
归属于母公司所有者的综合收益总额			
归属于少数股东的综合收益总额			

续表

项 目	附 注	本期金额	上期金额
八、每股收益			
(一)基本每股收益			
(二)稀释每股收益			

法定代表人:__________主管会计工作负责人:__________会计机构负责人:__________

(四)母公司利润表

单位:元

项 目	附 注	本期金额	上期金额
一、营业收入			
减:营业成本			
税金及附加			
销售费用			
管理费用			
财务费用			
资产减值损失			
加:公允价值变动收益(损失以“-”号填列)			
投资收益(损失以“-”号填列)			
其中:对联营企业和合营企业的投资收益			
资产处置收益(损失以“-”号填列)			
其他收益			
二、营业利润(亏损以“-”号填列)			
加:营业外收入			
减:营业外支出			
三、利润总额(亏损总额以“-”号填列)			
减:所得税费用			
四、净利润(净亏损以“-”号填列)			
(一)持续经营净利润			
(二)终止经营净利润			
五、其他综合收益的税后净额			
(一)以后不能重分类进损益的其他综合收益			
1.重新计量设定受益计划净负债或净资产的变动			

续表

项 目	附 注	本期金额	上期金额
2. 权益法下在被投资单位不能重分类进损益的其他综合收益中享有的份额			
(二)以后将重分类进损益的其他综合收益			
1. 权益法下在被投资单位以后将重分类进损益的其他综合收益中享有的份额			
2. 可供出售金融资产公允价值变动损益			
3. 持有至到期投资重分类为可供出售金融资产损益			
4. 现金流量套期损益的有效部分			
5. 外币财务报表折算差额			
6. 其　他			
六、综合收益总额			
七、每股收益			
(一)基本每股收益			
(二)稀释每股收益			

(五)合并现金流量表

单位:元

项 目	附 注	本期金额	上期金额
一、经营活动产生的现金流量			
销售商品、提供劳务收到的现金			
客户存款和同业存放款项净增加额			
向中央银行借款净增加额			
向其他金融机构拆入资金净增加额			
收到原保险合同保费取得的现金			
收到再保险业务现金净额			
保户储金及投资款净增加额			
处置以公允价值计量且其变动计入当期损益的金融资产净增加额			
收取利息、手续费及佣金的现金			
拆入资金净增加额			
回购业务资金净增加额			
收到的税费返还			

续表

项 目	附 注	本期金额	上期金额
收到其他与经营活动有关的现金			
经营活动现金流入小计			
购买商品、接受劳务支付的现金			
客户贷款及垫款净增加额			
存放中央银行和同业款项净增加额			
支付原保险合同赔付款项的现金			
支付利息、手续费及佣金的现金			
支付保单红利的现金			
支付给职工以及为职工支付的现金			
支付的各项税费			
支付其他与经营活动有关的现金			
经营活动现金流出小计			
经营活动产生的现金流量净额			
二、投资活动产生的现金流量			
收回投资收到的现金			
取得投资收益收到的现金			
处置固定资产、无形资产和其他长期资产收回的现金净额			
处置子公司及其他营业单位收到的现金净额			
收到其他与投资活动有关的现金			
投资活动现金流入小计			
购建固定资产、无形资产和其他长期资产支付的现金			
投资支付的现金			
质押贷款净增加额			
取得子公司及其他营业单位支付的现金净额			
支付其他与投资活动有关的现金			
投资活动现金流出小计			
投资活动产生的现金流量净额			
三、筹资活动产生的现金流量			
吸收投资收到的现金			
其中:子公司吸收少数股东投资收到的现金			

续表

项目	附注	本期金额	上期金额
取得借款收到的现金			
发行债券收到的现金			
收到其他与筹资活动有关的现金			
筹资活动现金流入小计			
偿还债务支付的现金			
分配股利、利润或偿付利息支付的现金			
其中:子公司支付给少数股东的股利、利润			
支付其他与筹资活动有关的现金			
筹资活动现金流出小计			
筹资活动产生的现金流量净额			
四、汇率变动对现金及现金等价物的影响			
五、现金及现金等价物净增加额			
加:期初现金及现金等价物余额			
六、期末现金及现金等价物余额			

法定代表人:__________主管会计工作负责人:__________会计机构负责人:__________

(六)母公司现金流量表

单位:元

项目	附注	本期金额	上期金额
一、经营活动产生的现金流量			
销售商品、提供劳务收到的现金			
收到的税费返还			
收到其他与经营活动有关的现金			
经营活动现金流入小计			
购买商品、接受劳务支付的现金			
支付给职工以及为职工支付的现金			
支付的各项税费			
支付其他与经营活动有关的现金			
经营活动现金流出小计			
经营活动产生的现金流量净额			
二、投资活动产生的现金流量			

续表

项目	附注	本期金额	上期金额
收回投资收到的现金			
取得投资收益收到的现金			
处置固定资产、无形资产和其他长期资产收回的现金净额			
处置子公司及其他营业单位收到的现金净额			
收到其他与投资活动有关的现金			
投资活动现金流入小计			
购建固定资产、无形资产和其他长期资产支付的现金			
投资支付的现金			
取得子公司及其他营业单位支付的现金净额			
支付其他与投资活动有关的现金			
投资活动现金流出小计			
投资活动产生的现金流量净额			
三、筹资活动产生的现金流量			
吸收投资收到的现金			
取得借款收到的现金			
发行债券收到的现金			
收到其他与筹资活动有关的现金			
筹资活动现金流入小计			
偿还债务支付的现金			
分配股利、利润或偿付利息支付的现金			
支付其他与筹资活动有关的现金			
筹资活动现金流出小计			
筹资活动产生的现金流量净额			
四、汇率变动对现金及现金等价物的影响			
五、现金及现金等价物净增加额			
加:期初现金及现金等价物余额			
六、期末现金及现金等价物余额			

（七）合并股东权益变动表

单位:元

项 目	本期金额												
	归属于母公司所有者权益											少数股东权益	所有者权益
	股 本	其他权益工具			资本公积	减:库存股	其他综合收益	专项储备	盈余公积	一般风险准备	未分配利润		
		优先股	永续债	其 他									
一、上年期末余额													
加:会计政策变更													
前期差错更正													
同一控制下企业合并													
其 他													
二、本年期初余额													
三、本期增减变动金额（减少以“－”号填列）													
（一）综合收益总额													
（二）所有者投入和减少资本													
1. 股东投入的普通股													
2. 其他权益工具持有者投入资本													
3. 股份支付计入所有者权益的金额													
4. 其 他													
（三）利润分配													

续表

项目	本期金额											
	归属于母公司所有者权益										少数股东权益	所有者权益
	股本	其他权益工具			资本公积	减:库存股	其他综合收益	专项储备	盈余公积	一般风险准备	未分配利润		
		优先股	永续债	其他									
1. 提取盈余公积													
2. 提取一般风险准备													
3. 对所有者(或股东)的分配													
4. 其他													
(四)所有者权益内部结转													
1. 资本公积转增资本(或股本)													
2. 盈余公积转增资本(或股本)													
3. 盈余公积弥补亏损													
4. 其他													
(五)专项储备													
1. 本期提取													
2. 本期使用													
(六)其他													
四、本年期末余额													

项目	上期金额												
	归属于母公司所有者权益											少数股东权益	所有者权益
	股本	其他权益工具			资本公积	减:库存股	其他综合收益	专项储备	盈余公积	一般风险准备	未分配利润		
		优先股	永续债	其他									
一、上年期末余额													
加:会计政策变更													
前期差错更正													
同一控制下企业合并													
其他													
二、本年期初余额													
三、本期增减变动金额(减少以"－"号填列)													
(一)综合收益总额													
(二)所有者投入和减少资本													
1. 股东投入的普通股													
2. 其他权益工具持有者投入资本													
3. 股份支付计入所有者权益的金额													
4. 其他													
(三)利润分配													
1. 提取盈余公积													
2. 提取一般风险准备													

续表

项目	上期金额												
	归属于母公司所有者权益											少数股东权益	所有者权益
	股本	其他权益工具			资本公积	减:库存股	其他综合收益	专项储备	盈余公积	一般风险准备	未分配利润		
		优先股	永续债	其他									
3. 对所有者(或股东)的分配													
4. 其他													
(四)所有者权益内部结转													
1. 资本公积转增资本(或股本)													
2. 盈余公积转增资本(或股本)													
3. 盈余公积弥补亏损													
4. 其他													
(五)专项储备													
1. 本期提取													
2. 本期使用													
(六)其他													
四、本年期末余额													

法定代表人:＿＿＿＿＿＿主管会计工作负责人:＿＿＿＿＿＿会计机构负责人:＿＿＿＿＿＿

(八)母公司股东权益变动表

单位:元

项目	本期金额											
	股本	其他权益工具			资本公积	减:库存股	其他综合收益	专项储备	盈余公积	一般风险准备	未分配利润	所有者权益合计
		优先股	永续债	其他								
一、上年期末余额												
加:会计政策变更												
前期差错更正												
其他												
二、本年期初余额												
三、本期增减变动金额(减少以"-"号填列)												
(一)综合收益总额												
(二)所有者投入和减少资本												
1. 股东投入的普通股												
2. 其他权益工具持有者投入资本												
3. 股份支付计入所有者权益的金额												
4. 其他												
(三)利润分配												
1. 提取盈余公积												
2. 提取一般风险准备												
3. 对所有者(或股东)的分配												

续表

项 目	本期金额										
	股 本	其他权益工具			资本公积	减:库存股	其他综合收益	专项储备	盈余公积	一般风险准备	未分配利润	所有者权益合计
		优先股	永续债	其 他								
4. 其 他												
(四)所有者权益内部结转												
1. 资本公积转增资本(或股本)												
2. 盈余公积转增资本(或股本)												
3. 盈余公积弥补亏损												
4. 其 他												
(五)专项储备												
1. 本期提取												
2. 本期使用												
(六)其 他												
四、本年期末余额												

项 目	上期金额											
	股 本	其他权益工具			资本公积	减:库存股	其他综合收益	专项储备	盈余公积	一般风险准备	未分配利润	所有者权益合计
		优先股	永续债	其 他								
一、上年期末余额												
加:会计政策变更												

续表

项目	上期金额										
	股本	其他权益工具			资本公积	减:库存股	其他综合收益	专项储备	盈余公积	一般风险准备	未分配利润	所有者权益合计
		优先股	永续债	其他								
前期差错更正												
其他												
二、本年期初余额												
三、本期增减变动金额(减少以“－”号填列)												
(一)综合收益总额												
(二)所有者投入和减少资本												
1. 股东投入的普通股												
2. 其他权益工具持有者投入资本												
3. 股份支付计入所有者权益的金额												
4. 其他												
(三)利润分配												
1. 提取盈余公积												
2. 提取一般风险准备												
3. 对所有者(或股东)的分配												
4. 其他												
(四)所有者权益内部结转												
1. 资本公积转增资本(或股本)												

续表

项目	上期金额										
	股本	其他权益工具			资本公积	减:库存股	其他综合收益	专项储备	盈余公积	一般风险准备	未分配利润	所有者权益合计
		优先股	永续债	其他								
2. 盈余公积转增资本(或股本)												
3. 盈余公积弥补亏损												
4. 其他												
(五)专项储备												
1. 本期提取												
2. 本期使用												
(六)其他												
四、本年期末余额												

注意:请在财务报表后附“财务报表附注”!!

附：

备查文件目录

(一)载有公司负责人、主管会计工作负责人、会计机构负责人(会计主管人员)签名并盖章的财务报表。

(二)载有会计师事务所盖章、注册会计师签名并盖章的审计报告原件。

(三)年度内在指定信息披露平台上公开披露过的所有公司文件的正本及公告的原稿。

文件备置地址：

参考文献

1. 崇樾资本:《2018 新三板并购盘点》,载微信公众平台,https://mp. weixin. qq. com/s/V0iBUOcISIkaVdErWn3-A8A2018。

2. 韩廷宾:《东方略 7000 万美元拿下 HPV 治疗性疫苗 迈出生物医药坚实一步》,载挖贝网,http://www. wabei. cn/roll/index. html。

3. 邵好、乔翔:《并购重组支付差异化玄机》,载《上海证券报》2015 年 11 月 10 日。

4. 老盈盈:《赛腾股份尝鲜首单投行揭秘定向可转债并购运作》,载《经济观察报》2018 年 11 月 17 日。

5.《2018 新三板并购蓝皮书》,载新三板智库中国并购基金网,http://www. mafund. cn。

6. 佚名:《新三板企业重大资产重组法律实务》,载微信公众平台,https://mp. weixin. qq. com。

7. 付立春:《东北新三板 2019 年策略报告之一:政策跌宕起伏 重大增量改革或将落地》,载新浪财经频道,http://vip. stock. financs. sina com. cn/q/go. php/vReport_show/kind/last est/rptid/4412255/index. phtml。

8. 佚名:《2018 年港股破发潮! 5 家就有 1 家发行失败 发得出去已经赢了》,载金股街网,http://www. jingujie. com/dongtail/117275 -2. html。

图书在版编目(CIP)数据

新三板挂牌公司董秘工作手册 / 刘婷编著. -- 修订本. -- 北京 : 法律出版社, 2019
ISBN 978 - 7 - 5197 - 3457 - 2

Ⅰ. ①新… Ⅱ. ①刘… Ⅲ. ①中小企业 - 秘书 - 工作 - 手册 Ⅳ. ①F276.3 - 62②C931.46 - 62

中国版本图书馆 CIP 数据核字(2019)第 083242 号

新三板挂牌公司董秘工作手册(修订版)
XINSANBAN GUAPAI GONGSI DONGMI GONGZUO SHOUCE(XIUDINGBAN)

刘 婷 编著

策划编辑 郑 导
责任编辑 郑 导
装帧设计 马 帅

出版 法律出版社
总发行 中国法律图书有限公司
经销 新华书店
印刷 固安华明印业有限公司
责任校对 胡湲卿 周合芝
责任印制 张建伟

编辑统筹 独立项目策划部
开本 710 毫米 × 1000 毫米 1/16
印张 29.5
字数 415 千
版本 2019 年 6 月第 2 版
印次 2019 年 6 月第 1 次印刷

法律出版社/北京市丰台区莲花池西里 7 号(100073)
网址/www. lawpress. com. cn
投稿邮箱/info@ lawpress. com. cn
举报维权邮箱/jbwq@ lawpress. com. cn
销售热线/010 - 83938336
咨询电话/010 - 63939796

中国法律图书有限公司/北京市丰台区莲花池西里 7 号(100073)
全国各地中法图分、子公司销售电话:
统一销售客服/400 - 660 - 6393
第一法律书店/010 - 83938334/8335　西安分公司/029 - 85330678　重庆分公司/023 - 67453036
上海分公司/021 - 62071639/1636　深圳分公司/0755 - 83072995

书号:ISBN 978 - 7 - 5197 - 3457 - 2　**定价**:98.00 元
(如有缺页或倒装,中国法律图书有限公司负责退换)